中国娱乐节目的文化表达与传播

游洁 著

中国国际广播出版社

图书在版编目（CIP）数据

中国娱乐节目的文化表达与传播 / 游洁著. —北京：中国
国际广播出版社，2022.5
ISBN 978-7-5078-5116-8

Ⅰ. ① 中… Ⅱ. ① 游… Ⅲ. ①文娱活动－电视节目－
研究－中国 Ⅳ. ①G222.3

中国版本图书馆CIP数据核字（2022）第071549号

中国娱乐节目的文化表达与传播

著　者	游　洁	
责任编辑	万晓文	
校　对	张　娜	
版式设计	陈学兰	
封面设计	GF Design	

出版发行	中国国际广播出版社有限公司 ［010-89508207（传真）］	
社　址	北京市丰台区榴乡路88号石榴中心2号楼1701	
	邮编：100079	
印　刷	环球东方（北京）印务有限公司	

开　本	710×1000　1/16
字　数	350千字
印　张	21.75
版　次	2022 年 7 月 北京第一版
印　次	2022 年 7 月　第一次印刷
定　价	56.00 元

目　录

中　编　电视娱乐节目文化表达的实践探索

电视娱乐节目文化价值导向建构与传播理论探析

第一章 中国电视娱乐节目与文化价值导向概述

第一节 电视娱乐节目的概念

一、娱乐与电视娱乐节目

（一）娱乐的内涵

回溯中国文学史，"娱乐"一词由来已久。早在《史记·廉颇蔺相如列传》中就有："赵王窃闻秦王善为秦声，请奏盆缶秦王，以相娱乐。"[①]魏晋时期阮籍的《咏怀》诗中也有"娱乐未终极，白日忽蹉跎"之句。彼时娱乐的概念已经和现在所使用的娱乐概念很相似了。《辞海》中对"娱乐"所下的定义为："欢娱取乐；欢乐。"[②]《现代汉语词典》（第五版）则把"娱乐"解释为："快乐有趣的活动。"[③]

关于娱乐的起源，德国诗人、哲学家席勒提出"溶解性的美"能够使"紧张的心情恢复和谐……获得自由"[④]，为娱乐奠定了审美文化上的内涵基础。

---

① 司马迁.史记［M］.上海：上海古籍出版社，1997：1873.
② 辞海编辑委员会.辞海［M］.上海：上海辞书出版社，1990：1243.
③ 中国社会科学院语言研究所词典编辑室.现代汉语词典［M］.5版.北京：商务印书馆，2010：1661.
④ 席勒.审美教育书简［M］.冯至，范大灿，译.北京：北京大学出版社，1985：89.

被赋予了"自由游戏"精神内核的娱乐，是弥合感性和理性的重要机制。从审美文化的意义而言，娱乐是"溶解性的美"的重要部分，"第一，它作为宁静的形式和缓粗野的生活，为从感觉过渡到思想开辟道路；第二，它以活生生的形象给抽象的形式配备上感性的力，把概念再带回到观照，把法则再带回情感"①。

毋庸置疑，从娱乐节目概念兴起的时机看，当今工业化生产催生出的大众文化从本质上即带有娱乐的特点，即"大众文化是以大众媒介为手段、按商品规律运作、旨在使普通市民获得日常感性愉悦的体验过程"②。而且，在资本和大众文化的协同运作下，娱乐更告别理性，表现出崇尚感官狂欢、低俗浅薄的特点。因此，这引发了以法兰克福学派为代表的西方学者的抵制和批判，甚至呼喊出"娱乐至死"③的警世之言。

实际上，本书所探究的娱乐还必须依托于"当代中国"的社会时代语境。我国的娱乐概念是传统"乐感"的延续，是基于中国儒家"乐而不淫"的发展。因此，在儒家"中和"思想引领下的中国娱乐与西方语境中的酒神狂欢有着质的区别。此外，还必须看到，我国的受众既承袭了千年的传统文化和生活习俗，又正处于城镇化建设和巨大的发展变革中，总体受教育程度不高、劳动强度大、生活水平偏低；在因社会环境造就的文化精神层面，我国受众对发达国家的思想观念、生活状态和方式还不能全盘理解和接受，更何况西方后现代主义还有诸多的负面表现。于是，我国社会的"娱乐"与西方国家的"娱乐"一定有着不同的内涵。

（二）电视文艺节目、电视综艺节目、电视娱乐节目

电视娱乐节目的概念是在电视节目的发展过程中逐步形成的，在不同的历史发展阶段，相关节目还曾有电视文艺节目、电视综艺节目等称谓。

---

① 席勒.审美教育书简［M］.冯至，范大灿，译.北京：北京大学出版社，1985：89.

② 王一川.大众文化导论［M］.北京：高等教育出版社，2015：8.

③ 出自尼尔·波兹曼所著《娱乐至死》，用以说明电视娱乐化的表达形式会让受众甘心成为娱乐的附庸，受众最终在"一切都是娱乐"的环境中失去思考能力，"毁于我们所热爱的事物"。

1.电视文艺节目

电视文艺节目是在电视发展早期所采用的概念，指相对于当时的新闻、社教等节目而言的，电视荧屏上播出的一切文学和艺术节目。随着社会文化环境的发展和创作实践的深入，其包含的类型也不断拓展。在电视初创期，这类节目经常包含当时相对短小且单一的文艺样式，如歌曲、舞蹈、诗朗诵、戏曲表演等。很快，一些相对复杂的节目如电视文艺专题、电视晚会、电视剧等相继出现……这一称谓一直持续到改革开放以后。

文艺无疑给电视增加了可看性和娱乐性，促进了电视行业的发展。与此同时，如果没有电视，文艺也不会得到迅猛发展和广泛传播，尤其是电视表达和传播的特性也使得文艺具备了一些新的属性，且推动了综艺节目的诞生。

2.电视综艺节目

"综艺"这一概念从广义上看是相对于单一的艺术门类而言的；从狭义上看，作为节目形态，则是相对于电视音乐节目、电视舞蹈节目、电视戏曲节目、电视曲艺节目等单一门类的电视文艺样式而言的。在时间相对较长的节目中，单一的品种和样式往往不能满足受众的需求，而且为了对应不同受众的同时需求，自然出现了"拼盘""杂烩""组合""融合"的做法，即在相对完整的结构中将不同的文艺体裁或样式进行有机组合，从而构成一个综合性的表达系统。还可以根据电视特性对文艺进行改造或创造，"既保留原有文艺形态的艺术价值，又充分发挥电子创作的特殊艺术功能，给观众提供文化娱乐和审美享受"[①]。

早期电视文艺节目中，主要的综艺节目形态是文艺晚会及节庆日、纪念日等重要时间节点播出的特别节目，后来当栏目逐渐成为荧屏中的主体形态时，综艺节目也很快栏目化。例如，伴随我国经济的持续快速发展和对外开放，中央电视台于1990年推出了《综艺大观》与《正大综艺》，前者包容了多种文艺样式的表演及观众参与的环节，后者包含了世界风土人情的知识竞赛、艺术表演及境外影视剧。二者成为中国电视综艺栏目的典型代表，更引发了全国电视台的纷纷效仿，促使我国的电视文艺整体步入"综艺时代"，并

---

① 　高鑫.电视艺术学［M］.北京：北京师范大学出版社，1998：382.

在20世纪90年代中期达成综艺节目繁荣兴盛的局面。

3.电视娱乐节目

当普通百姓更广泛、更深入地参与到电视综艺节目中，节目呈现出更多的大众性和娱乐性，艺术性相对下降，同时境外的一些更具有搞笑、消遣意味的综艺节目也起到了重要的推动作用，从而电视娱乐节目兴起。除了对传统综艺节目的延伸，其还包括了所有可以令人产生有趣、快乐感受的节目。即电视娱乐节目要为受众提供娱乐消遣和生活趣味，在某一时间段强化电视的娱乐功能并形成传受间的娱乐氛围。

于是，从20世纪90年代末以火爆荧屏的《快乐大本营》《快乐大转盘》为代表的娱乐游戏节目开始，电视娱乐节目的概念被广泛使用，中央电视台也购买海外版权，推出博彩属性的节目《幸运52》。随后，娱乐也成为诸多节目创新的理念和手段，如《百家讲坛》开启了对传统文化内容的娱乐化表达……近年来陆续出现的文化类节目以及一些以综艺明星为参与主体的游戏性真人秀，如文化类情感节目《朗读者》、文化音乐节目《经典咏流传》、文化季播节目《上新了·故宫》，还有慢综艺《爸爸去哪儿》《奔跑吧兄弟》《极限挑战》《向往的生活》《我家那小子》等，都是电视娱乐节目的代表。

实际上当进入21世纪，中国电视曾经的产业化政策导向和发展目标促使"娱乐"从文化艺术的选择层面拓展为节目的本体属性，即电视娱乐节目能够充分、有效地调动人本性中的娱乐因子，使受众在收看时能够直接获得快感。既可以达到生理上的放松、愉快，也可以获得心理上的满足、认同、兴奋，甚至可以获得刺激、震撼等强烈感受。电视也成为最适合包容娱乐节目的载体，并将内容最便捷地传播至受众眼前，伴随着人类的日常生活。

综上，作为狭义电视综艺节目的延伸，电视娱乐节目是经由电视文艺、电视综艺发展而来的，以综艺节目为主体（见图1）。实践中，电视娱乐节目和电视综艺节目的概念也经常重合、混用，甚至包括了所有具有娱乐性、观赏性的电视节目，也构成了广义上的电视综艺节目概念。

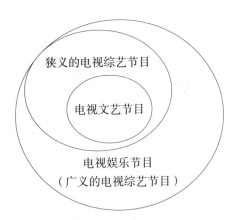

图 1 电视娱乐节目概念范围图示

二、电视娱乐节目的典型形态及基本构成

（一）电视娱乐节目的典型形态

相对于严肃的新闻而言，电视娱乐节目要为受众提供娱乐消遣和观赏趣味，因此创作者需要调动多样的娱乐元素以达成娱乐效果。在形态上，其延伸了电视文艺、电视综艺中的典型形态，同时随着时代的发展变化及受众的需求变化而出现、演化与创新。

1.晚会

我国的晚会从诞生之初就分为综艺晚会和专业晚会。

综艺晚会作为文艺样式丰富、群星荟萃、气氛热烈的节目形态，通常在节假日、纪念日等特殊时段播出，拥有丰富的视觉效果和浓烈的喜庆色彩，中央电视台春节联欢晚会（简称"央视春晚"）等节庆晚会就是主要代表。而专业晚会以相对单一的文艺样式为主要内容，如以传统曲艺为主的《笑的晚会》。

晚会时间常规是一个半小时，特殊晚会可长达数小时。一般而言，晚会的时间越长，越有利于整合多种艺术品种，从而打造出集欣赏、娱乐、知识、审美、欢聚为一体的艺术盛宴。

综艺晚会后来还发展和细分出歌会、景观晚会、专题晚会等形态。其中，专题晚会还可细分出如颁奖晚会、行业晚会等形态，都具有隆重且相对华丽的特征。

2.谈话节目

电视谈话节目脱胎于广播谈话节目，以语言为主要的交流形式，因而画面相对单调，话题和谈论者是节目的重点。1996年，中央电视台《实话实说》的热播引发了国内对谈话节目娱乐性的关注。随即兴起的娱乐谈话节目也受到国外及港台地区同类节目的启发和影响。

电视娱乐谈话节目随后也不断分化出多样的形态，如热点话题类的《锵锵三人行》，明星访谈类的《艺术人生》《超级访问》《可凡倾听》《中国文艺——向经典致敬》，脱口秀类的《天天向上》《今晚80后脱口秀》《金星秀》，等等。这类节目对于那些喜欢"看"电视的受众而言，观感相对有限，因此受众群相对稳定。

当下，随着互联网平台的发展与普及，谈话类节目创作更多嫁接互联网思维，并结合多元文化的表达呈现出新的风格面貌，在获得较大价值影响力的同时进一步影响着电视创作。

3.栏目

栏目的概念沿袭自报刊的专栏，20世纪80年代时中央电视台即实行"栏目化"，推动了电视整体的规范运作。栏目是每期模式相对固定的、定时定点播出的节目，也是日常节目中最基本的单元，时长从20分钟至90分钟不等，常见的格式有通栏和杂志式。一般来说，栏目以日播、周播为主，其中信息源丰富的内容适合日播，周播则具有更隆重的意味。较长时间以来，综艺栏目都是各电视台周末收视大战的主力军。

我国综艺栏目的经典模式始于中央电视台的《综艺大观》和《正大综艺》，其中《综艺大观》集合了多种艺术样式和表演，打造了合家欢式的欢乐氛围；《正大综艺》则以有趣的专题加知识问答游戏开创了内地益智游戏节目的模板。之后，湖南卫视的《快乐大本营》将传统的综艺即包容多种文艺品种的栏目，拓展成以开心快乐为宗旨、包容更多内容样式、大众可以广泛参与的游戏样态，从而引发风靡全国的娱乐旋风。

4.竞赛及赛季节目

与栏目的定时定点播出不同，竞赛及赛季节目往往因为一个特别的事件而集中在一定时间内举办并播出，早期的竞赛节目以中央电视台的《全国青年歌手电视大奖赛》为典范。至今，各种歌唱比赛依然是竞赛节目的主要内容，并带动了舞蹈、相声、戏曲、器乐等竞赛节目的兴起，之后陆续出现了选美、真人秀等更为广泛的选题。与栏目不同的是，这类节目每期内容框架不同，可依竞赛程序而定，播出更具有灵活性，有"话"则长，无"话"则短。节目所具有的竞赛紧张感与未知结果的悬念感能强劲地拉动收视率。

随着全球范围内电视真人秀浪潮的兴起，赛季节目（seasons）的概念被引入中国，这类节目也因产业效应强大而被重视，电视娱乐节目随即整体呈现出季播化的趋势。当前，季播类电视娱乐节目成为各平台竞争的主要赛道，以高制作成本、豪华明星阵容、新颖模式为主要特征，包含综艺真人秀、以"观察＋体验"为标志的慢综艺以及才艺竞赛类等形态，也孵化出较多高收视、高讨论度和高产出的现象级综艺。赛季节目改变了频道编排固化、栏目审美疲劳的状况，在一定程度上激发出行业的创新活力。

此外，随着"泛真人秀"的不断升温，电视娱乐节目还出现了多种类型杂糅或对真人秀元素广泛使用的现象，即调用所有包括幽默、互动、表演、明星、竞争等娱乐元素，形成一些全新的、具有亚艺术风格的节目。

5. 文艺专题

一般来说，文艺专题形式相对单纯，采用夹叙夹议的表现手法传达一定的主题，能够最大限度地体现出导演意识，且解说词的创作尤为重要。就具体形态而言，一是以文艺为题材，推介、评介、记录艺术人物、作品或事件的节目，强调抒情与纪实采访的有机结合；二是因某个主题将文艺与纪实手法结合，或较多运用文艺样式抒发创作者情感的节目，如以刘郎的《西藏的诱惑》为代表的一批作品。从内容来说，文艺专题可以分为人物专题、文学专题、文艺作品专题、文艺事件专题等。

在具体实践中，文艺专题的形态和手法也常与其他节目类型相互融合，如与晚会结合形成特定主题的专题晚会、与栏目结合形成专题栏目等。

于是，基于业内约定俗成的认知和当下的创作现状，也根据国家广播电视总局下发的一系列"限娱令"中对节目类型的表述，本书选取了一些当今较为重要和典型的电视娱乐节目形态，如电视综艺日常栏目、电视真人秀、电视文化类综艺季播节目、电视晚会及嫁接互联网而呈现出新面貌并影响电视创作的网络综艺节目，以与文化的结合为切入点，探讨电视娱乐节目未来的发展方向和文化表达策略。

（二）电视娱乐节目的基本构成

电视娱乐节目的内部构成不仅有着所有电视节目皆具的共性，也具有鲜明的个性。

1.主题价值

无论是每年央视春晚所承载的时代性主题，还是《中国诗词大会》强化的"赏中华诗词、寻文化基因、品生活之美"，或是《我是歌手》（后改名为《歌手》）突出的"顶尖歌手对决秀"……特定的主题是体现电视娱乐节目价值的最重要因素。

主题是文艺作品所表现出来的中心思想，是作品内容的核心，更是创作者对现实生活的核心认知、评价和目标的体现。无论观赏者是否走心，电视娱乐节目的创作都应该以主题作为灵魂来统领节目的环节流程、叙事策略、视听表达，从而获得传播的支撑点，继而形成节目的意义并影响和打动受众。

从常规来说，主题需要在策划阶段就得以挖掘和确立，通过充足的内容形式来阐明和呈现，并贯穿制作全流程，最终才会取得良好的社会效果。

电视娱乐节目的主题性、思想性也常从日常生活中挖掘并注重关注对象的需求，但与新闻评论节目有所不同的是，要以泛审美化的视角并遵循康德所说的"愉悦的同时就是教养"[①]的创作理念，将思想内涵和价值体系潜藏在艺术化、娱乐化的形式和元素中，以建构节目的特殊价值。

2.结构形态

正如丹纳在《艺术哲学》中说的："一般而论，我们在实物中感到兴趣而要求艺术家摘录和表现的，无非是实物内部外部的逻辑，换句话说，是事物的结构，组织与配合。"[②]由此，电视娱乐节目创作者也需要在主题的指引下，

---

① 康德.判断力批判（注释本）[M].李秋零，译注.北京：中国人民大学出版社，2011：148.

② 丹纳.艺术哲学[M].傅雷，译.杭州：浙江人民美术出版社，2017：26.

将适合的内容进行筛选和整合，并搭建起清晰的结构，从而使节目能够一以贯之且生动有趣地传达创作意图，同时给节目以鲜明的面貌乃至特征、形态。

在实践中，较为常见的结构方式有珠串式结构、段落组合结构、篇章结构、叙事结构等。

珠串式结构如绳线串珠，适合相对简单短小的节目，常以串联词将内容连接起来，包容性强，但结构能力有限。

段落组合结构则将单期（台）节目分割成若干版块、段落、单元，常见于较长的晚会、栏目中；而在一些重大的纪念性晚会或大型文艺表演中也可以篇章的方式来组成结构。这种化大为小的结构方式能够形成精彩纷呈、高潮迭起的娱乐效果，主题的展开也更为全面和立体。

叙事结构则更多被使用于具有一定故事性的节目，如赛季节目、真人秀等，讲求节目中事件本身的发展变化和逻辑表达，经常追求戏剧性，能够对受众产生持续的收视吸引力。而具体打造叙事结构，一方面需要节目在赛制、规则上有所设计，另一方面则有赖于镜头序列的有效叙述（蒙太奇），因此后期编辑也对作品意义的呈现起着至关重要的作用。

实践中，不同的结构方式还经常会组合使用，以便复杂内容的表达，同时增强了节目的观赏性。

3.人物

人是受众关注的核心成分。我们常说电视娱乐节目要有意思，更要有意义，其中有意思体现在节目对故事性、艺术性、娱乐性的追求上；有意义则更多体现在节目对人物的选择、表现及其对受众的影响上。

电视娱乐节目中的人物可分为扮演性的角色和真实人物，他们都是故事性的核心元素。

角色是演员在假定性的叙事情境中通过扮演来塑造的人物形象，如电视剧、小品等当中的人物。演员在扮演的过程中往往要不断调动生活经验去贴合剧本中的角色设定，还因此可能需要掩盖自身的真实个性，从而完成剧作需要的人物表达。

真实人物则是节目参与者以自身的真实个性参与或进行表达，如主持人、真人秀中的选手等。真实人物又可分为明星与普通人，明星无疑是电视娱乐节目的一大看点，一般有着较强的才艺、表现力（艺能），能够满足受众的观赏需求，并为受众带来快乐、兴奋、抚慰、激励……普通人被借称为"素人"，往往才艺、话题性、表现力等相对较弱，但他们不经修饰的表达、真挚的情感、动人的阅历和故事能够让受众感受到亲切或真实的力量，多成就节目的共情点。当然，明星和普通人之间也是可以转换的，不少普通人凭借出众的才能登上电视后，最终成为家喻户晓的明星。

4.视听效果

电视艺术的本质是视听艺术，因此所有文艺门类进入电视后必然被拓展为视听综合的艺术，即符合电视有声有色的本性。尤其是视，即可看性方面。从早期直接转播艺术表演现场的文艺节目到如今各种渗透电视手段的节目，视听的美好效果一直是娱乐节目观赏性的核心。为了满足受众不断提高的审美和视听需求，创作者们一直在探索综艺感，打造视听盛宴，如为歌曲增加伴舞以增强画面感、相声发展成多人表演的小品、利用电视新技术打造新节目样式等，使娱乐节目成为声光色俱佳、内容形式丰富多彩的综合表达形态。

当今受众对电视娱乐节目的视听呈现有着极高要求。例如，浙江卫视的《中国好声音》、湖南卫视的《歌手》引领了国内电视音乐节目创作及声音制作专业性的升级，中央电视台的《中国民歌大会》成为民族音乐视听呈现的典范，江苏卫视的跨年晚会更是体现了国际化的视觉审美……换句话说，同类节目如果远低于这些节目的视听水准，就很难深度吸引受众了。

5.喜剧色彩

本雅明在《作为生产者的作者》中写道："对于思考来说，没有比笑更好的开端。"[1]电视娱乐节目之所以能够让受众感受到欢乐或消遣、发泄，从而有所思所获，与其自身的喜剧色彩有着直接关联。毋庸置疑，这正是其与其他类型节目的最根本区别，也是节目社会效益落实的最基本点。

于是，绝大部分娱乐节目的内部需要各种娱乐元素的贯穿和落实，具体体现为喜剧化的情节、美好的歌舞、搞笑的言行、明星云集、多彩而明媚的场景、视听震撼或愉悦的效果、明快的节奏等。

---

[1]　本雅明.作为生产者的作者［M］.王炳钧，陈永国，等译.郑州：河南大学出版社，2014：30.

而对受众来说，电视娱乐节目带来的不仅仅是生理和心理上的快乐感受，更应是生命的支撑、对痛苦和失败的慰藉、对奋斗的激励，还有对明天的期待和对美好境界的向往。

第二节　文化与文化价值导向的概念

一、文化与文化价值导向

在中国，文化是既抽象又具体、似乎无所不包的概念。美国人类学家克洛依伯和克拉克洪在《文化：概念和定义批判分析》(*Culture: A Critical Review of Concepts and Definitions*) 中更是列举了西方关于文化的160多种定义。可见，"文化"一词的内涵非常宽广。

（一）文化

1. 文化的来源

根据张岱年先生在《中国文化概论》中进行的汉语辞源考证，"文化"一词很早就出现在中华民族的语文体系中。

"文"的原意是纹理，如《易·系辞下》中有云："物相杂，故曰文。"《礼记·乐记》中记载："五色成文而不乱。"《说文解字》中称："文，错画也，象交文。"当"文"引申出包括语言文字在内的各种象征符号的意义，即具象表现为文物典籍、礼乐制度，此为"文"作为"质、实"的第一层意义。同时，这些人工制造的交错纹理、各类人工制作的器物典籍，既满足了人的感官愉悦，也与人的精神、气质与修养密不可分，如同《论语·雍也》曰："质胜文则野，文胜质则史。文质彬彬，然后君子。"此为"文"的第二层意义。于是，"文"最终自然导出美、善、德行之意，正如《礼记·乐记》中所称"礼减而进，以进为文"，郑玄注"文犹美也，善也"。此为"文"的第三层意义。

化，原义为改易、生成、造化。《庄子·逍遥游》中有云"化而为鸟，其名为鹏"，《易·系辞下》中有"男女构精，万物化生"的说法，"化"均指事物性质或形态的变化，并引申为教行迁善之意。

汉语中"文化"二字联系起来使用，最早可以上溯到《周易》之释贲卦："小利有攸往，天文也；文明以止，人文也。观乎天文，以察时变。观乎人文，以化成天下。""天文"即天道自然规律。"人文"是人伦社会道德，即社会中人与人之间的交错关系。"人文"与"化成天下"紧密相连，凸显出"以文教化"的思想。

西方语汇中的"culture"（文化）一词，源自拉丁文cultura，原为动词，耕种、栽培之意。古罗马演说家西塞罗首次使用"cultura animi"，意即"灵魂的培养"。爱德华·泰勒是现代第一个界定"文化"的学者，其1871年的著作《文化的起源》将"文化"作为中心概念予以系统的表述，认为"文化或者文明，从其广泛的民族志意义上言，它是一个错综复杂的总体，包括知识、信仰、艺术、道德、法律、习俗和人作为社会成员所获得的任何其他能力和习惯"[①]。这样的解释对当今的社会和学术界影响极大，这也与中国古代"以文教化"的意思非常相似，所不同的是中国的"文化"更多关注精神世界，而西方的"文化"则生发于物质生产活动，继而引申到精神领域。

2.文化的构成

实际上，文化有广义和狭义之分。梁启超曾在《什么是文化》中写道："文化者，人类心能所开释出来之有价值的共业也。"[②]"共业"所涉及的领域非常广，诸如科学、教育、哲学、道德、法律、器具、制度、风俗等。同时代的梁漱溟则在《中国文化要义》的绪论中指出："文化之本义，应在经济、政治，乃至一切无所不包。"[③]

随着时代的变化，人们越来越清晰地认识到文化的精神属性。《现代汉语词典》中对文化有了更明确的解释："人类在社会历史发展过程中所创造的物

---

① 陆扬，王毅.文化研究导论［M］.上海：复旦大学出版社，2015：7.
② 梁启超.什么是文化［N］.学灯，1922-12-09.
③ 梁漱溟.中国文化要义［M］.上海：上海人民出版社，2005：6.

质财富和精神财富的总和，特指精神财富。"①而《辞海》则对之进行了更详尽的解释："①广义指人类社会历史实践过程中所创造的物质财富和精神财富的总和。狭义指社会的意识形态，以及与之相适应的制度和组织机构。是一种历史现象……作为意识形态……它具有阶级性……具有民族性……具有历史的连续性。②泛指一般知识，包括语文知识，如'学文化'即指学习文字和求取一般知识。③中国古代封建王朝所施的文治和教化的总称。"②《中国大百科全书：社会学》中则定义为："广义的文化是指人类创造的一切物质产品和精神产品的总和。狭义的文化专指语言、文学、艺术及一切意识形态在内的精神产品。"③

为了便于深入和系统的研究，学者们不断地探讨文化的具体结构。"关于文化结构，广为流传的有两分法，即物质文化与精神文化；另有三分法，即物质文化、制度文化、精神文化；还有物质、制度、风俗习惯、思想与价值四层次说，物质、社会关系、精神、艺术、语言符号、风俗习惯六大子系统说等。"④本文依托于四层次说。第一，物质层面，是人类通过对自然的加工而创造出的各种器具，用于满足人们的基本生存需要；第二，制度层面，是人类在社会实践中所建立的各类社会规范，使个体以及人与人之间的关系趋于稳定与规范化；第三，行为习俗层面，是人们在社会交往过程中形成的约定俗成的习惯性行为，具有地域性和集体性的特点；第四，精神层面，是人们在长期的社会实践和意识活动过程中所培育出的价值观念、审美情趣、思维方式等，这是文化最核心的部分。需要强调的是，这四个层面不是割裂独立的，而是相互影响和制约的，物质、制度、行为无不是价值观念的体现，而价值观念也要受到物质和制度的影响与制约，并与行为文化相互交融。同时，心态文化与行为文化经过整理归纳与艺术加工，往往以物质的书籍、艺术作

---

① 中国社会科学院语言研究所词典编辑室.现代汉语词典［M］.北京：商务印书馆，1979：1192.

② 辞海编辑委员会.辞海［M］.上海：上海辞书出版社，1977：1626.

③ 中国大百科全书总委员会.中国大百科全书：社会学［M］.北京：中国大百科全书出版社，1992：409.

④ 教育部高教司，张岱年，方克立.中国文化概论［M］.北京：北京师范大学出版社，2004：3.

品等形式固定下来。

毋庸置疑，文化一定具有国家、民族、地域的差异，并逐渐发展成为一个系统。中国文化即自古至今在中国疆域内由诸多民族共同创造的物质财富和精神财富的总和，又称作"中华文化"。梁漱溟先生就认为文化有"自有"和"外来"之分，有"中国之文化"。而就时段来说，梁漱溟认为："以近百年世界大交通，中国所受变于西洋者太大，几近失其故步，故大略划取未受近百年影响变化之固有者目为中国文化，如是而已。"①他所论述的中国文化指在他著书以前的百年前"未受影响之固有者"的文化。从当下回望，当我们谈及中国文化概念时，所包容的应是跨度长达五千年的，与中华民族的延续、中国的发展同步的所有文化，其中既有外来的优秀、先进文化，也有伴随中华民族发展而流传下来的传统文化，更有近现代形成的革命文化、社会主义先进文化等。

由此看来，电视娱乐节目中所呈现的文化是广义的。就现有的节目来看，既包含了物质层面的文献、文博器物等，也包括了制度层面、行为层面与心态层面的传统习俗与活动、生活方式、价值观念与审美等。

（二）文化价值导向

正因为文化具有国家、民族、地域的差异，所以文化内部极为复杂多样。而且，就人类发展史来看，所谓进步经常体现为新旧文化的斗争和交替。毋庸讳言，文化中必然也有消极、负面乃至错误的部分，对此要进行完善、修正，甚至是长期的斗争。而判定文化的优劣，就必然要对其价值和导向进行分析。

1.价值

价值是生活中常见的概念。日常生活中说某物有用，就是最浅显的价值概念，而好坏延展开来对应的是"正价值"和"负价值"。在经济活动领域，价值和价格有着直接的关系。在审美领域，美丑也是一种特殊的价值评价；在科学领域，真便是最高、最重要的价值……总之，价值是指一定的对象（事物、行为、人自身等）对人所具有的意义。

实际上，价值也是一种关系现象，"价值的客观基础是社会实践所具有的

---

① 梁漱溟.中国文化要义［M］.上海：上海人民出版社，2005：7-8.

对象性关系，即主客体关系。价值产生于人按照自己的尺度去认识与改造世界的实践活动"①。而价值实现的本质，是客体属性同人的主体尺度之间的统一。价值的客体是人的所有评判对象，可以是人、动物、事物，也可以是现象、活动。价值评判的主体则只是人，不仅指个体，也包括群体、民族、阶层、社会、国家，甚至整个人类等。价值的产生与人的需求、人的生存和生活的意义关系紧密，于是价值的主体与客体不是割裂和对立的，而是处于相互作用的能动关系中。换句话说，文化的价值是丰富的，尤其是传统文化，本身一定具有其客观存在的价值即历史意义，也具有现实性的意义；当其被重视或复兴时，一定是其现实意义受到了社会或接受者的重视。

2.价值导向

事实上，价值主体的多边性、价值客体的复杂性还决定了社会意识以及价值取向的多样性。"价值取向是利益主体根据自身需要或信仰所采取的思想、行为走向。价值导向则是社会对个人价值取向、集体价值取向的有目的的路线、方针、政策、法纪、舆论、宣传、教育等方面的规范、整合和引导"②，以实现个体、群体的价值追求与国家、社会整体的价值追求保持一致、共同发展。

换句话说，价值导向的本质就是对某种价值取向的选择，但有别于个人、集体等具体价值取向的多样性；其要站在更高的境界，是符合整个社会发展、国情和绝大多数人利益的价值取向，具有一元性，要在国家或民族的价值体系中占据主导地位。

同时还必须明确的是，价值导向建立、推进和传播是一项系统性工程，需要多方位同时推进，也需要"导向的主体、导向的目标模式、导向的决策、导向的方法手段和价值评价标准等的相互作用"③。

3.文化价值导向

文化价值导向作为价值导向的重要组成部分，是价值导向在文学艺术相

---

① 李德顺.价值论［M］.北京：中国人民大学出版社，2020：39.

② 唐日新，李湘舟，邓克谋.价值取向与价值导向［M］.长沙：中南工业大学出版社，1996：388.

③ 唐日新，李湘舟，邓克谋.价值取向与价值导向［M］.长沙：中南工业大学出版社，1996：9.

关层面的重要分支，是通过具体的文学艺术作品展现我国独特的价值观念和精神内涵，从而引导广大群众明确目标、规范行为……其以文化人、以文育人、以文培元，是推进我国文化大繁荣大发展的内在支撑。

学术界对于"文化价值"概念的界定大多出于以下角度：一是文化性质的价值，主要是客体在人的文化生活方面所具有的价值，与政治价值、经济价值等概念相互独立。二是民族文化中所特有的价值观、价值取向等组成的价值系统。三是对文本诠释得出的含义和意义，常见于诠释学。四是民族文化的功能系统，主要指一种民族文化能够满足人们的需要。五是文化为规范与优化人的生命所具有的意义，如孙美堂先生从"人化"的角度认为文化价值是"一定的价值对象显现出的有益于人规范和优化自身的生命存在的功能、意义或意向"①。

而讨论文化价值导向，实际上就是要探讨、提炼各种价值观在促进人的"人化""文化"以及文明化发展等方面的特点，并对大众进行引导。例如作为一种功能，文化价值导向能够规范人和优化人——"以文教化"和让人"知书达理"；而作为一种意义，文化价值展示的是理想的、超越的内涵，是高于世俗生活与优于流行品位的更高的境界，是一种"应当如此"的理想状态；作为一种目标，文化价值引导人、促使人、影响人甚至支配人选择和创造的方向和境界，使人进入更高级的状态。归根到底，文化价值解决的是"人"的意义问题——什么是人（"人"的标准，如知识、道德等对人的规范性），而文化价值导向解决的是人应该如何为"人"（人的品质、德行、修养、价值观等），并获得人生的意义（理想的、超越的精神境界等）。

于是，电视娱乐节目作为影响最为广泛的大众传播节目形态，其文化价值渗透在道德价值、科学价值与审美价值之中，从而实现对人的"向文而化"。其文化价值导向也应该兼具以下三个层面：一是功能层面，指以文学艺术为主体的知识体系所产生的价值，带给人知识和智慧。如汉字、成语、诗词等传统文化题材的电视娱乐节目，本身就可以极大丰富受众的国学知识，而专家学者的背景解读与故事讲述更深入浅出地传达其文化内涵。二是意义

---

① 孙美堂.文化价值论［M］.昆明：云南人民出版社，2005：82.

层面，指其中文学艺术或人物故事所蕴含的内在精髓与精神文化，给人带来超越世俗、流行和既定生活品位的理想精神境界。三是目标层面，指中华民族文化价值系统及其价值取向引导人朝着有"文化"的方向发展，即以知识、故事与艺术展演等为载体，在其中融入"刚健有为、和与中、崇德利用、天人合一"等中华民族所推崇的主流价值观，既陶冶情操、美化生活，也能在潜移默化中对受众产生引导力。

二、文化在当代电视娱乐节目中的构成与表现

作为集媒介内容、文化产品、艺术作品为一体的综合内容形态，电视娱乐节目先天具有文化性，且受到不同层次、种类文化的影响。除整体包含了广义上的物质文化、制度文化、精神文化三个层次的文化外，内部还根据地域、时间、阶层、立场、族群、审美趣味、文化艺术样式等差异而细分为不同的文化类别，其中那些更积极向上、符合中国特色和社会主义核心价值观的多元文化内容构成了我国当代电视的主要文化景观，具体可表现为对民族文化与世界文化、传统文化与现代文化、主流文化与亚文化、精英文化与大众文化的兼容。

（一）民族文化与世界文化

基于地域角度对文化进行区分，可分为构建民族想象共同体的民族文化与以开放包容为指向的世界文化，二者共同构成电视文化中继承与借鉴的对应关系。

民族文化是指"各民族在历史发展中创造与传承的具有本民族特点的文化，表现为物质、非物质等不同的层面。民族文化反映了民族的生活方式、历史发展和社会过程，并对民族的生存与发展有重大影响"①。电视娱乐节目中的民族文化强调对本民族与地域的信仰、精神、习俗、制度的坚守与传播，旨在唤起国民的集体记忆和情感共鸣，从而形成民族凝聚力和集体认同感。

我国电视娱乐节目中的民族文化具体表现为民族艺术、非物质文化遗产、民族生活方式、民族习俗、文化活动、民族精神等，如北京卫视的《传承者》

---

① 刘本旺.参政议政用语集［M］.北京：群言出版社，2014：160.

《非凡匠心》，湖南卫视的《百心百匠》，江苏卫视的《匠心传奇》等节目就将选题限定为非遗项目，以此实现民族文化的电视化呈现与大众传播。

在此，还需要核定此处的"民族文化"概念。费孝通先生曾提出"中华民族多元一体格局"，即中华民族是56个民族多元结合的民族实体，各民族在漫长的互动交融中建立了"文化多样、国家一体"的多元一体格局。实际上，我国的一些少数民族有着一些与汉族不同的物质文化和精神文化传统，于是一批少数民族题材和风格、样式的电视娱乐节目为电视荧屏带来了独特而丰富的色彩，如中央电视台的《中国民歌大会》《民歌中国》，安徽卫视的《耳畔中国》，广西卫视的《大地飞歌》等，是国内少数民族文化电视化的典型代表。

世界文化主要体现为外来文化，是指通过各种国际交往和文化交流传入国内的文化形态，是经济全球化、人类命运共同体背景下世界文明交流互鉴的持续性成果。就电视本身的发展来说，还包括优秀电视模式的引进与输出、精品内容的跨文化传播等。毋庸置疑，这样的文化是具有多元性、包容性的，既有利于艺术品质的提升和理念的融合，也有利于世界各国人民的共同发展和进步。

我国电视媒体在兴建之初多受到苏联文化的影响，而后在改革开放的进程中，多国文化迅速涌入国内，如美国MTV（音乐电视网）的音乐电视很快影响了年轻人，随后日韩与我国台湾地区的综艺游戏节目与婚恋节目风靡一时。21世纪以来，流行于欧美的益智节目、户外真人秀、体现平民化趋势的选秀节目、强调"祛魅"的明星真人秀等相继影响着我国的电视创作。尤其是在湖南卫视，《超级女声》《爸爸去哪儿》《歌手》等在不同时期的创新节目均受到境外节目的极大影响，其模式也难免会带有原产地的文化基因与特质。

在由多元文化构成的当代电视文化内部，电视创作者需要妥善处理民族文化与世界文化的关系，在发展民族文化和坚持民族文化独特性的基础上，以开放的心态、辩证的态度面对外来文化，大胆吸收、借鉴、改造外来文化中有益的部分，取其精华、去其糟粕，从而不断发展、滋补本国的民族文化。这是民族自信和文化自信的体现，对于发展先进的民族文化也具有重要意义。

（二）传统文化与现代文化

基于时间维度进行区分，文化可分为具有历时性特质的传统文化与带有共时性特点的现代文化。二者共同构成了当代电视文化中一组有关创造性转化与创新性发展的对应关系。

传统文化是指经过世代流转传承而形成的文化，它具有明显的时间性和地域性，在不同的国家和地区、民族间存在着极大差异。而现代文化是指20世纪以来，伴随着工业化和信息化进程所产生的体现现代特色的文化，特点是以科技为动力，具有变革性、快节奏、大众化、全球化。不过，传统文化与现代文化也是互动的关系，一方面二者相互冲突、排斥；另一方面前者对后者有整合作用，后者对前者有更新替代的作用。所以，传统文化与现代文化也可以相互转化，过去是"现代的"，现在可能就是"传统的"；现在是"现代的"，将来可能会是"传统的"。

中国的传统文化是"以中华民族为创造主体，于清晚期以前，在中国这块土地上形成和发展起来的，具有鲜明特色和稳定结构的，世代传承并影响整个社会历史的、宏大的古典文化体系"[①]。其形成和发展与中国特有的历史、政治、经济、地域等多种因素密切相关。长期以来，由思想、信仰、风俗、制度、艺术等构成的文化系统处于一个不断变化、更新的过程，即不利于民族整体发展的文化内容及样式会在历史的进程中被淘汰。于是，当代电视中所呈现的传统文化是中华民族世代传承的物质文化与精神文化的有机结合体，主要集中在哲学思想、人文精神、教化思想、道德理念等方面，在精神层面的展示上不断传承天人合一、义以为上、重道轻器、集体主义等内涵。尤其是近年来在国家政策的扶持与引导下，诸多取材于传统文化艺术样式、弘扬传统文化精神的电视娱乐节目相继推出，实现了市场效益与社会效益的双赢，充分彰显出传统文化的勃勃生机。

还需要强调的是，电视本身是现代化的产物，天然带有伴随现代化发展所形成的科技性、商业性、大众性的文化特点，具体表现为关注"民主化、

---

① 赵洪恩，李宝席.中国传统文化通论［M］.北京：人民出版社，2009：7.

法制化、工业化、都市化、均富化、福利化、社会阶层流动化、宗教世俗化、教育普及化、知识科学化、信息传播化和人口控制化等"①。同时建立了依赖于科技性的前沿技术、引领大众性的流行风尚、以大批量机械复制为特征的传播模式。

回望电视文化的发展史，也正是传统文化与现代文化不断冲突、融合的交互史，尤其是在电视娱乐节目中，二者相互融合、互为彰显，传统文化借助现代文化的形式成为大众接受的主流与流行的文化，而现代文化在传统文化的加持下更具民族性和认同度，从而使电视娱乐节目也更具时代性和独特性。

（三）主流文化与亚文化

基于价值取向和其势力强度因素，文化可划分为主流文化和亚文化，两者双向交互，形成主导与从属、关联而又对立的关系。

主流文化是特定时期占统治地位、起主导作用的群体所拥有的文化形态，它体现出主要的社会文化思潮及其价值导向。亚文化是相对于主流文化而言的，其价值观念和行为方式有别于主流文化，"在文化权力关系上处于从属的地位，在文化整体里占据次要的部分"②。

当前，中国的主流文化特指符合中国特色社会主义核心价值观的文化，是习近平总书记2017年10月18日在党的十九大上提出的："源自于中华民族五千多年文明历史所孕育的中华优秀传统文化，熔铸于党领导人民在革命、建设、改革中创造的革命文化和社会主义先进文化，根植于中国特色社会主义伟大实践。"

电视作为当今中国的主流媒体，是"注重意识形态的把控力、话语发布的权威性和影响力，所传播的内容体现了社会主义核心价值观，具有强势的舆论引导力，能够弘扬主旋律，塑造公民优良品格，激发全社会团结奋进，

---

① 罗荣渠.现代化新论：世界与中国的现代化进程［M］.北京：商务印书馆，2004：14-15.

② 高丙中.主文化、亚文化、反文化与中国文化的变迁［J］.社会学研究，1997（1）：115-119.

并具备一定品牌效力的媒体"[1]。同时，其本身承担着文化传承与文化交流的责任，绝不能过度追逐市场份额和商业利润而放弃自身的文化责任与使命。即便是娱乐节目，也必然要立足中国现实，认真把控价值导向。

与此同时，改革开放以来思想的解放及艺术的多元表达，尤其是近年来互联网经济的发展、人民精神文化的旺盛需求以及科学技术的快速迭代使得亚文化获得了一定的空间。实际上，亚文化的形成是基于社会群体的分化，现代社会中不同阶层、职业、年龄、地域、宗教、民族等的群体利益诉求促成了丰富多彩的亚文化现象，如青年文化、老年文化、企业文化、宗教文化、嘻哈文化等。这些相对于主流文化来说是小众的、从属的、非主流的。

亚文化的特征主要体现在三个方面：一是边缘性与反叛性，即亚文化群体指"一群以他们特有的兴趣和习惯，以他们的身份、他们所做的事以及他们做事的地点而在某些方面呈现为非常规状态或边缘状态的人"[2]，于是其所推崇的行为准则常与主流文化不一致乃至背道而驰，甚至这种差异是亚文化群体有意追求、刻意标榜的。二是独立性与多元性。亚文化群体往往存在边界，尽管并不排除亚文化类型之间有相互交叉的情况，但总体上边界的确定性决定了其独立、多元的特点。若根据兴趣、习惯、地域、身份等因素划分，可细分为更多种类型的亚文化及形式。三是动态性与流行性。与主流文化的坚定性相比，亚文化具有阶段性流行或盛行的状况，即实际上大部分亚文化形态在历史长河中难逃被淘汰的命运，而还有一些亚文化则"可能被主流文化'收编'或者被主流文化所接受，甚至转化成主流文化"[3]。

近年来，亚文化在电视娱乐节目中获得了明确的空间，尤其是在一系列"限娱令"下，网络综艺中的亚文化一度呈现出"野蛮生长"的态势——长尾效应[4]下的视频网站实行了分众化的传播策略，如《奇葩说》《这！就是街舞》

① 赵晨妹，葛晓宇.新型主流媒体舆论引导力提升的策略与路径：以中华传统文化综艺节目为例［J］.中国电视，2019（6）：98-101.

② 于涛.当代亚文化的生成、特征及其发展趋向［J］.学术交流，2017（10）：89-94.

③ 李晓川.网络亚文化综艺的兴起及其对主流媒体的启示［J］.声屏世界，2019（7）：91-92.

④ 来自经济学领域，指关注个性化的、零散的、少量的需求，从而获得比肩主流需求的市场及收益.

《乐队的夏天》等节目强调垂直题材开掘、服务细分受众、凸显青年参与式文化等，不仅引发了文化观念和样式之争，也在制作品质上颇具竞争力。其中一些节目在进行了"破圈"之后，更影响了电视娱乐节目的内容及形态。

综上，电视文化构成中的主流文化与亚文化也存在对立统一的关系。一方面，亚文化与主流文化之间存在摩擦和冲突，即亚文化的价值扩张会在某种程度上对主流文化造成冲击，极端的亚文化甚至可能会分裂主流文化的凝聚力。但另一方面，作为主流文化的必要补充，亚文化能够起到丰富生活方式、激发文化活力、弥补主流文化欠缺功能的作用。而适合电视娱乐节目传播的、具有积极向上意义和观赏性的亚文化，能够"破圈"或借助电视进入主流文化层面。

（四）精英文化与大众文化

基于生产与消费主体，文化可划分为强调人文精神与思想启蒙的精英文化和凸显平民意识与消费理念的大众文化。毋庸讳言，精英文化与大众文化的分界在实践中往往是靠文化教育程度来区隔的，而且受过良好教育的社会精英人群数量少于大众群体，但掌握了更多的权力、财富以及其他社会资源。

精英文化"也可以说是高级知识分子阶层的文化，他们融合了中西知识精英对政治民主、社会理想和个体自由权利的认识和理解，具有一定忧国忧民的人文终极关怀气度，对现实的政治、经济、文化有着自己独立的看法，并且拥有较高的话语权，通过著书立说，确立了他们对国家和社会的干预力度"[1]。于是，精英文化具有经典、高雅、深度、理性与人文等特点，对专业领域有更深入的理解与思考，能主动对主政阶层的决策提供参考，并愿意指导与启蒙普通大众。

大众文化是源自西方语境的概念，一般用两个词来表达——"Mass Culture"（贬义）和"Popular Culture"（褒义）。前者认为大众文化是一种下层的文化，主要代表是法兰克福学派的西奥多·阿多诺，认为大众文化是一种"文化工业"。后者的代表人物是伯明翰学派的雷蒙·威廉斯，他认为文化不是精英阶层的专利，应该是人民的、群众的。后来，更有约翰·费斯克直

---

① 刘自雄，闫玉刚.大众文化通论［M］.北京：中国广播电视出版社，2007：12.

接对大众文化持完全肯定的态度。

本书所谈及的大众文化是以大众为消费对象，按照市场规律对文化商品进行批量生产，通过现代大众传媒传播的，集中满足人们的感性娱乐需求的一切物质、符号、观念和活动。这种"机械复制生产"的大众商品往往丧失了精英文化所维护的独特灵韵，也无疑对精英文化的经典、权威与深度进行了一定程度的消解。

电视相对于更传统的文字媒体而言，无疑具有更多的大众属性，不识字的人也能接受，但在今天回看中国电视行业发展早期的节目，会发现有较多对当时的精英文化的表达；经过20世纪的改革开放，开始明显关注大众需求；而后在一定时期的产业化导向下，电视娱乐节目成为获利的主要形态，就必然以大众文化的表达为重要手段。而事实上，中国的政治基础造就了电视中精英文化与大众文化相互间既有着较为模糊的界限，又不可避免地并置、冲突、对话、杂糅，"雅俗共赏"一直是行业追求的境界。相比之下，当下的娱乐节目在一定程度上呈现出两极分化的趋势，一方面满足高需求受众对专业化的深度需求，如《朗读者》《传承者之中国意象》《声入人心》等，让经典文学、高雅艺术得到转化与呈现；另一方面也满足普通大众关心明星的家长里短、贴近日常生活的需求，如《向往的生活》《亲爱的·客栈》《我家那小子》等。如今，随着国民整体文化素质的逐步提升和境外优秀节目的带动，电视娱乐节目走到了必须提升品质——高质量发展的关键阶段，未来对精英文化的表现应该会加大比重。

第三节　电视娱乐节目文化价值导向的建构

"建构"（construct）一词源于建筑领域，意指建立起一种构造。而作为文化研究领域的概念时，其就包含了从设计到建立、建成的内涵。

落实到传媒领域，我国的媒体发展和建设一直遵循马克思主义新闻理论的指引。马克思、恩格斯在创办《新莱茵报·政治经济评论》时，就曾公开申明"自己的目的——经常而深刻地影响舆论"①。列宁则提出了报纸的"党性原则",即将报刊建成从事革命活动的宣传工具。例如,列宁在阐述党报的作用时突出强调了其组织功能和作用:"应成为社会民主党有组织的、有计划的、统一的党的工作的一个组成部分""报纸不仅是集体的宣传员和鼓动员,而且是集体的组织者"。②长期以来,我国主流媒体作为党和国家的耳目喉舌,一直坚持"党性"和"人民性",注重新闻宣传的系统性和规划性,积极发挥媒体对社会的引导功能,打造符合社会主义核心价值观的社会舆论环境。

实际上,舆论引导和宣传是全世界所有媒体都在进行的重要工作,只是在不同体制和阶段下有不同的诠释和表达。近年来随着对媒体功能的深入认识,"媒介建构"的概念和功能越发凸显出来。

一、媒介建构的概念

西方关于媒介建构的研究始于20世纪20年代,美国的沃尔特·李普曼于1922年在《公众舆论》中提出了著名的"拟态环境"(pseudoenvironment)和"刻板成见"(stereotype)概念。他认为人们对于超过自己亲身感知的事物,只能通过各种"新闻供给机构"去了解,因此,人们的行为成了对新闻机构提供的"拟态环境"的反应。刻板成见本指先入为主的、根植在我们思想与感情中的观念,是人们认识事物以及把握世界的简便的参考标准。由于人们活动的范围实在有限,大众传播媒介就成为人们获取信息的主要渠道,即人们刻板成见的形成离不开媒介提供的"拟态环境"。

而后,媒介建构理念逐渐延伸到社会学、心理学、传播学与文化研究等诸多研究领域,即媒介成为一种发挥建构功能的中介成为共识。随后在媒介的发展实践中,对信息进行准确、如实的传达还是选择性表达,媒介建构的现实与客观现实有何不同,成为业界和学界后续不断讨论的话题。实际上,越是

---

① 马克思,恩格斯.马克思恩格斯全集:第7卷[M].中共中央马克思恩格斯列宁斯大林著作编译局,编译.北京:人民出版社,1959:600.

② 列宁.列宁选集:第1卷[M].中共中央马克思恩格斯列宁斯大林著作编译局,编译.北京:人民出版社,1995:663.

到媒体发达的时期，其对社会的主动性和导向性就越发显现，特别是在价值观、立场的表达中，媒体的影响力往往与自身建构力、建构目标有着直接关系。

当新时代到来，在坚持马克思主义新闻观的基础上，习近平总书记根据当前中国媒介发展的现实情况，于2019年1月25日在十九届中央政治局第十二次集体学习时的讲话中提出："我们要加快推动媒体融合发展，使主流媒体具有强大传播力、引导力、影响力、公信力，形成网上网下同心圆，使全体人民在理想信念、价值理念、道德观念上紧紧团结在一起，让正能量更强劲、主旋律更高昂。"在2014年10月15日主持召开的文艺工作座谈会上，习近平总书记强调：广大文艺工作者要"把社会主义核心价值观生动活泼、活灵活现地体现在文艺创作之中，用栩栩如生的作品形象告诉人们什么是应该肯定和赞扬的，什么是必须反对和否定的"。实际上，全球化背景下的竞争也使所有的媒体都在进行如何建构的实践，因此我们必须认真应对这个时代性命题。

当前对于电视文艺工作者来说，如何在具有深厚群众基础的电视娱乐节目中建构明确的文化价值导向，如何在弘扬中国文化、彰显中国精神与引领中国价值的过程中让受众如春风化雨般、于润物无声中自然接受，不仅需要总结已有的经验和教训，还要善于在实践中不断进行探索。

二、电视娱乐节目的文化建构力

毋庸置疑，电视娱乐节目是时代文化状态的反映者和引领者，不仅能够包容与整合多样化的文化源流，最终形成以主流文化为主导的、多元文化构成的共同体，还能将多种艺术样态有机融合，这些艺术样态也具有一定的文化特征，如《国家宝藏》便是将明星真人秀与情景演绎、国宝文化历史的解读、现场访谈相结合，其中融入了国宝历史文化内容以及传承守护国宝的主流价值，还包括大众明星消费、网络流行语、二次元音乐等多元文化样式，满足了受众放松娱乐、获得知识、提升精神境界等多重诉求。可见，当今能够引人注目的电视娱乐节目是将主流文化与亚文化、精英文化与大众文化以及民族文化、娱乐文化等集于一体的综合性文化形态。

而且，电视娱乐节目应该努力传播更优秀和先进的文化。先进文化是民族发展的精神支柱，是人们规范与优化自身的方向指引。电视娱乐节目只有对其及时吸纳和表达，才能深度地满足受众需求并获得自身的发展。再从文化发展的层面来看，当今的中华文化由中国传统文化、革命文化以及社会主义先进文化组成，是中国源远流长的文化艺术、革命建设等成就的结晶，具有深厚的内涵与价值。回望以往优秀的电视娱乐节目，无不是对其进行了深入表达并引领了当时的文化时尚风潮，甚至起到了推动、革新文化的作用，如《中国民歌大会》精心选取全国各地的经典曲目，同时融合了民歌表演、文化知识、民族风俗等元素，更重要的是对民歌所蕴含的历史、文化、民俗等意义及艺术表演意境的营造，体现在编曲、演唱、视觉场景等全方位的革新，于是受众所看到的绝不是停留于儿时的记忆，更是对民歌文化境界的提升和全新表达。

电视娱乐节目还具有极强的文化创造力，能够制造某些文化话题或文化现象，甚至掀起社会文化潮流。比如一年一度的央视春晚已成为中国人除夕之夜的新民俗，也一直是每年的重要话题；《全国青年歌手电视大奖赛》不仅成为歌唱界人才的一种成长机制，而且引领中国流行音乐的发展风潮；《超级女声》不仅让"超女"成为一种社会文化现象，而且冲击了大众关于时尚审美、明星机制、个性等方面的传统观念；《中国诗词大会》将古代诗词文化与当今竞赛机制、个体故事等相结合，让人们重新发现古典诗词艺术之精湛、情采之绝伦、意境之美妙，表现其在人民生活中起到的娱乐乃至激励作用，直接引发了全民重温和学习古诗词的文化现象……当前社会中所出现的一些传统文化热、经典阅读热、朗读热等，与诸多电视娱乐节目的文化传播力、影响力与引导力密不可分。

三、电视娱乐节目文化价值导向建构的特点

电视娱乐节目的特性使其在文化价值导向建构时呈现出与其他媒介及内容形态不同的方式和特点。

（一）寓教于乐

美国学者约翰·菲斯克（约翰·费斯克）认为：电视"是意义与快乐的

承载体和激励体，而文化则是这些意义与快乐在社会中的生成与传播"[1]。即电视娱乐节目作为"意义与快乐"的载体、一种"中介"，用基于媒介环境、社会责任、艺术创作需要等多种因素构成的主观经验对内容进行选择与转化，使其成为承载"意义"的"媒介建构的现实"，并传播给受众。而受众根据自身经验将"媒介建构的现实"转化为"主观感知的现实"。如诸多文化类综艺节目将根植于中华古老文明的、具有中华民族灵魂深处血脉与基因的优秀文化内容进行提取和筛选，于是受众见到的传统文化一定是经过优秀的现代文化意识融合和阐释的结果。

同时，电视娱乐节目作为主流媒体的重要传播形态，也必须具有"以文化人、以艺养心、以美塑人"的文化传承和审美教育的责任，其对于现实的呈现和建构经过思想性、审美性和观赏性等多重标准的考量，是渗透着主观意识的符号化现实。

当然，电视娱乐节目的意义也一定是建立在生产"快乐"的基础上的。其中的文化内容常常是通过综艺化、娱乐化的手段呈现出来的，因此所选取的现实素材通常本身具有一定的喜剧色彩，或经过建构后具有喜剧性。换句话说，与文学、新闻纪实等内容相比，电视娱乐节目大大降低了内容的识读难度，或将严肃的内容以浅显易懂、幽默明快的方式进行重构。娱乐不仅是生成意义的手段，而且贯穿价值生成的全过程，其中的艺术样式及表达给受众带来的审美享受和提升也是文化价值的重要成分。

另外，正因为我国电视娱乐节目素来群众基础深厚、社会影响力大，在"快乐"氛围的感染与渗透下，文化价值的生产与分享会更见成效。

（二）视听结合

当今共存的媒介大致有印刷、广播、影视、网络四类，其各自的特征与传播能力在构建现实的过程中起到了重要作用。

印刷类媒介（报刊、书籍）通过文字描写或图片来表达，其塑造的形象和意义要求读者经过视觉阅读来理解、接收，要借助读者的阅读能力、想象

---

① 菲斯克.电视文化［M］.祁阿红，张鲲，译.北京：商务印书馆，2005：5.

力、生活经验、理解力来完成，于是这类媒体是令受众最富于想象力的，其接受特质正如我们看《红楼梦》，在不同的时代、不同的生存环境中，每个人心目中都有自己的林黛玉形象。就传播范围而言，报纸要通过发行机构建立系统的渠道才得以到达受众手中。

而广播则依赖人的听觉来感知，人类的口头语言，客观现实中物质碰撞摩擦的各种音响，人类创造的各种声音如音乐、音响、音效，都是广播语言的基本构成。受众除了必须借助想象力、生活经验、理解力外，还一定要借助对声音的感知力（听力）来完成对其内容及意义的了解。

影视（电影、电视）媒介能够同时传送图像、文字和声音，于是能够作用于人类最重要的感知器官——听觉和视觉。因此，电视娱乐节目在文化价值导向的建构上表现出几个突出特点：一是具象——可视性（有时也被表述为"可看性"）或直观，全面丰富的外在形象能直接呈现，使受众认知快捷。二是生动——连续、活动的内容。以上两种优势是文字印刷类的媒体难以替代的。三是逼真——真实的声音影像能够给受众创造一个最接近真实世界的时空环境和视听感受，使受众产生"可信"的感觉，于是也就有了对事件的参与感。而且，电视娱乐节目中常见的现场直播能够及时且清晰地展现现实生活面貌，尤其是重大庆典活动的现场直播能够迅速引发受众的感官震撼，从而召唤出受众的情感共鸣和文化认同。当前，AR（Augmented Reality，增强现实）、VR（Virtual Reality，虚拟现实）、MR（Mixed Reality，混合现实）、XR（Extended Reality，扩展现实）等视觉新技术更拓宽了人的视听界限，强化了受众的视听沉浸感和临场感，也在不断增强文化价值建构与传播的有效性和广泛性。

网络媒介则以受众与内容互动的达成为核心，视听兼备，具有多媒体特性和功能，特别适合受众对信息进行个性化选择，是当前小众传播、圈层传播的重要媒介。而且，网络技术的发达令交流者之间可以几乎不受距离与播放载体的阻碍，只要有电有网即可传播，还可以跨屏传达。毋庸置疑，互联网技术的发展也推动了内容和形式的跨媒介互动与创新，做到了对文化多层面、多角度的深入展现。由此，网络媒体成为当今极具发展潜力的媒体平台，也促使媒介整体的融合，发展为融媒体。

　　于是，当今的电视娱乐节目在文化价值导向的建构上集聚文字、图片、声音与影像等多种媒介文本，并吸纳高科技手段，对文化资源予以立体化、沉浸式的视听呈现。同时，在建构场域的选择上展现出多元化的特点，既有虚拟影像与文化实景的结合，也有线下线上的互动形式整合，具有前所未有的崭新而多样的表达空间。

（三）传与受的互动建构

　　从某种意义上说，电视娱乐节目的文化价值不是"被发现"的现存客观事实，而是由创作者和接受者在以节目为中介的互动过程中共同建构的，它具有主观能动性，即创作者与接受者对节目内容的选择、对文化意义的解读以及文化价值的建构很大程度上取决于他们自身的文化价值观。

　　一方面，创作者与接受者文化价值观的形成受到文化的共同体——集体共享的内在意义、价值观和认同性的影响。文化共同体往往与民族想象共同体的价值观有着直接关联，会受到整个社会体系包括地域、文字、技术、民族传统、生产力等各种因素的影响，正如中华文化的基因会存在于每一个中国人的血脉中。而中国电视娱乐节目所传播的文化价值也正是从中认定与筛选出来，经过主动建构而形成大众文化认同中相对稳定的部分。

　　另一方面，每个人的身份、受教育程度、经历和所处的具体生活环境等各有差异，所形成的审美趣味与文化价值倾向就会千差万别。再从世界范围来看，处于不同文化背景和文化时空的人对中国娱乐节目所建构的文化价值的认识也各有不同。而且，受众基于差异性所建构的文化价值还会在社会化过程中融入客观的文化现实当中，创作者会吸纳进而转化到节目中，然后又传播到受众端……这一互动循环的过程同时促进不同建构主体的文化价值观的相互影响与渗透，甚至相互矛盾和冲突的内容会不断斗争，最终的导向可能是多方价值观博弈的结果，即最终被发掘、继承和发扬的一定是现实社会所需要的部分。

　　此外，当网络联通，传统的媒介都插上了翅膀，可以承载和包容之前所有传统媒介的内容，可直播，可储存。即融媒体时代到来，信息的传播可以随时随地，受众的接受也具有随时、广泛的便捷性。尤其对于具有一定主动性的受众来说，他们可以搜到相关的海量信息，并能够选择自己最需要的内容和节目部分。受众的主动性得到极大释放，能够被接受的才是真正得到传播的信息。同时，传统媒体的视听内容顺序播放、我播你看的方式被打破，受众对内容具有空前的控制力和评价力，不喜欢就离开，去寻找自己需要的内容。尤其是在电视娱乐节目这样的非必需信息需求领域，如何吸引并稳住受众，是当下所有平台必须面对的难题。

综上，中国娱乐节目对文化价值的建构既要有符合社会价值取向的文化普适性，又要以综艺的观赏性、开放性与包容性促进自身、受众以及社会三者之间价值的互动建构。

第二章　建构新时代电视娱乐节目文化价值导向的必然性

第一节　追本溯源：我国电视娱乐节目的文化嬗变

中国电视娱乐节目的源头可追溯至1958年5月1日（北京电视台试播日）播出的几个文艺节目，如诗朗诵《工厂里来的三个姑娘》，舞蹈《四个小天鹅》《牧童与村姑》《春江花月夜》等，但电视娱乐节目真正蓬勃发展则是始于1978年改革开放后。正如黑格尔所说："每种艺术作品都属于它的时代和它的民族，各有特殊环境，依存于特殊的历史的和其它的观念和目的。"①在不同的历史阶段和文化语境中，电视娱乐节目的形态也在不断演变，呈现出不同的美学特点和文化取向，政治导向也起到了重要的作用。

一、电视文艺初创期

在初创期，电视文艺坚持"充实群众娱乐生活"，但受限于当时的社会资源和媒体自身技术因素，多是对传统文艺形态进行直接搬演或简单的电视化改造。

例如，1958年9月2日北京电视台开播时，节目大体程序安排是：①播音

---

① 黑格尔. 美学：第1卷 ［M］. 朱光潜，译. 北京：商务印书馆，1979：19.

员预告节目，②新闻节目，③少年儿童节目，④社教节目，⑤专题节目，⑥文艺节目（电视剧、话剧、戏曲、曲艺、音乐、电影）。随后，有时还直播大会实况或文艺晚会等。由于演播室条件有限，观众从屏幕上看到的文艺节目形态基本上是各种具有明显舞台特征的、品种单纯的文艺演出，不乏当时最具影响力的艺术家梅兰芳、周信芳等的连续演出，北京人民艺术剧院的话剧等。相对于社会上的一般演出，电视文艺的内容更具有一定优选性，也更具有时尚和创新的引导性。

20世纪60年代初，中国尚未走出"三年困难时期"的阴影，经济和文化均需要休养生息。1961年6月，中宣部在北京召开全国文艺工作座谈会，讨论了《关于当前文学艺术工作的意见（草案）》（"文艺十条"），周恩来出席并发表关于文艺政策调整的讲话，"在一个长久时期的沉闷的政治空气中打了一个惊雷，发人深省，为繁荣社会主义文学艺术揭开新的一页"[1]。1962年4月30日，中宣部下发定稿《关于当前文学艺术工作若干问题的意见（草案）》（"文艺八条"），给整个文艺界以极大的鼓励。1961—1962年，电视上播出的三届《笑的晚会》[2]即是这个特定时间节点和文化背景下的产物。该晚会内容以轻松诙谐的相声、小品等喜剧样式为主，娱乐色彩强烈，一经播出就受到观众的热烈欢迎，于是有了后续两届。不过却引发了争议，如第二届中的《诸葛亮请客》受到来信批评，说讽刺了"三年困难时期"的粮食政策；1962年的第三届即当年的国庆晚会，有模仿北京小贩街头叫卖声的配乐和做了滑稽调整的京剧及话剧片段等，世俗气息更为强烈，有观众来信反对在"外宾云集的中华人民共和国首都的电视节目中……以廉价的方式来向小市民趣味讨好……"[3]1964年2月中国戏剧家协会举办

① 陈荒煤，陈播.周恩来与电影［M］.北京：中央文献出版社，1995：165.
② 第一届《笑的晚会》由笪远怀担任电视导演，于1961年8月30日播出，内容全部是相声，播出后收到百余封观众来信，要求再办。第二届《笑的晚会》由耿震担任总导演，王扶林等担任电视导演，于1962年1月20日播出，内容以相声为主，增加了话剧片段、独角戏、洋相和笑话等形式的戏剧表演。第三届《笑的晚会》由谢添、侯宝林担任艺术指导，王扶林等担任电视导演，于1962年9月30日播出，内容以电影、话剧演员表演小品为主。
③ 郭镇之.中国电视史［M］.北京：中国人民大学出版社，1991：45-47.

的迎春晚会被质疑"表演庸俗"。"1965年2月8日起的100天中，北京电视台连续播出以抗美援越为主题的音乐、歌舞和戏剧节目达44次，参加演出团体34个，节目106个，占这一时期文艺节目播出量的40%"[①]，"开创了中国电视台为配合某一时期的中心任务而组织大规模连续电视文艺直播的传统"[②]。

"文化大革命"十年间，电视事业几乎停滞，电视屏幕上的文艺节目只有样板戏、语录歌、"文化大革命"节目以及一些政治色彩较浓的外国文艺节目，而且紧密配合重大活动和宣传任务，严重限制了全国文艺的创作发展，节目的审美及内容呈现单一化、概念化和模式化。也正由于对政治的极度敏感，所有电视创作人员都把主要精力放在转播中如何准确划分镜头和协调各工种团结一致工作上，于是造就了一支转播能力过硬的队伍。"文化大革命"后期，转播内容得到丰富，如1971年日本松山芭蕾舞团访华演出舞剧《白毛女》时，导演在演出幕间休息时还精心安排了对演员的采访和一些幕后花絮。

"文化大革命"结束之后，我国的社会政治生活发生巨大变化，电视文艺立刻呈现复苏与繁荣的趋势。1977—1978年，电视中播放了一系列政治色彩浓厚又抒发人们情感的节目，如1977年1月18日庆祝粉碎"四人帮"伟大胜利综合音乐会、专题文艺节目《我们永远怀念你啊，敬爱的周总理》，以及1977年9月9日北京电视台转播的隆重纪念毛泽东逝世一周年文艺演出……此外，由当时北京电视台开办的《文化生活》栏目，也标志着电视文艺对文化的重视和发展。

综上，初创期的电视文艺节目在内容和形式上经历了从简单到复杂、从直接转播到电视化的过程，即从转播电影、戏剧、曲艺、音乐、舞蹈等既有作品，到对这些艺术样式进行视听综合化的再创作。此时，具有一定专业性的创作队伍也逐渐形成，黄一鹤、邓在军等都是不断开创节目新样式的典型开拓者。对于观众来说，尽管电视机是稀罕物，电视文艺节目还是引导、反映、影响了他们的价值判断。

---

① 常江.初创期中国电视文艺节目形态探析［J］.中国出版，2014（20）：34-37.
② 杨伟光.中央电视台发展史（1958—1998）［M］.北京：北京出版社，1998：45.

二、综艺概念的确立和节目创新

1979年1月，人们思想的极大解放推动了电视文艺的转型，即从单纯为政治宣传转向探索人自身的价值。此时，还有一大批在经济和文化上处于上升状态的精英知识分子透过文学、电影、电视剧、电视节目等艺术形式广泛传播现代思想与观念，鼓舞着电视文艺工作者的创新热情。1983年，黄一鹤执导了中央电视台的春节联欢晚会，开启了当今春晚的模式，更奠定了中国电视综艺节目的最典型样式——综艺晚会的基础。毋庸置疑，春晚是在特定主题的统领下对中国传统文化艺术样式进行的综艺化表达，同时开创了电视综艺节目与民同乐、观众参与互动的做法。此时，"综艺"的概念即综合多种艺术样式并有机组合的节目得以确立，随后以《外国文艺》《周末文艺》等为代表的综艺栏目的出现，标志着综艺概念的推广与成熟。

回望综艺节目兴起之时，整体电视文艺主基调仍是宣扬时代的主旋律，"我们的各类电视节目很少是纯娱乐的，它们往往是以艺术的形式、现代化的手段来揭示某些富于哲理、给人以启迪的主题"[1]。如以央视春晚为代表的节庆晚会，必定承载着主流意识，从此得到了空前的发展空间；日常栏目如《周末文艺》中，主题也会具有鲜明的政治特色，如"党在我心中""祖国你好"等。

待到20世纪80年代中后期，电视媒体进入空前的高速发展阶段，这与百姓生活得到改善、电视机的广泛普及有着直接联系，也使节目的引导力和影响力得以增强。从1987年开始，相继出现了一批大型文艺竞赛节目，如《全国电视小品大赛》《全国青年歌手电视大奖赛》《中央广播电视总台电视节目主持人大赛》等。尤其是《全国青年歌手电视大奖赛》，成为中国音乐发展的强劲推动者，不仅选拔出一批批杰出歌手，也带动了作品尤其是流行音乐的创作和发展，堪称迄今为止最具影响力的电视文艺赛事之一。

在栏目化的推进过程中，一大批电视综艺栏目逐渐成熟，如以"弘扬中

---

[1] 截取自洪民生在1986年7月23日于烟台举行的全国部分省、市电视台文艺研讨会上发表的题为《屏幕意识·文化意识·观众意识：电视节目的思考》中的部分讲话。

华传统文化，尽显民族艺术瑰宝"为宗旨的《曲苑杂坛》；集合歌、舞、乐之精华，弘扬民族文化，推广高雅艺术的《旋转舞台》；集相声小品、名家专访、音乐歌舞为一身的杂志型节目《艺苑风景线》等。其中，更具影响力的是1990年中央电视台创办的《综艺大观》和《正大综艺》，前者被称为"小春晚"，是集歌舞、相声、小品、杂技和魔术等多种文艺样式与一定互动内容于一体的直播综艺节目；后者节目内容涵盖知识性游戏、竞猜、文艺表演和影视剧（《正大剧场》）等，满足了观众对多元文化的需求，同时将竞答作为节目核心环节，成为国内游戏类综艺节目的开端。

　　纵观这一阶段的电视文艺节目，总体上映射出当时主流精英意识追求宏大叙事、文化启蒙和高雅艺术的审美趣味。从节目本体角度来说，节目艺术性、趣味性和观赏性大幅度提高。创作者极为重视电视综艺节目承载的文化价值及其对观众的启迪性，而且学会避免运用口号式语言生硬地向观众灌输，而是努力将主流意识、艺术、文化等融入节目，实现寓教于乐。这一时期的电视观众作为"看客"，也不断沉浸在新颖而美好的表演和充满趣味的知识普及环节中，接受与认同主流意识，并感受到真、善、美的教化。时任广播电影电视部部长的艾知生说，要重新认识电视节目的教育功能、娱乐功能、审美功能等，寓教于乐不能只把重心放到娱乐上，而应该是重视"教"的力量，做到兼顾启迪性和文化价值。[①]

三、游戏娱乐节目的"快乐旋风"

　　20世纪90年代末到21世纪初，伴随着市场经济体制的确立和社会结构的转型，文化价值逐渐让位于经济价值，消费主义与大众文化思潮兴起，而大众文化以其通俗性、娱乐性、多元性等特点迅速渗透。湖南卫视的《快乐大本营》以明星参与游戏为节目核心，掀起了一场全国性的"快乐旋风"。同时期，中央电视台从国外引进模式的平民益智博彩综艺《幸运52》也充分表达了普通大众的娱乐偏好，推出时没有做任何宣传却收视率奇高，引来其他娱乐节目的纷纷效仿。

---

① 艾知生部长谈广播电视［J］.中国广播电视学刊，1993（6）：4-9.

毋庸置疑，游戏和博彩能成为普通民众在经济高压生活中的减压阀，观众也从台下的仰望者变为能上台的参与者，甚至引起全民狂欢——轻才艺重参与。而且，电视台在必须自收自支、最大化追求经济利益目标的驱使下，被迫追求节目高收视、高经济效益。电视文艺节目中所倡导的爱国主义、集体主义和英雄主义等政治与精英文化的话语范式被挤压，娱乐节目一改曾经对艺术的尊敬和向往，以"娱乐至上"的意识、个性化和时尚化的流行话语取而代之，并呈现出低俗化、媚俗化的倾向。全国各大电视台纷纷跟风，导致节目同质化严重，观众迅速产生审美疲劳，节目的更新换代加速。而当2000年开播的《开心辞典》中普通观众成为节目主角、与主持人平起平坐时，益智节目又成为新的爆款。在这里，观众对对抗、娱乐、求知、互动、认同、平等的需求得到满足，也能够从答题选手身上感受到关于梦想与奋斗的正能量。不过需要明晰的是，益智综艺节目的看点并不仅仅是知识和文化本身，还有由竞猜带来的游戏的普适性、对抗性、悬念性，甚至为奖励而斗争的人性阴暗面。

从文艺到综艺再到娱乐的转变致使电视媒体很快走下神坛，并迅速被大众文化裹挟，后续不断发掘存在于"大众""平民"中的经济效益。

四、真人秀的兴起及选秀的泛滥

21世纪以后，我国市场经济加速发展，尤其是部分城市迅速过渡到以休闲娱乐和凸显个性为主要诉求的消费型社会。同时，自加入世界贸易组织（WTO）后，我国与世界各国的交流与互动愈发密切。电视创作者也敏锐地看到风靡全球的以《幸存者》为代表的真人秀和以《美国偶像》为代表的选秀热潮，并很快在国内进行尝试。2004年由湖南卫视推出的《超级女声》将选秀和真人秀紧密结合大获成功，该节目与之前的电视比赛最大的不同是所谓"无门槛""想唱就唱，唱得响亮"，即选手不分唱法、不问来路，而且观众可以投票决定选手晋级或淘汰，节目还不时抽取高额奖金分发给观众……最终，平民偶像大放光彩，节目引来极大关注，随即带动了众多主打真实素人选秀节目的出现。例如，随后"超女"延伸出《快乐男声》，其他平台有如中央电视台的《梦想中国》《非常6+1》《星光大道》，东方卫视的《我型我秀》《加油！好男儿》，江西卫视的《中国红歌会》，北京卫视的《红楼梦中人》，江苏卫视的《绝对唱响》，等等。

此时，非综艺类的真人秀更是在进行多方探索。例如，从最早于2001年8月开播的多台联合制作的《走进香格里拉》开始，到广东电视台制作的"生存大挑战"系列，再到中央电视台的"欢乐英雄"系列长假特别节目等，都获得了一定收视效益；一些日常栏目也将真人秀作为核心元素，如中央电视台的《绝对挑战》《金苹果》等，以期提升日常节目的可看性。不过，尽管这些节目都具有较强的娱乐性，甚至湖南广播电视台经视频道的《天使爱美丽》《完美假期》时常令人惊诧，但最终关注度都没有超越综艺与真人秀结合的节目。

从传播学的角度看，大众选秀让节目创作从以传者为中心过渡到以受者为中心，不仅引发平民的集体狂欢，还屡屡成为颇具影响力的社会公共事件。其表达的电视文化也正因为契合了大众追求成功、个性、公平的价值观和梦想，融入并表达了大量的草根意识和话语，在社会上形成了草根文化风潮。不过，也由此导致后来综艺重"秀"轻"文"的结果，即忽视文化内涵与价值导向，注重"秀"才艺、颜值、财富……究其实质，都是"唯收视率"机制的结果。于是，行业整体出现了一方面盲目跟风、恶劣竞争，为博取观众眼球而不惜采用极端手段和做法，如2007年重庆卫视《第一次心动》节目直播选手挑动评委争斗；另一方面减少了对优秀和高雅文化的表现，即便与传统文化发生直接关联，"文化"也只沦为节目的"噱头"，如北京卫视为新版《红楼梦》电视剧选拔演员的《红楼梦中人》，本该将原著中博大精深的中华传统文化和古典艺术进行展示，但节目多停留在"秀"选手及选手之间的矛盾冲突……此类节目出现的一系列问题最终引来管理部门的批评和限制。

2011年7月，国家广播电影电视总局召开了"关于防止部分广播电视节目过度娱乐化座谈会"，会上专门邀请各大卫视的相关负责人参与讨论。2011年10月，《关于进一步加强电视上星综合频道节目管理的意见》（"限娱令"）正式下发，明确要求从2012年1月1日起，34个电视上星综合频道要提高新闻类节目播出量，同时对播出的部分节目类型比例也提出明确要求，防止过度娱乐化。

五、政策强力引导

2013年10月，国家新闻出版广电总局再下发《关于做好2014年电视上星综合频道节目编排和备案工作的通知》（亦称"加强版限娱令"），主要对娱乐节目的同质化、过度娱乐化、过度依赖国外版权等问题予以纠正，同时鼓励其他多种类型节目的创新发展。此通知还对部分内容进行了具体限定，如规定每家卫视每年新引进版权模式节目不得超过一个，卫视歌唱类节目黄金档最多保留四档。

在宏观政策的强势引导下，在2013年至2016年，中国电视娱乐节目的题材和类型都不断拓展，在亲子、旅行、演讲、喜剧、文化、体育竞技等方面都有所涉及，也出现了一些现象级节目，即通过节目形态的变革、内容结构的创新以及核心价值观的渗透和输出，形成了能够引领行业变革的典范，拥有突出的收视率与话题影响，产生了具有较大社会影响力的电视娱乐节目，如湖南卫视的《爸爸去哪儿》（2013）和《我是歌手》（2013），浙江卫视的《奔跑吧兄弟》（2014）等。不过从总体来看，这一阶段中仍有大量的模式引进节目，尤其是韩国模式的引进最为突出，其中也有不少节目存在着水土不服的现象；文化类节目的影响力相对较小，具有代表性的有江苏卫视的《最强大脑》（2014）、北京卫视的《传承者》（2015）等。

由此，2016年6月国家新闻出版广电总局出台了《关于大力推动广播电视节目自主创新工作的通知》，明确指出广播电视节目自主创新是关系文化建设的战略性问题，只有具有中华文化基因和中国特色、中国风格、中国气派的自主创新节目，才能更好地承载中国梦主题、社会主义核心价值观、爱国主义和中华优秀传统文化，才能更好地讲好中国故事、弘扬中国精神。随后还下发了《关于把电视上星综合频道办成讲导向、有文化的传播平台的通知》《关于进一步加强广播电视和网络视听文艺节目管理的通知》《关于推动广播电视和网络视听产业高质量发展的意见》等一系列政策，同时评选季度、年度"创新创优"节目，鼓励与倡导"小成本、大情怀、正能量"的综艺节目，甚至直接为优秀节目提供相应的奖励和扶持。

这一时期，中国电视娱乐节目整体在原创力和文化品质上均有所突破，文化类综艺节目数量迅速上升，尤其是中央电视台的《中国诗词大会》（第二季，2017）、《朗读者》（2017）、《国家宝藏》（2017）、《经典咏流传》（2018）等爆款节目接连上新，形成一股文化综艺热潮。后续，中央电视台着力打造"大会"系列，将民歌、地理等传统文化内容与综艺娱乐手法深度融合，成功打造了电视文化综艺品牌矩阵；北京卫视的《传承者》（第二季，2016）、东方卫视的《诗书中华》（2017）、广东卫视与山西卫视联手打造的《国乐大典》（2018）和广东卫视的《技惊四座》等都给观众展示了一道道文化奇观；2021年河南卫视春晚中的古典舞蹈《唐宫夜宴》一夜走红，引发了该台以"唐宫小姐姐"为人物线索串联起来的、依托于中国传统节日的系列节目，如《元宵奇妙夜》《清明奇妙游》《端午奇妙游》《七夕奇妙夜》……此外，还有中央电视台的《加油！向未来》（2016）和《机智过人》（2017）等努力开创出文化类节目的新领域，浙江卫视的《奔跑吧兄弟》、东方卫视的《极限挑战》等非传统文化题材的娱乐节目也积极融入了文化元素。

这一阶段，国家文艺政策再三强调文艺作品要体现与彰显文化自信，而长期的国际交流与合作也让国内综艺创作者开阔了视野，积累了一定的娱乐节目创作的先进经验，在自主创新的发展道路上能够更理性地正视与包容外来文化，追求"各美其美、美人之美、美美与共、天下大同"的美好愿景。

同时，在媒介融合及全媒体建设的持续推进中，诸多层面的文化与意识形态也通过大小屏幕渗透进人们的日常生活。例如，在资本强有力的支持下，一些电视创作者进入网络平台，带动了大型网络综艺的兴起，也促使垂直类综艺"破圈"，涌现了一些颇具影响力的网络综艺，如爱奇艺的《奇葩说》（2015）、《乐队的夏天》（2019），腾讯视频的《吐槽大会》（2017），优酷的《这！就是街舞》（2018），等等。各类亚文化如街舞文化、二次元文化、吐槽文化等在大量的点击、浏览、点赞、评论、转发以及弹幕的互动行为中发展与壮大，不仅分流了一定数量的受众，也在一定程度上影响了电视节目的选题和形态。

当前，各大电视播出平台还在继续积极推出包容传统文化题材的电视娱乐节目，已涉猎汉字、成语、谜语、诗词、书信、民歌、典故、民俗、文博、服饰、饮食等多种样式。电视娱乐节目整体正是在主流文化引导、精英文化匡正以及各类亚文化参与的多元文化对话格局中，努力探索讲好中国故事、弘扬中国文化、彰显文化自信的路径。

回望中国电视娱乐节目的文化嬗变与历史沿革，不难发现每个阶段都有着占主导地位的文化类型，这主要取决于时代精神所阐发的文化特质，即从改革开放至今，主流文化与亚文化、精英文化与大众文化不断交融碰撞，中国电视娱乐节目的思想内涵在维护核心价值体系的同时随时代流转。其思想内涵表达的思维方式呈现由宣教到引导再到启发的趋势，价值取向呈现多元性、互动性、全民性的转型与升级，娱乐化倾向或手段也越发鲜明。而近年来，电视娱乐节目与文化的结合也正是顺应文化语境变迁和社会发展潮流，在新的历史机遇下基于内外因素所做出的必然选择。

第二节　现实驱动：电视娱乐节目的发展动向及问题

一、我国电视娱乐节目的发展动向

（一）政策强势引导，推动探索"文化+"

从党的十八大明确"建设社会主义文化强国"到党的十九大强调要"坚定文化自信"，文化建设已然成为社会主义事业建设的重要组成部分，这也促使电视娱乐节目开始对文化题材进行深度挖掘和展现。从2013年《中国汉字听写大会》节目开播至今，中国电视娱乐节目迈向"文化+"发展的新阶段，"综艺+文化"[①]的节目如雨后春笋，整体呈现原创、文化、公益的创作趋势与文化自觉和文化自信的创作面貌。同时，小众文化、青年亚文化也积极打破接受圈层的壁垒，注入更广大的社会意义。

---

① "综艺+文化"节目主要是指挖掘与表现文化题材或文化元素、建构文化价值的电视综艺节目。

1.传统文化和经典的多元呈现

2013年7月，《汉字英雄》在河南卫视播出，从辨识、书写汉字的角度切入，让受众在全新的电视节目模式下重新认识中国汉字的魅力。同年8月，同样以汉字为核心的《中国汉字听写大会》在中央电视台开播。两档节目开启了文化类综艺节目的新方向，形式上也较为相似，都采用知识竞赛或竞猜、嘉宾评点的形式，形成了相对容易操作的新的益智节目模式。随后，以中国文史类知识如字词、诗词、成语、谚语、名人故事、历史典故等为主要考核内容的节目此起彼伏，不仅让受众认识了当今的才子佳人，而且重新唤起人们对于中国传统文学的热情，也间接让他们对一些传统文化的表现形式产生了兴趣。

2016年12月，黑龙江卫视推出的《见字如面》以明星读信为主要形式，用书信打开历史节点，开启了朗读节目模式。2017年2月，中央电视台推出大型文化类情感节目《朗读者》，让各界知名人士朗读文学经典或原创作品并讲述自己的人生故事，主持人和制片人董卿因此大放光彩。2017年8月，江苏卫视推出《阅读·阅美》，以"美文推荐+美文朗读+人物访谈"的形式来发掘和展现生活中的动情故事。四川卫视于2017年9月开播的《诗歌之王》（第二季）专注于朗诵，由名师带领爱好者演绎诗歌、散文或戏剧选段等。

此外，对传统文化艺术样式和作品的融合创新也是近年来电视娱乐节目的重要发展道路。例如，中央电视台于2015年3月开播的《叮咯咙咚呛》让明星嘉宾与非遗文化传承人共同完成创新任务或搭档竞演；中央电视台于2016年国庆期间播出的《中国民歌大会》展现了中国民歌的顶级水准；2017年2月，安徽卫视的歌唱比赛节目《耳畔中国》对许多传统经典作品进行了改编，并请专家学者进行背景讲解；东方卫视于2017年7月开播的《喝彩中华》则为选手们提供了专门表现各类戏曲的比拼舞台。

在诗与歌的结合方面，四川卫视于2015年12月开播《诗歌之王》（第一季），节目设置青春、亲情、爱情、中国爱等十三个主题，由普通民众中选拔出来的诗人和著名音乐人联合组队创作新歌进行比拼。而中央电视台于2018年2月开播的《经典咏流传》则请来当今著名的音乐唱作人，对中国古诗词进行创新改编并带来全新演绎。

2017年12月，中央电视台开播的《国家宝藏》则开启了文博类综艺的新局面，即用历史文化加综艺的手段来解读文物的内涵与底蕴。节目邀请多家博物馆的馆长在现场进行讲解和推荐，亮点还在于邀请重量级明星担任国宝守护人，并采用剧场表演的方式演绎国宝前世与今生的故事，引发受众的广泛关注。

另外，还有一些采用综艺形态来展示中国历史文化现象的节目，如山西卫视2015年6月首播的《你贵姓》和安徽卫视2015年10月首播的《中华百家姓》，讲述中华民族的姓氏来历、相关历史故事和优秀人物，并引出学者、工匠、艺术家等当代杰出人物以及一些具有特殊才能的普通人。河北卫视2015年1月首播的《中华好家风》和湖南卫视2017年8月首播的《儿行千里》，都是通过对普通人家风故事的分享，表达家国情怀和一代代人的坚守，向优良家风致敬。

2.圈层文化的深度开掘

在我国当前的文化版图中，主流文化占据主导地位，精英文化、大众文化深度对话、互为交织，并在多种传播平台中扩展表达形式，提升表达效果。尤其是在媒介融合及全媒体建设持续推进的背景下，以智能手机为基础的移动平台极大改变了媒体格局，甚至形成"小屏"挤压"大屏"的新常态。毋庸讳言，互联网技术的发展为小众文化、亚文化的传播提供了更为便利的条件，人们可以根据自己的性格旨趣和生活职业选择不同的圈层，并在圈层中实现社会交往和文化交流。文化圈层已经成为当今社会一种新型的组织方式，以个性化和人性化的方式建构着特定的文化价值表达。

实际上，长尾效应也最大程度上支持了垂直类综艺的发展逻辑，即形成细分市场并针对该市场创造节目产品与服务的优势，具体是对文化圈层进行小切口、专业化的展示。这类节目不仅能够吸引特定圈层内的人群，还能巩固和强化圈层内的文化特质，最终形成具有风格和特色的文化样式。随即，一大批聚焦圈层文化的网络综艺进入大众视野，同时不断丰富和提升了圈层自身的文化内涵和价值，甚至直接带动了电视平台的跟进和选题拓展。例如，北京卫视的《舞力觉醒》（2017）、东方卫视的《新舞林大会》（2018）、安徽卫视的《一起来跳舞》（2018）、湖南卫视的《舞蹈风暴》（2019）、深圳卫视的《起舞吧！齐舞》（2019）等，都努力展现出各舞种的魅力及文化；而四川卫视的《诗歌之王》（第二季，2017），湖南卫视的《声临其境》（2018）和《声入人心》（2018）为声音找到了可视化的表达方式；东方卫视的《笑傲江湖》（2014）和《欢乐喜剧人》（2015），浙江卫视的《演员的诞生》（2017），广东卫视的《木偶总动员》（2019），中央电视台的《大幕开启》（2020）等节目大力开发戏剧及表演领域艺术；湖南卫视的《歌手》（2017）和《幻乐之城》（2018）则是对歌唱类节目进行深度提升……此时的电视娱乐节目既为多元圈层文化的共存和发展提供了平台，也为自己找到了新的发展方向。

《2018腾讯娱乐白皮书：破立有道》指出了当年综艺产业的显著特点是"内容更新速度不断加快，类型更加丰富多彩。针对垂直圈层用户开发的综艺节目获得重点加持"，"聚焦街舞、电音、机器人、篮球等垂直领域的综艺层出不穷"，收割了圈层红利。

目前，随着一些老牌头部娱乐节目进入审美疲劳期，越来越多的电视节目制作方将目光锁定在小众文化上，这对于推动行业的推陈出新起到一定的作用，且电视娱乐节目能更快速、更强有力地推动圈层文化突破文化壁垒，让多元的价值立场以大众化的方式呈现出来，营造出开放包容的电视娱乐生态，同时能让受众更好地了解世界、观照自身，有利于丰富我国人民的精神生活，促进文化的全面发展。

（二）文化自信和觉悟促进节目创新力和传播力极大提升

21世纪以来，在市场、产业、自身发展等多重因素的作用下，中国电视娱乐节目一度走上对国外模式的模仿、借鉴、合作与引进的道路。"据不完全统计，2002—2005年间，中国共引进4个模式，2006—2009年间增长为10个，2010年以来引进的模式数量和播出时间都加速增长。2013年共有56个模式节目引进，2014年播出的节目模式约61档，其中新引进30档；2015年在此基础上又有了大幅度提升。"[①]这种低风险、高效率、高收益的模式极大地满足了现实利益需求，也的确收获了可观的短期效益，但导致行业丧失了自主创

---

① 戴颖洁.冲突与共谋：全球模式节目本土化生产的权力博弈［D］.杭州：浙江大学，2016.

新能力，更重要的是放弃了文化建构的话语权。大量引进的国外模式在"制作宝典"的外壳包装下，传播的其实还有"他者"的文化理念和文化价值观，即内容形式是"他者"话语包装下的思维方式和生活样态，节目成为"他者"文化认同和建构的有效方式。在长时间"他者"文化的熏陶和潜移默化下，以外为尊、崇洋媚外的价值判断逐渐形成，而对本国文化、民族价值却产生审美距离，或漠视，或疏远，或一知半解。国际社会中本来就存在着对中国文化的误解与隔阂，对引进模式的一味追求则更是加速了对文化话语权的放弃。

针对这种情况，国家广播电视总局不断出台调控措施，促使电视创作回归理性，也打开了中国电视娱乐节目创造中国特色模式、获得核心竞争力的思路，并推动着"中国制造"向"中国创造"转型。在2014年法国戛纳春季电视片交易会上，灿星制作的《中国好歌曲》模式获得英国国际传媒集团英国独立电视台的认可，这种反向输出预示着中国综艺的品质升级以及中国文化身份认同的突破。2018年初，一场名为"WISDOM in CHINA"的中国原创节目模式推介会登陆法国戛纳电视节，《国家宝藏》《朗读者》《经典咏流传》《天籁之战》《声临其境》《跨界歌王》《明日之子》《功夫少年》《好久不见》等节目模式集体亮相，欲打破中国文化的"刻板印象"，显示国人及行业对中国文化的认同与自信，同时终结中国电视综艺界的"拿来主义"和"买买买时代"，这对于在世界范围内建构和彰显中国文化及形象来说意义非凡。

其实对中国传统文化及艺术的国际化表现及表达，还必须落实到具体的节目，就像河南卫视2021年春晚及"中国节日"系列在短时间内一次次引发国内观众的高度关注，外交部发言人华春莹也在个人推特账户上先后推送《唐宫夜宴》和《洛神水赋》（原名《祈》）等，这也是向世界"讲好中国故事"的切实体现。

（三）电视综艺与网络综艺进一步区隔

2007年首档网络自制原创综艺节目《大鹏嘚吧嘚》的上线标志着网络综艺的兴起，而2014年爱奇艺推出的《奇葩说》则代表网络综艺节目的发展进入新的时期。国家广播电视总局监管中心发布的《2018年网络原创节目发展分析报告》显示，2018年各大视频网站共上线385档网络综艺节目，其中多版本节目48档，衍生节目44档，多版本节目和衍生节目占比共24%。节目数量（以"档"计算）较2017年同比增长95%。网络综艺节目在数量上和质量上都有了质的飞跃，呈现出较为稳定的风格形态。

网络综艺节目在发展初期泛指在网络平台上播出的所有娱乐节目，其中包含购买电视节目版权及在网络平台上播放的电视娱乐节目。近年来，互联网及新媒体技术的全面发展促使互联网自制综艺节目日渐成熟，业界的认知逐渐明晰，也让网络综艺节目在整体创作上体现出更明显的网生特征。

正因诞生时间、发展历程、制播平台与接受环境的不同，网络综艺节目与电视娱乐节目在节目内容、制作模式、营销手段等方面都存在一定差异。电视娱乐节目在制作层面更加注重仪式感与受众的最大公约数，以家国情怀、文化价值表达以及民生服务的内容为主体，以此维护和彰显电视媒体的公信力、严谨性和导向性，关照各层面的受众。而网络综艺节目则形成更具个性、自由的表达风格，与青年受众有着独特的共情力，其在形式上更为多元，呈现出节目类型交叉面广、亚类型层出不穷的特质，还展现出更多狂欢色彩。

从传播层面来看，电视观众只能被动地接受电视频道在某一时段播放的特定节目，而网络节目则更像超市货架上的商品，用户在网络视频平台上可随意选择自己想要观看的内容，而且可以不受观看时间、地点的限制，充分掌握着选择的主动权。但也正因为选择自由的特性，节目如果不能很快吸引眼球，用户可以随时转去其他节目，甚至往往观看的前几分钟就决定了一档节目的"生死"。因此，部分创作者为了吸引用户注意力而不择手段，在伦理和政策的边缘游走，甚至以满足用户猎奇等浅层需求为终极目的。

随着越来越多的电视人转战网络综艺，2017年的《这！就是街舞》等节目内容品质得到极大提升，具备了比肩当年《中国好声音》《奔跑吧兄弟》等现象级电视综艺的实力。随着媒体融合的推进，网络综艺与电视综艺也很快出现了模式互鉴与内容交织的情况，如2018年湖南卫视根据芒果TV的《明星大侦探》制作了电视版《我是大侦探》，联动打造侦探IP（Intellectual

Property，直译为知识产权），实现了网络反哺卫视。目前，电视娱乐节目与网络综艺齐头并进，共同构筑起中国娱乐节目的文化景观。

（四）平台属性加强，IP生态版图呈现

2002年党的十六大提出文化体制改革、发展文化事业和产业的战略部署后，广电集团化改革、制播分离改革、国有经营性单位转企改制大规模展开，整体上呈现出鲜明的产业化、市场化发展趋势。2014年，《关于推动传统媒体和新兴媒体融合发展的指导意见》审议通过，将媒体融合推至国家战略，同时提出了报纸、广播、电视等传统媒体与新兴媒体加强融合的具体要求。党的十八大以来，中央高度重视宣传工作，部署推动媒体融合发展、县级融媒体中心建设等工作。2018年，中央电视台（中国国际电视台）、中央人民广播电台、中国国际广播电台合并组建中央广播电视总台，引领了新一轮媒体融合的发展方向。随后，"精简精办频道"成为省级电视台改革的重点突破口，多家电视台积极摆脱频道制的市场模式，回归中心制构架，并尝试以创作为核心的工作室制、项目制等人员管理机制，着力提高内容生产与传播的效率，关停并转落后产能。同时，各级广播电视台积极搭建新型生态矩阵平台，推进广播与电视的合并，建立融媒体中心，打造自有互联网视频平台和新媒体客户端，打通传统媒体和新媒体的媒介壁垒，形成媒介矩阵，努力实现优质内容的流通和整合。

2020年初，国家广播电视总局指导中国网络视听节目服务协会发布了《网络综艺节目内容审核标准细则》，明确要求统一网络综艺与电视综艺的审核标准。在同一标准下，电视与网络应该各自发挥自己的平台特点和优势，形成各具特色的创作风格和理念，从而使网络综艺内容的低俗化和粗制滥造现象得到有效遏制。

进入媒体融合时代，电视人首先应深刻认识到电视媒体目前的状况是由其属性、功能、影响力所决定的。电视是大众媒体，是党和政府的宣传工具，是负责任的媒体，是信息和影视产业的重要部分，要以追求社会效益为首要目标。正因为它深入千家万户而影响极大，同时要最快捷地传达出党和政府稳定社会、关爱百姓的声音，所以不能为了赚取眼球而夸大其词、迎合讨好，

也不能为了所谓的传播力和经济效益降低身价。在此基础上，电视人需要重新审视媒体与受众的关系，从而对节目创作进行相应改革，特别是要增强电视与受众之间的互动性。在与新媒体争夺受众有限注意力的博弈中，电视创作者要紧抓"内容为王"的创作内核，不断提升节目制作的专业性，同时借助网络宣传带动电视关注度的提升，将网络转变为重要的分发和营销平台。由此，台网之间也逐步形成贯通内容和产业链的媒介生态圈，即融媒体平台中各节目或类型、创作理念、创作团队、传播营销等彼此间形成生态循环关系链，从而实现产业链上下游的全面整合，形成平台合力。最终有助于平台打造并维护自身属性，从而在激烈的行业竞争中站稳定位并形成核心竞争力。

近年来的媒体竞争和融合，也导致IP成为媒体间、节目间的核心竞争和发展因素。IP是新媒体兴起后出现的概念，比过去的"品牌"概念所指更加宽泛，并更强调流量，强调发掘所有衍生效能。例如，中央电视台的《中国汉字听写大会》开创了"大会"IP后，多档节目联动形成系列；东方卫视也曾在《中国梦之声》的IP下连续打造歌唱类节目；湖南卫视则围绕《我是歌手》（《歌手》）的极致声音概念，继续推出了《声入人心》《声临其境》等不同题材的节目，通过系列化排播打造年度"声音季"；河南卫视通过"唐宫小姐姐"引发"中国节日"系列……网络平台此时更是广泛开展品牌化制作，例如，优酷在《这！就是街舞》后，接连推出《这！就是灌篮》《这！就是铁甲》《这！就是歌唱·对唱季》《这！就是原创》等，以鲜明的"这！就是"不断拓展延伸新节目，IP贯穿了产业链的上下游，并形成生态圈，使媒体在激烈竞争中获得更多的关注和更好的效益（见表1）。

表1　部分代表性核心电视综艺节目及其衍生节目统计表

平台	核心节目	衍生节目
中央电视台	春节联欢晚会	《我要上春晚》、《直通春晚》、《春晚倒计时》、《春晚三十年》、《@春晚》（"央视影音"客户端）
	《中国诗词大会》	《中国成语大会》《中国民歌大会》《中国戏曲大会》《中国谜语大会》《中国地名大会》

平台	核心节目	衍生节目
浙江卫视	《中国好声音》	《中国好声音·成长教室》、《真声音》、《娱乐梦工厂》、《不能说的秘密》、《探班好声音》（腾讯视频）、《重返好声音》（腾讯视频）、《约吧好声音》（腾讯视频）、《有料好声音》（腾讯视频）、《剧透好声音》（腾讯视频）
湖南卫视	《我是歌手》《歌手》	《歌手的秘密》（芒果TV）、《我们的歌手》、《我是歌迷》（乐视网）、《我爱看歌手》（乐视网）
东方卫视	《极限挑战》	《我爱挑战》
	《中国梦之声》	《天籁之战》《中国梦之声·我们的歌》《中国梦之声·下一站传奇》
河南卫视	春晚《唐宫夜宴》	《元宵奇妙夜》《清明奇妙游》《端午奇妙游》

此外，核心IP间还可以相互交织，如参加《我是歌手》的嘉宾会提前参与湖南卫视其他王牌节目（如《快乐大本营》《天天向上》等）的录制以造势。同时，一些现象级节目也成为重要的IP资源，依然能够常变常新成为"综N代"节目，持续为平台贡献影响力和收益。而平台内的诸多IP节目在获得足够的影响力后还能助推新IP节目的形成，从而构成"以老带新、整合推广"的循环，最终打造内容矩阵，形成多元化内容不断开发的良性运营局面。

二、我国电视娱乐节目的现实问题

（一）本土节目创新动力不足

舶来品过多与同质化严重，常被认为是遏制本土节目创新的原因。当年，无论《综艺大观》还是《快乐大本营》，国内电视台都纷纷效仿；而当《超级女声》大火之时，全国各台无论规模和级别，选秀节目扎堆涌现……2012年"正版引进"的《中国好声音》在综艺混战中崭露头角，各电视台和制作机构仿佛看到新的救命稻草，开始大规模引进国外各类成功的节目模式。还有的制作方打着原创的旗号进行变相的模式拷贝，甚至引发与海外制作单位的版权纠纷。

毋庸置疑，海外版权节目大大缩短了节目的创作周期，随意翻版也的确能在短期内获得效益，于是创作者的创新热情被打压，继而导致行业丧失原创动力。实际上，原创动力不足的真正原因是急功近利的创作心态与不科学的运营机制。

在《关于做好2014年电视上星综合频道节目编排和备案工作的通知》发出后，疯狂引入海外节目模式的风潮得到一定遏制，一些创作团队又采取与外国团队合作开发的模式，或以"升级版"来变相引入海外模板。2016年6月下发的《关于大力推动广播电视节目自主创新工作的通知》中明确对引进与联合研发节目的数量进行严格管理，才进一步推动行业静下心来研发原创节目。

目前，同质化的现象依旧严重，如当文化类综艺节目收获好评时，《中华好诗词》《唐诗风云会》《中国诗词大会》《诗书中华》《向上吧！诗词》《少年国学派》《挑战文化名人》《国学小名士》等古诗词知识竞技节目蜂拥而至，甚至一些节目还出现了"文化搭台，娱乐唱戏"的现象。电视媒体的过度市场化，使不能盈利的节目如富有审美意义和智力挑战性的节目失去发展空间，创作者为了高收视率而迎合受众的浅层需求，于是加剧了创作的同质化。电视受众老龄化的趋势凸显，也抑制了创作者的创新热情，一些观念老旧、制作简陋、内容琐碎的节目排斥了敏捷而善于思考的年轻受众，最终也大大降低了电视节目的传播力和影响力。

同时，许多媒体采取了公司化的运作模式，非头部的新项目极难获得充分投入，创新难度加大。目前，绝大部分电视台的新项目面临长达数月的艰难招商。而且，最终那些高雅大气的节目里也经常有着明显的广告植入或醒目的品牌商标。这些做法一定会影响节目的文化气质，最终也会逼走理性而高素质的受众。

目前，还有很多人误以为文化类电视综艺节目是一种省钱的样式，事实上很多以表演为主要内容样式的节目都需要大量高水准音频、视频技术的支持，嘉宾、导师也都需要具有权威性和专业性，最终才能保证较高的呈现水准。

（二）娱乐尺度掌控不准，文化内涵不足

一段时间以来，随着受众眼界和精神文化需求的提高，普通的娱乐内容样式已经很难让大众满足，而为了获得较高的收视效应，创作团队又不惜频频使用所谓的大招，导致受众愈加"重口味"，节目随即出现了各种问题。

1.明星资源的过度消费

明星的公众影响力应该对节目传播有着推动的作用，即粉丝群体能拉动收视，明星自己也能增加曝光度。但当节目将关注点过多放在明星身上时，一系列的负面效应就产生了。例如，粉丝群体往往只关注明星本身，一些极端粉丝还会排斥其他参与者，导致本应是双向的良性成全反变成恶性循环，节目方由于内容得不到关注而口碑下降，明星方由于频繁曝光而让受众产生审美疲劳，一旦明星本身出现问题还会影响节目声誉。而且，明星资源有限，节目方为了争夺炙手可热的明星纷纷开出高价，明星薪酬不断升高。而对于成本有限的节目来说，流量明星的花费在制作经费中占了很大比重，逼迫节目内容呈现缩水。目前，不少节目的实质就是拼明星，没有明星的节目就没有发展空间，节目创作和表达变得本末倒置，甚至一些节目为了收视借明星炒作话题，如有的节目把关系普通的男女明星配成"节目情侣"而刻意制造绯闻，这不仅对明星造成了伤害，也对社会形成了不良引导。

2.文化成为节目的"标签"

许多节目在创作之初都打着弘扬中国传统文化的旗号，甚至声称将有力建构中国文化软实力，但在落实层面却十分潦草。例如，一些真人秀节目以重温历史、推广传统技艺为立项和宣传点，然而最终大篇幅内容是游戏比拼环节和对明星的刻画，俨然是明星在实景中的角色扮演游戏，相关传统文化、地域、民族、历史等则成为点缀，整体节目显得虚假而空洞。

节目的文化内涵不能靠"标签"或生拼硬凑，应该充分表现文化内容的价值，而且必须要有内在精神和行动的和谐呈现，才能真正达到传播、弘扬文化的目的。

3.文化表达尺度把握不准

文化的综艺化表达该表现什么，又该怎样去表现？这是当下从业者需要

多层面思考的问题。

如何找准中国传统文化内容与时代的契合点，是目前节目创作中普遍存在而又最难把握的问题。中国传统文化固然博大精深，但随着时代和社会的变迁，有的内容已经不能对应当今的生活，甚至同一个问题在不同地区的认知和接受度不同。而一些创作者不能分辨传统文化中的精华和糟粕，反而将一些不符合时代发展要求的内容进行放大和宣扬，如用愚孝替代沟通、物化女性、对权力和金钱过度崇拜等，引发受众的议论甚至抵制，最终反而会阻碍优秀传统文化的发扬光大。

一些创作者没有认真思考传统文艺样式的精髓和创作规律，从而在表达上出现偏差和盲目创新。例如，目前比较流行将传统与时尚的文化样式进行混搭，如果设计恰当，那么必然能够增加传统文艺样式的大众性和时代感，有利于其在青年群体中的推广。但实际上不少节目只是将二者机械叠加，作品既没有传统文艺样式的神韵，也没有流行作品的大众性，甚至两种艺术样式相互排斥，最终难以传播。

部分节目的内容和形式融合不恰当，例如，一些姓氏节目本应追根溯源，发掘姓氏中的人物故事和家族文化，但综艺化之后变成姓氏宗族间的比拼、幼稚浅薄问题的竞答等，内容没有内在逻辑，为热闹而热闹，显得生拼硬凑。

还有对内部多种节目元素的把握、平衡问题。无论是歌唱类竞赛节目、真人秀节目还是益智节目，都要搞清楚是更倾向于竞赛，还是注重文化的传播，或是偏重对人的塑造。例如，许多节目过于追求真人秀，专业和技艺就成了摆设；一些诗词节目对竞赛过度追求，题目设计过于生僻，完全脱离当今生活，内容就无法贴近受众，反之如果为了让受众能够参与而过度偏重趣味性，节目会缺乏对优质受众的深度吸引力。

近年来，真人秀的编剧意识加强，普遍加入了人设或剧情化设计，但如果对于真实干涉的程度拿捏不当，不仅显得内容生硬，表演的性质多于真实，或变成轻浮的体验和打闹，就会影响节目的本质和属性。

在创新的程度、手段方面，业界还需深入探索。例如，近年来的一些文博题材节目作为向公众普及文物及传统文化知识的重要载体，因将生动的演绎与严肃的知识普及相结合而受到受众的热捧，但冷静看待会发现这类节目也存在以上提及的多重问题，尤其是剧情演绎部分的过度戏说消解了严肃性和知识性，甚至可能变成一段讨好受众的恶搞。若过度娱乐化带来对文化的曲解和误读，这就和创作初衷背道而驰了。

（三）转型与变革中的理念混乱

毋庸置疑，新媒体的飞速发展导致电视受众分流，网络综艺节目、网络直播以及短视频内容也占据了受众大量的休闲时间，而媒体发展的整体困境也导致业界对电视内容及传播方式产生极大的疑惑，更有广告商和社会资本纷纷涌向网络平台，加上网络平台的大肆自我吹嘘，唱衰电视的声音一时间此起彼伏。

面对这样的情况，不少电视工作者妄自菲薄，盲目认为短视频会是电视行业的救星，因此主动放弃长视频阵地，刻意将内容碎片化，迎合更为低端的受众需求；或是围绕着各式网络红人打转，无视其拉低价值的后果；更有甚者向资本低头，广告主直接干涉内容……这些主动放弃话语权的做法都极大消解了电视媒体的价值和意义。

实际上，由于自媒体时代人人都可发布信息，不少内容难以辨别真伪；网络直播一片火热，但尺度、内涵、格调令人担忧，而且最终整体行业付出了更大代价，内容也难以为继；短视频中各式的装傻卖萌、土味迷惑和极度夸张地设计现实成为传播量最高的内容，造假更成为普遍现象。还有不少网络综艺无视底线……低龄化、低俗化、重口味的内容让受众沉浸在浮浅聒噪中失去思考和辨别能力，反过来又倒逼电视，由此形成一个恶性循环，内容越低龄、越无足轻重、越迁就低端受众，聪明、理性、年轻的受众就越会离开，平台也更难吸引具有消费力的人群。如何坚守传统媒体原有的优秀品质，又能应对时代变革的考验，是电视娱乐节目当下亟须深刻思考并解决的问题。

（四）从业人员素质参差不齐

节目的品质取决于创作队伍的品质，媒体的价值与创作队伍的素质更是有直接关系。但毋庸讳言，当前从业人员整体入职门槛较低、人员流动性也大，不少从业者没有经过专业教育和实践历练，整体素质参差不齐。

据国家广播电视总局相关统计数据显示，截至2018年底，全国广播电视从业者中研究生及以上学历5.08万人，本科及大专学历74.59万人，高中及以下学历18.23万人。高等学历人员占比不算高。实际上，还有数量庞大的临时工队伍，整体文化水准远不能满足当今内容创作的实际需求。当下，电视荧屏上诸多违反美学规律和综艺核心理念的做法充分反映出从业人员专业能力缺失、审美水准不足以及思维方式僵化等问题，这是阻碍电视事业发展的根本原因。

截至2018年底，全国97.90万的广播电视从业人员中，35岁以下人员为44.51万人，36岁至50岁人员为41.72万人，51岁及以上人员为11.67万人。这也显示出从业人员结构过于年轻化、职业寿命短的问题。正由于当前用人机制和生产流程的不够规范，激烈的竞争导致加班与熬夜已经成为电视创作者的日常，身体素质尚佳的年轻人成为行业的主力。但是，许多年轻的创作者生活阅历不够丰富，在处理厚重题材、复杂人性时常缺乏理解和掌控力，不能深度展现题材应有的社会价值和文化价值；还没有能力完善生产流程、积累和推广制作经验，更难实现风格和优势的代际传承。

毋庸置疑，用职业化的工作团队去打造高效、专业的节目内容及生产流程，是当下成就头部综艺的关键。与此同时，就人的创造力来说，只有劳逸结合、身心健康，才能激发更多的积极性和智慧，节目也才有长远发展的保障力。

对于本身就具有文化价值的综艺节目的创作而言，从业人员除了要具有专业能力和审美水平外，还需要深厚的文化底蕴和广博的知识储备，以便在进行文化内容选择、提炼与艺术加工时，能够以最恰当的综艺手段将文化的神采气韵和价值内涵进行传递和表现，这也是中央电视台出品的文化综艺节目在整体品质和文化格调上均呈现出上佳水准的原因，国家媒体平台的人才优势在文化题材的竞争中尤为突出。

（五）电视节目管理和评价机制不够科学

1. 节目管理机制不够完善

由于乱象频出，国家广播电视总局不断下达各种限令，于是执行层面的"一刀切"现象是存在的，而且对新项目的审核更严格，周期也较长，导致新节目的创制流程变慢，后续各环节都会受到影响。由于管理机制一直在变革，绝大部分台内的制作比公司化运作投入要少很多，即同样的节目，台内制作可能只给500万元，而购买时可能花了2000万元。这就导致具有专业素养的台内制作团队缺乏积极性，甚至没有节目可做，创作人才流失，最终造成人力、物力、财力的极大浪费，而近年越发深入实行的公司化运作又意味着电视台对公司制作节目的掌控力下降。

2.节目评价机制不够健全

多年来，收视率在节目交易市场中作为"通用货币"的特性被畸形放大，几乎成为评价节目的唯一标准，这无疑超出了其本身具有的功能。而且，由于采集技术和样本的不完善，收视率结果也具有一定的随机性和误差率。同时，逐利的目标更助推了业界对收视率的膜拜，最终促使节目直接只应对最大数量的受众群。例如，《快乐大本营》从创作伊始就直指当时中国全家围绕一个孩子的独生家庭状况。随后，一大批迎合大众浅层次需求的节目陆续抢占各电视台的黄金时段，这直接导致高素质受众的离开。更为严峻的是商业资本陆续涌入，使收视率之争逐渐演化为整个电视媒体的生存之战，甚至出现了收视率造假、污染收视样本户等乱象，收视数据成为电视媒体发展的极大困扰。

面对唯收视率论等问题，国家管理部门和各地电视台也主动积极调整节目评价指标，一系列举措和倡导在一定程度上改善了风气，但还不能彻底遏制业界对收视率的高度依赖。究其原因，一些定性评价指标的概念笼统抽象，调研程序烦琐、耗时较长且需要一定成本；电视台（制作方）常组织观众和专家学者对节目进行监看、座谈或问卷调研，但也因为数量众多的节目无法在短时间内完整审看，会通过节目片段、精简版、跳跃播放、随机单期抽样等方式进行评价，结果具有较大的偶然性和滞后性；一些单位对于类似成本预算等深层调研内容也缺乏理性认识，甚至视其为业务机密而拒绝公开，多重原因促使收视率成为最直观而便捷的评价依据。

此外，由于一段时间以来产业化的利益驱使，电视文艺批评出现了弱化甚至被利益操控的现象。例如，一些电视评论停留在理论推理层面，或作为学术成果而束之高阁；更多的是只表扬不批评，成为吹捧造势的"软文""假批评"。还有的评论即使批评也往往不痛不痒，怕得罪制作方和平台方。甚至有的评论成为被资本控制的学术武器，用于诋毁和抹黑竞争对手，这在新媒体平台中尤其明显。

目前，一些真正不带功利性的意见似乎更能在受众的吐槽里看到，受众反而能客观甚至不客气地指出节目的不足。因此，不少相关管理部门、播出平台和制作机构在微博、微信等平台开设了公众号，以获得受众的直接反馈。以豆瓣、微博、百度贴吧为代表的分享平台以及视频网站的弹幕、评论也在一定程度上承担着这一作用。不过，由于互联网平台缺乏科学高效的运营监管机制，这些吐槽也容易出现价值偏离、专业理性失范和群体盲从等问题，无法形成真正科学和理性的文艺批评体系。

实际上，以上诸多问题在行业发展中会一直交错、重叠，从业者需要认真辨别、梳理并及时修正，否则无法轻装前行，更难以在竞争中获胜。而且，从业者不能只顾自己埋头创作，必须长期关注传播对象的状况，因为受众不只是单纯接受的群体，也是制约媒体发展的重要因素。

第三节　研究受众：满足人民日益提升的精神文化需求

一、受众的概念与电视娱乐节目受众的基本需求

（一）受众的概念

作为一种行为，受众的出现可以追溯到古罗马和古希腊时期的竞技场与剧场中，以自愿聚集、亲临现场观看公共的、世俗化的表演为主要特征。而作为传播学范畴的概念，"受众"一词对应 audience，最早出现在 14 世纪，用于指代从各地集合来听取布道集会的听众。之后随着印刷媒介等的出现和发展，"受众"的概念不断延伸。

作为大众传播过程中不可或缺的一环，受众历来被媒介、传播、社会

等相关领域所重视，不同学科、不同流派对受众的定义有所不同，但其作为"信息的接受者"①的角色定位被广泛认可。在我国，传播学领域最早用"受传者"或"听众""读者"来表达相关的概念。"受众"一词在1985年随美国传播学之父宣伟伯（威尔伯·施拉姆）的《传学概论——传媒·信息与人》传入我国，其含义是"在传播的过程中的另一端的读者、听众与观众的总称"②。从社会学及传播学角度看，受众既是社会发展的产物，也是媒介及其内容的产物。因此，在瞬息万变的社会环境中，受众的概念在不同时期、不同语境、不同媒介、不同群体中也发生着相应的变化。

1939年，芝加哥社会学派成员之一的赫伯特·布鲁默将这一由现代社会各种因素相互作用产生的新型集合体称为"大众"（mass），"这种大众受众概念，更多地关注新闻与娱乐内容的大批量生产和传播所特有的条件特征"③，反映了当时受众在传播关系中"个性丧失、非理性、受人操纵"④的被动地位，而处于传媒市场经济中的受众，更常常被视作同经济效益对等，丧失了属于"人"的内在规律。至20世纪中叶，媒介研究者逐渐关注到受众作为社会群体的特征，开始考虑到"人们的意见、态度和行为更多地受其所处的社会环境的影响，而不是大众媒介花言巧语的说服"⑤。实际上，媒介的发展与使用方式的变化加速着受众概念的指向性变化，而研究中的争议也接踵而至，如大众是受众吗，大众文化是否等同于低俗文化，受众行为是被动的还是主动的，受众服从于传媒体系还是传媒体系依赖于受众，研究受众是为了控制受众还是服务受众，在新媒体的互动中受众是否具有群体性特征……其中一些争议随着媒体技术的发展成熟获得了答案。例如，受众已从单一的被动接受趋于主动选择，并影响着媒介内容的生产与传播；来自文化、地域等传统的受众界限逐渐模糊，

---

① 甘惜分.新闻学大辞典［M］.郑州：河南人民出版社，1993：8.

② 宣伟伯.传学概论：传媒·信息与人［M］.余也鲁，译.北京：中国展望出版社，1985：3.

③ 麦奎尔.受众分析［M］.刘燕南，李颖，杨振荣，译.北京：中国人民大学出版社，2006：9.

④ 麦奎尔.受众分析［M］.刘燕南，李颖，杨振荣，译.北京：中国人民大学出版社，2006：9.

⑤ 麦奎尔.受众分析［M］.刘燕南，李颖，杨振荣，译.北京：中国人民大学出版社，2006：11.

由信息高速互通形成的新社群使受众产生了细致而又有交叉的分化……尤其是互联网兴起之后，"受众"这一称谓又很快被"用户"所取代。

从"受众"到"用户"，看似只是称谓上的变化，实则体现了媒体性质的转变以及对受众内涵的新认识。在媒体融合的背景下，媒介的交互性增强，传统的"受众"概念逐渐演变成"用户"的概念。就新媒体平台来说，用户是平台发展的根本支撑，因为用户带来流量，而流量带来效益。尤其是相较于传统的受众概念，在互联网背景之下的用户不仅仅是一个信息的接受者与消费者，还常充当信息的生产者，欣赏者与创造者之间的鸿沟逐渐消失，消费媒体的热忱逐渐转化成"创造"媒体的激情，主体地位更加明确且突出。而信息的消费行为也从传统受众的被动消费逐渐转化成分享式、参与式的主动消费，用户需求的变化也从简单的信息需求变成更为多元的需求。以用户为导向的用户思维也成为互联网背景之下电视节目创作的根基。

毋庸置疑的是，在当今各类媒体激烈竞争的状况下，只有对受众进行深入研究，懂得其需求和接受的基本状况，相应的媒体才能找到确切的内容定位和恰当的传播方式。在此，本书以关注电视娱乐节目的受众为主要研究对象，并探究其特性及需求，力求为电视娱乐节目的创新和发展找到一定依据。

（二）电视娱乐节目受众的基本需求

伊莱休·卡茨等人认为，社会情境会以五种方式影响人们使用大众传播的需求与满足，而并不完全由个人决定。如当社会情境产生紧张与冲突时，人们会产生通过消费媒介来缓解压力的需求；社会情境使人们意识到某个问题值得关注时，人们会产生通过媒介获得信息的需求；社会情境使个人在现实环境中无法满足某种需求时，媒介会成为替代品满足受众特定的需求；社会情境中某种价值得到重视时，人们也会用媒体来确认和强化这种价值；社会情境导致人们对某种媒体内容产生期待，人们为了维持群体成员的资格而使用媒体……① 基于以上基本需求理论和我国国情，受众在观看电视娱乐节目

---

① KATZ E, BLUMLER J G, GUREVITCH M. Utilization of mass communication by the individuals[M] // BLUMLER J G, KATZ E. The use of mass communication: current persectives on gratifications research. Beverly Hills, CA: Sage Publications, 1975.

时也有着不同方面的具体诉求。

1.娱乐需求：快节奏下的压力释放

根据第六次全国电视观众抽样调查结果，休闲娱乐是观众收视的主要诉求之一，而观众喜欢电视娱乐节目的最主要原因是"给人放松的感觉"。

实际上，受众在现实生活中产生的压力难以排解，电视娱乐节目的游戏性、刺激性恰好能够让受众释放压力，轻松娱乐的风格则带给受众身心的愉悦，这正是受众主动收看的最基本理由。而且，不同于新闻、纪录片等节目的思想性带给受众的仰视体验，观看电视娱乐节目往往不需要过多动脑，受众能以平视甚至俯视的视角享受节目带来的轻松氛围。与此同时，娱乐性作为大众较为浅层的需求，也决定了受众的低门槛特点，即绝大多数受众都可以在电视娱乐节目中获得休闲娱乐需求的满足。

2.审美需求：超越现实的艺术体验

电视娱乐节目应该具有一定的艺术性，能带来审美享受，这是受众更高一级的需求。即在满足娱乐消遣需求的同时，受众也渴求在电视娱乐节目中获得超越现实的艺术体验，要求节目内容具有艺术的专业性以及一定的技巧难度，最终产生的美感能与其审美习惯及期待相契合。同时，受众对艺术内容的需求不仅仅局限在音乐、舞蹈、诗词这些艺术审美的典型范畴，对于一些非典型的艺术类节目，受众也有着高于真实生活的美的需求。就像情感观察类节目，虽然内容取材于生活，但人物和场景都更为典型，而且通过电视手法包装之后，其叙事及视听表达应具有起承转合、情景交融、声色渲染等特点，从而更易与受众形成共鸣，使受众的精神境界在看完之后有所提升，反之就是不具有审美特性的节目。这也是电视娱乐节目区别于新闻纪实类节目的基本特性。

3.认知需求：真实基础上的内容认同

电视媒介的真实性特点使受众不可避免地对电视娱乐节目持有认知需求，电视声、画、文字兼具的媒介特征也使得受众获得最大程度的真实感。所谓认知需求，指受众能通过电视娱乐节目了解外界的真实，把节目作为参与社会活动的一部分，从中获得知识和思想启迪。传播信息与教育大众本身也是电视媒介的重要功能，其大众性和普适性也降低了受众的接受成本。同时，电视娱乐节目有责任让受众拓宽认知领域，并从对真实的恰当表达中丰富思想与智慧，这就对电视娱乐节目的真实性提出要求，要在真实性的基础上对现实内容进行提炼和再造，才能给受众正确的认知。

实际上，受众情感的卷入是由真实感知导入的，因此游戏类、真人秀类等虚构的电视娱乐节目可以通过叙事结构的完整性，服装、化妆、道具及视觉效果的包装，电视修辞等手段，使受众浸入其营造的暂时的真实情境中，并随之投入情感。非虚构类节目若表达了虚假的内容，也可能达到吸引受众的效果，可一旦受众知晓被欺骗，其愤怒感也足以毁灭节目。

一些受众话语研究者从对受众知情权保护的角度切入，认为受众具有"知晓真实传播内容"[①]的权利，不论通过法律的层次论证"艺术真实"是否合适，受众对内容的真实性需求不可忽视。因此，电视娱乐节目在用艺术手段营造真实性上要把握好分寸。

4.文化需求：精神家园的柔性建构

文化需求是人类满足自我精神世界，实现自我发展的主观要求。在物质生活得到满足的同时，人们对文化生活的要求也越来越高，精神需求也越来越多样化，不同群体的受众都渴望在电视娱乐节目中获得文化认同和生活信念，提升文化涵养，最终得到精神支撑。例如，对于价值观、人生观、世界观尚在成长阶段的青少年而言，他们需要电视媒介给他们营造一个健康有序的、有利于精神文化成长的良性空间；对于作为社会支柱力量的中青年而言，他们需要在电视节目中延展精神文化空间，提升自我技能并舒缓压力；对于中老年而言，他们需要电视媒介给予其更多的生活信念与陪伴，同时渴求在电视节目中找到更多人生的价值，翻开人生的新篇章。

实际上，相较于其他类型的电视节目，电视娱乐节目更易以一种柔性的方式向受众传递人文关怀与文化内涵，推进价值认同，最终实现电视媒介的教育功能，建构受众的精神家园。

5.社交需求：精神陪伴与话题分享

社交需求即情感互动、参与体验和人际交流的诉求，这也是人类的普遍

---

① 曾文莉，谭秀湖.中国电视娱乐节目受众话语权力研究［M］.北京：中国广播电视出版社，2012：60.

需求。当今社会科技发展日新月异，物质日渐丰富，但一些人的精神世界却出现了交流恐惧、孤独、缺乏安全感等诸多问题，尤其是"宅"成为社会中越发常见的现象。而且，与面对面交流相比，不少人更愿意在社交媒体上进行沟通。实际上，电视娱乐节目的受众也会因为不同的明星、节目类型甚至某种表达手段而形成相应的多个圈层，共同的话题和爱好将他们联系起来，而一些圈层内部的受众整体文化素质与审美追求层次较高，能在新媒体社交平台上的各种文化议题的讨论与交流中获得更单纯、更轻松、更愉快的社交体验。有的群体会发起或参与现实生活中的活动，甚至有的粉丝群会实施具有负面性的言行。

还需要重视的是，随着老龄社会的到来，更多的老年人在电视娱乐节目中体验到虚拟社会关系的满足。电视是"时间的盗贼"，他们甘愿被电视"偷去"时间，需要电视娱乐节目成为他们朝夕相处的快乐伙伴以消除孤独，尤其是节目中的年轻人能为他们带来活力。同时，电视也是维系老年群体和社会关系的纽带，是老年人认知现实社会的重要渠道，也是他们希望重返社会的寄托。

综上，电视娱乐节目的创作必须要把握好娱乐性、艺术性与真实性的平衡关系，否则不仅会造成受众审美心理的失衡，误导他们对社会的认知，还会失去他们对节目的认同与信任。目前，的确有一些节目制造了虚幻的现实，也确有受众沉溺于追星而不能自拔，这也是电视娱乐节目未来发展中必须解决的问题。

二、电视娱乐节目受众的接受与感知

（一）受众接受的基本特征

1.主动性

受众研究起源于受众对媒介的需求和使用的选择性，这种选择性从根本上体现为对节目内容的选择。

电视诞生之初，受众被动接受有限的频道及节目内容。随着频道与内容的日益丰富，受众越来越离不开遥控器这一选择工具，开机时间也逐渐有了分化。到今天，受众还可以通过网络及智能设备收看电视，可以自主点播喜欢的节目，甚至可以快进和重复观看，倍速播放也成了一些年轻受众的观看常态……媒介传播的技术升级越来越人性化，如可以储存或点播、选择机位甚至播出讯道，其实就是越加满足受众主动选择的需求。

就电视受众的互动行为来看，从通过电话、短信参与节目到如今融媒体形态催生双向多极的"传—受"交互方式，受众参与的程度逐渐加深，对一些节目投入更多情感。此外，受众接受的主动性还体现在收看后对信息的处理，如就节目内容发表自己的评价、与身边人交流、参与网上话题讨论等，以完成创作的最后一环，即接受过程外显化，并影响其他人的收视行为，甚至反哺节目的创作。

此外，当前的青年受众没有经历过群体性的战争与饥饿，和平、便捷同时又有巨大竞争压力的现实催生了与传统相比有极大差异的生活方式和理念。他们一方面被多媒体的信息和影像包围，眼界开阔，对境外内容的接收通常没有太多语言障碍；另一方面，利用各种大小屏幕作为渠道生产了大量的用户生成内容（UGC），包括内容创作和对内容的反馈，媒体更成为他们生活方式的重要组成部分。因此，在互联网高度发展的时代，创作者和接受者的鸿沟正逐渐变浅，受众的主动性会大幅提升。

2.随意性

随意性与主动性相对，但又是确实存在的一种接受行为，即因为大众生活水平的提高与精神文化内容的丰富，观看电视已不再是一种奢侈的享受，而成为一种普遍的日常活动。甚至对大多数受众而言，看电视已成为一种生活习惯，是消磨时间的最便利方式，至于看什么内容并不重要。人们会在吃饭、聊天、打扫卫生的时候把电视当成背景声音，这在电视娱乐节目的收看行为中尤其突出。受众对新闻纪实节目相对要更加忠诚和专注一些。同时，随着电视娱乐节目内容及数量的日渐丰富，受众的收视行为更加随意，换台也更加频繁。

随意性还表现为继承效应，即一个节目结束后，一部分受众会继续收看后续的节目，无论这些节目是否正对自己的口味。这也是许多频道在节目排播时会着重考量的因素，即如果在一个高收视的王牌节目后紧跟一个新节目，就可以起到基础性的带动作用。

3.社交性

作为一种生活状态，受众边看电视边聊天，既满足了社交需求，也体现出接受行为的社交性。甚至有的受众收看电视是为了缓解社交尴尬，为交流提供持续话题，如果能选择更有共同话题的节目，还能增进彼此间的感情。当大多数人都看过或讨论某个节目时，是否看过这个节目就成为融入大众的基本门槛。

此外，当下的圈层越发成为一种重要的社会组织方式，而收看电视娱乐节目成为受众形成社会群体的新方式，趋同的审美习惯能拉近人与人之间的心理距离，群体内部的成员共享情感、观点甚至价值观。无论节目还是偶像的粉丝群，这种基于共同爱好和审美所形成的圈层（或群体）虽然大多建立在虚拟的网络空间中，具有流动性和不稳定性，却具有很强的社交功能和认同功能，甚至影响现实社会。

（二）电视娱乐节目受众群体的划分及接受状况

受众是由有独立思想的个体所组成的群体，而根据划分依据的不同，受众还可以细分为不同的小群体。实际上，以人为基本单位的属性决定了受众首先具有社会性，其次才为媒介信息接收者。因此，可以根据社会特征来对受众进行群体划分，还可以根据媒介类型的不同划分出如报刊读者、广播听众、电视观众等。在此基础上，还可以根据媒介的具体形态进一步细分，如电视剧的观众、报纸新闻的读者、广播剧的听众等。本书的研究对象即是以电视娱乐节目来圈定的。

从受众接触媒介的可能性来看，可分为潜在受众和实际受众；从受众的接触频率来看，可分为流动受众和忠实受众；等等。可以说，受众研究领域根据媒介接受行为的变化而不断更新和拓展分类方式。本章在此选取对电视娱乐节目受众研究来说最重要和有效的两个维度——社会因素和艺术偏好角度，来展开进一步分析。

1.以社会因素来划分的受众群体的接受状况

受众的社会因素纬度，从宏观上可根据地域、种族或某种社会/文化特征进行分类，如某国家、某地区受众，地方语种受众，城市受众等；依据个体特征，又可根据其社会身份进行划分，如性别、年龄、职业、收入、受教育程度等，这也是从业人员在实操中最具体和实用的角度。相同社会群体中的个体通常会选择大致相同的大众传播内容并做出相似的反应。

（1）性别：女性更依赖，男性更理智

据CSM（中国广视索福瑞媒介研究）发布的数据显示，女性观众平均每日收视时间普遍长于男性观众；女性观众收看综艺节目的比重也均高于男性观众，而且女性较男性更喜欢观看电视综艺节目。[①]（见表2、表3）

表2　2001—2018年全国样本市（县）男女观众平均每日收视时间（分钟）

年份	2001	2005	2010	2011	2012	2013	2014	2015	2016	2017	2018
男	182	172	167	162	164	161	157	153	149	136	127
女	183	177	176	171	173	170	165	160	156	142	132

表3　全国市场不同性别观众对综艺节目在各类节目中的收视比重（%）

年份	2013	2014	2015	2016	2017	2018
男	10.9	10.8	12.2	12.9	11.3	10.6
女	12	12	13.8	14.4	12.6	11.7

在电视娱乐节目题材和类型的选择上，由于女性天生比男性更感性、更关注情感问题，故对情感类题材更为青睐，对萌娃、萌宠等题材也具有更大的兴趣，"女性向综艺"概念的出现便是呼应了她们的收视特点。此外，女性观众常会出于对明星嘉宾的喜爱来观看节目。相较之下，男性观看电视娱乐节目时更加理性且目的性更强，一方面对逻辑思辨等方面的内容更感兴趣，另一方面寻求更直接和简单的娱乐，即得到放松和愉悦感。因此，如《吐槽大会》《最强大脑》等喜剧类、益智类综艺节目拥有更多男性观众，体育竞技类娱乐节目所呈现出的力量与竞争也更符合他们的天性。在观看媒介的选择上，男性观众出于对技术的敏感，对清晰度、流畅度、音质等技术效果会更加在意。

（2）年龄：中老年更忠诚，青少年更活跃

按年龄划分的群体收视的差异更为明显，表现在媒介选择、频道倾向、

---

① 丁迈.中国电视收视年鉴2019［M］.北京：中国传媒大学出版社，2019：21.

类型偏好、收看行为等方面。中老年群体对电视的忠诚度和依赖度远高于年轻人（见图2），观看电视综艺的集中度也更高，年轻人则更偏爱热闹时尚的网络综艺。在频道的偏好方面（见图3），年轻人在省级上星频道综艺节目的集中度较高，而老年人则更偏向权威性更强的中央级频道及更贴近生活的地面频道。

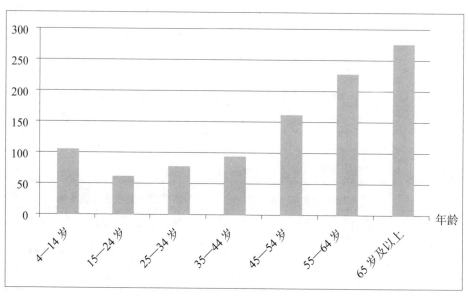

图2　2018年全国样本城市不同年龄段观众人均每日收视时间

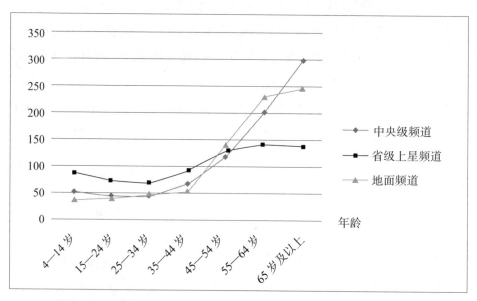

图3　2018年各年龄段观众在不同级别频道收看综艺节目的集中度比较

就不同年龄段受众的阅历与生活态度来说，以2018年晚间收视率较高的季播节目收视分布①为例，中央电视台的《挑战不可能》（第三季）、《我要上春晚4》、《我要上春晚3》在54岁以上老年群体中形成收视高峰，特别是65岁以上的老人为这三档节目贡献了平均3.5以上的收视率，这是由于经典品牌与中老年观众有着更深的情感联系和精神契合。35—54岁的中青年观众更喜爱纯粹的电视娱乐节目，如中央电视台的《朗读者》、浙江卫视的《中国好声音》等。而青少年思维更加活跃且价值观尚未成型，十分热衷于追赶潮流热点和明星偶像，因此明星阵容对他们具有很强的吸引力。其中，18—24岁的观众处于即将踏入社会独立生活的时期，对未来充满期待，会更偏爱如《向往的生活》等明星生活观察类节目；4—14岁的少年更容易被直观的刺激吸引，喜欢《奔跑吧兄弟》与《王牌对王牌》等竞技性、游戏性较强的娱乐节目，且对一些节目中不恰当内容的辨别能力也较低。

此外，年轻人长期活跃于网络，热衷于表达和社交，也偏爱在网络社区讨论娱乐节目，并喜欢通过观看或发送弹幕的方式进行互动。但他们对弹幕具体内容的价值不太在意，更多的是无意义的情绪表达。同时，成长于文化全球化环境中的青少年观众有着更为广泛的视听涉猎，对观看体验有着较高的要求，如追求超高清、杜比音效、画风等更高级的感官享受。

（3）地域：城乡受众的收视时段、品位皆存在差异

城乡居民或是不同规模城市的居民在受教育程度、生活方式以及社群文化等方面都存在明显的差异。受"日出而作、日落而息"的农耕文化沿袭影响，乡村人更早入睡，会较早结束夜间收视行为。且受乡土文化影响，中小城市较多保留了家庭成员群居的生活传统，居民也有更多的休闲活动来替代看电视，如走亲访友、下棋乘凉等。

在具体的节目选择方面，不同地域的受众在《快乐大本营》等大众娱乐综艺上的收视表现较为平均，但在才艺竞秀类、文化类、情感观察类等节目中体现出较大的差异。如在选择才艺竞秀类节目时，由于大城市受众的素养整体更高、视野更广，对艺术和文化的需求更深、更广、更精，就更喜欢较

---

① 丁迈.中国电视收视年鉴2019［M］.北京：中国传媒大学出版社，2019：137.

为纯粹的艺术表达样式，而中小城市青年受众偏爱更接地气和更有参与感的方式。文化类综艺节目的收视也表现出城市差异，《朗读者》《诗书中华》等文学题材的节目更受大城市受众青睐，中小城市受众更偏爱《绿水青山看中国》《国家记忆》等故土情怀突出的节目。而且，由于中小城市青年大多与父母距离较近，更容易受到代际问题的困扰，并且家庭在生活中所占比重较大，所以反映家庭生活与代际问题的情感观察类节目（如"我家那"系列）更能引起他们的共鸣。而《向往的生活》《小镇故事》等表现田园生活的综艺节目则更契合大城市居民的情感需求。

2. 以艺术偏好来划分的受众群体的接受状况

即便是在同一社会性群体中，受众个体间依然存在差异，"传播效果因人而异，而人们对信息的不同反应来源于个人性格和态度的差异"①。麦奎尔将受众对特定内容类别、类型和特定内容的品位和偏好总结为"个人品位和偏好（personal tastes and preferences）"②，即个体对特定类型内容的兴趣常常会跨越社会与文化背景的差异，如喜欢某个音乐流派的受众可能包含来自各年龄段、各行业、各阶层的个体。而在电视娱乐节目受众中，也不可避免地存在仰慕高雅艺术的或享受低俗乐趣的受众；有对特定艺术形态如数家珍的知音型受众，也有看什么都一样的随意型受众；有根据不同爱好形成的小众亚文化群体，也有忠于主流文化的受众。

受众群体的收视差异可以借助收视数据得到直观结果，而有专业爱好及生活品位的个体受众的收视差异则更明确且更主观，常需要以调研的方式来了解，如喜欢文化类节目、某个固定节目，或喜欢某个明星、某种音乐风格等。

2012年第六次全国电视观众抽样调查曾重点补充了观众收视行为偏好、节目要素偏好与个体心理因素等内容，以探索观众收视行为背后的依据，并为节目创作提供重要参考。实际上，受众细分就是基于相似品位偏好所形成的不同规模的群体，而分众（小众）群体所共有的信仰、意识和认知模式形

① 马国泉，张品兴，高聚成.新时期新名词大辞典［M］.北京：中国广播电视出版社，1992：823.
② 麦奎尔.受众分析［M］.刘燕南，李颖，杨振荣，译.北京：中国人民大学出版社，2006：96.

成相应的亚文化，这就为当下电视娱乐节目深耕垂直领域、不断求新求变提供了依据和资源。例如，《奇葩说》《明星大侦探》等垂直题材节目，虽播放量并不突出，但网络评分名列前茅，正是因为其针对特定小众群体的题材内容的专业深度获得了受众的忠实喜爱与好评；而《快乐大本营》《奔跑吧兄弟》等多年的老牌综艺恰恰相反，在收获高收视的同时，热度和受众好感度却不断降低，只是大众化的收视基数仍能使节目得以继续制作，但是需要以内容形式的不断更新换代来满足受众的需求。

在此，且以知音型受众和猎奇型受众作为电视娱乐节目受众的两极偏好群体的代称，对这两类群体进行简单的分析与研究。

（1）知音型受众：注重本体专业性

"知音"一词出自伯牙与子期的故事，意指欣赏者与创作者在审美趣味、精神世界方面形成高度契合，正所谓"逢其知音，千载其一乎"。作为有知识、有审美能力的接受者，知音是古今文人心中最理想的接受对象。电视娱乐节目的知音型受众是高素质、高审美的群体，对文艺样式和题材有着较为深刻的了解和把握，对节目比普通受众有更高的心理预期和要求，能够更深入了解创作者的意图，和创作者形成跨越屏幕的共鸣。例如，以《奇葩说》为代表的网络综艺被热捧，使亚文化成为业界关注的焦点。该节目的观念与社会主流思想的差异成为主要看点，节目中辩论双方的论点也代表了不同文化群体的价值观，其间的碰撞也表现了冲突性与可看性，其受众群体坚定且反馈热烈。《这！就是街舞》针对亚文化受众群体很小众，正所谓"内行看门道，外行看热闹"，深入了解嘻哈文化及街舞的受众能够看出选手技艺的高低，竞赛规则的合理和专业性是吸引他们的重要因素。同时，他们也会要求节目的视觉呈现符合街舞文化的特征。对街舞不太了解的受众，可以从节目中的字幕来了解动作的专业度及难度，还可以依靠现场观众的反响感受到选手水平的差异。而编导设计的较强竞争性、新奇的文化氛围与真人秀元素也为普通受众提供了更多看点。当节目延伸向圈外的受众时，亚文化就会进入主流，即"破圈"。

（2）猎奇型受众：更追求感官刺激

"低俗"一词常常与大众娱乐相伴相生，甚至有人认为大众娱乐就是低俗文化的表达。所谓低俗，即为与主流推崇的高尚、雅致相反的行为或作风。事实上，低俗文化是大众娱乐恶性变异后的产物，是不良创作者为了经济效益而放弃道德和责任的结果，在电视娱乐节目中常表现为夺取眼球的低级、平庸、媚俗的方式，或利用受众猎奇心理的行为，如无谓的争执、暴力、偷窥、恶搞、色情、卖丑等，表现出与核心价值观相违背的观念，如崇富、一夜成名、自私、势利等。

猎奇型受众更愿意追求生理感官上的刺激，往往受教育程度较低且数量较多。在电视娱乐节目进入市场化运作的初期，一些节目便用着装暴露、语言轻浮、渲染冲突、戏弄嘉宾、高额奖金等方式获取这类受众的关注，后来的网络平台为了收益也很快成为低俗文化的滋生繁衍之地。

近年来，随着国民整体受教育程度和文化素养的提高，受众分化趋势明显，对电视娱乐节目文化价值的追求也逐渐提高，加之政策的管控，低俗现象受到抑制，但还未绝迹。例如，一些情感类电视综艺节目仍然在表达对物质条件的核心追求，假选手、假故事依旧存在；才艺竞秀类节目中常常上演不比专业而比人争斗的戏码，"梦想"和"努力"成为标签，赛制和结果中仍然饱含"有才不如有颜""讨好观众比实力重要"等负面意义。而这样做的终极目的依然是获取最大的收视效应。

（三）受众的文化感知与认同方式

近年来，一些致力于挖掘文化题材、建构文化价值导向的电视娱乐节目被称为"清流"，其在一定程度上填补了受众的精神匮乏，滋润了高强度、快节奏下受众的疲惫心灵。今日头条2018年发布的《中国文化综艺白皮书》的数据显示，70%的用户认为综艺节目最吸引自己的是精神内涵/价值导向。实际上，创作者还应该深入懂得，节目导向的实现也是受众对文化价值从感觉、认知、理解到认同的渐进过程。

1. 浅层：对视听元素的直观印象

电视娱乐节目以有声影像为载体，能将丰富多元的文化元素进行综艺化、娱乐化表达。通过视听手段将文化符号落实到舞美、场景、音乐、台词等当中，使受众对节目所传达的文化价值进行最直观的接触，是受众对节目的浅层感知，也是受众接受与认可节目的起点。

实际上，受众对于视听元素的浅层解读也经常是全面且细致的，通过视觉与听觉感知，从整体到细节，并融入自身的审美情趣与理性判断。以《国家宝藏》为例，节目主舞台上搭建了长43米、高7米的巨型环屏，用以搭配不同主题的视频特效素材，制造出强烈的形式感和身临其境的场景感。当《千里江山图》平铺在巨型环屏中时，观众也被"青山绿水"所包围，仿佛置身画中。节目还通过9根冰屏柱的画面及其位置的变化创造出虚实、内外、前后等多层次的立体舞台空间，360度全息幻影成像系统以及纱盒投影更使节目的历史感与科技感并存，制造出令人称奇的视觉效果。不过，节目中也有部分设计引发了争议，例如，对于背景音乐特别是二次元动漫配乐的使用，一些观众感慨"太熟悉、太激动"，而部分观众直言"配乐让人出戏"；还有的观众认为"服装毫无考究，与历史不符合"，剪辑上有些细节不突出，"瓷瓶的360度全貌没看清"……实际上，观众的不满足往往来源于节目表达的不完善、不到位、不准确，即不符合他们的想象。观众对于视听体验的评判往往会影响其对节目整体的感知、接受与认同状况。

随着媒介技术的飞速发展和电视制作整体的升级换代，受众对电视娱乐节目的视听呈现有了更高的期待，对节目的整体制作水准和细节质量要求更加严格，评判也更加严苛。尤其是对于文化类综艺节目，受众除了要求视听效果令感官舒适或惊奇外，还会考量视听符号是否能够促进知识传递，是否尊重历史，文化氛围的营造是否契合内容特色等。

2. 中层：对故事内容的情感共鸣

文化价值的展现手法最重要的是故事化，通过故事的讲述拉近文化与受众间的距离，从而也降低了文化接受的门槛，唤起受众对文化价值的兴趣。而受众对故事内容层面的感知是在对视听符号直观体验基础上的情感卷入过程，即在观看的过程中与其中的人物进行深度交往，随即产生共情或感到难以融入。这种情感体验的投入及满足感会直接影响受众对节目品质的评价。

再以《国家宝藏》为例，受众评价涉及故事层面的内容相对较多，主要围绕节目流程与环节设置、演员表演及其与文物故事的契合度、前世今生故事内容的演绎与讲述、故事节奏与深度等方面展开。大部分受众对节目整体流程设计与以剧场演绎重现历史这一创新手法满意度较高，认为以故事化展现文物史实"有趣""寓教于乐"，"宣誓环节让人热泪盈眶"，但同时对故事的叙事节奏与深度、演员演技及其与文物故事风格不搭等问题争议较多。国宝守护人的风格与业务能力各有不同，受众的喜好与评判标准也各异。有受众还提出了历史故事虚构、娱乐化与情景演绎等综艺手法与历史题材的严肃性存在冲突的问题，指出节目故事内容浮于表面、前世故事的历史真实性不足、表达方式过于娱乐化、叙事节奏较为拖沓以及形式主义、宣教意味浓厚等。

实际上，对于受众来说，故事是节目内容表达的核心元素，一旦处理不当，就会成为引发质疑、负面认知与抵触态度的重要把柄。

3.深层：对文化价值的思考与认同

受众经由对文化视听符号的直观感知，介入娱乐节目故事内容的情感体验后，会在情感共鸣的基础上最终进入对节目精神内蕴与思想观念的领悟与思考，即深层感知层面——对电视娱乐节目所建构的文化价值产生认同感，这是文化价值导向实现的主要表现，也是创作者所追求的高阶目标。

受众对电视娱乐节目文化价值的认同主要包括两方面：一是对自我、本体、身份的认同；二是对群体与自身有相同性与一致性的事物的认知。[1]一方面，电视娱乐节目通过激发受众的集体文化记忆，使其对中华文化产生身份认同，从而确认自身身份。另一方面，正如约翰·费斯克所提到的："受众的认同是介入的，这种认同让受众能够设身处地进行换位想象与思考。而人物与文本是否让观众喜欢与快乐是影响其介入的关键因素。如果喜欢则会介入；反之，受众会选择解脱，或认同一部分而脱离其他部分。"[2]对电视娱乐节目文化价值的认同与否，关键在于节目中人物与文本及其所蕴含的知识、文化内涵、思想价值等能否让受众感到喜欢、快乐与满足。一旦产生认同，受众会表现出强烈的文化自信。

（1）文化记忆：认同的基础

德国学者简·奥斯曼提出："文化记忆是一个集体概念，所有通过一个社

---

① 邢虹文.受众的社会分化与社会认同的重构［D］.上海：上海大学，2011.
② 费斯克.理解大众文化［M］.王晓珏，宋伟杰，译.北京：中央编译出版社，2001：32.

会的互动框架指导行为和经验的知识，都是在反复进行的社会事件中一代代地获得的知识，通过文化形式（文本、纪念碑等）以及机构化的交流（背诵、实践、观察）而得到延续。"[①] 文化记忆是共享文明与历史的群体心理的集体无意识，是集体记忆的一部分，也是对代代相传的集体知识的传承、保护与延续。同时，这份共享的过去让群体成员产生对所属集体的感情依附和身份认同。

文化记忆作为电视娱乐节目和受众之间的精神纽带，对受众认同具有基础性作用。文化类电视娱乐节目正是以代代相传的集体知识，即中华民族五千年发展过程中积淀与延续的共享文化符号——文字、成语、诗词、谜语、博物、戏曲、音乐、绘画等，激活蕴藏于受众心底的文化记忆，引出介入的欲望，并促使他们在介入与体验的过程中产生共鸣与认同。

（2）价值共识：认同的核心

有了文化记忆的基础，受众对电视娱乐节目所传递的知识、精神内涵与价值观念产生共识则是受众认同的核心环节，是节目实现"以文化人"的功能、意义与导向的关键。

实际上，产生共识是很难得的现象。我们在分析一系列叫好叫座的现象级节目的受众评价时发现，受众对于诸如"华夏文明、文化自信、工匠精神、文化传承、文化责任、热爱奉献"等文化价值展现出较高的认知和认同。同时，有部分受众从文化交流和文化传承的角度展开批评，认为一些节目对民族文化价值的认识不深，过分宣扬我国传统文化的优越性而陷入狭隘的民族主义误区，或无批判地弘扬西方价值观念等。受众在接受的过程中会充分发挥主动性和能动性，基于自身的解读立场进行意义再生产，正所谓"一千个读者有一千个哈姆雷特"，个体的差异性决定着受众只会对符合自身审美期待与价值观的内容产生收看欲望，即收看节目只是达成共识的第一步，而最终节目价值共识的实现是在节目定位精准、内容优质、形式创新、传播高效以及受众审美能力综合提升等多方面的综合作用下促成的。

（3）文化自信：认同的表现

在新时代"文化强国"国家战略背景下，电视娱乐节目创作致力于建

---

① 赵静蓉.文化记忆与身份认同［M］.北京：生活·读书·新知三联书店，2015：13.

构文化身份与文化价值的认同，就是要增强受众的文化自信。从当前受众反馈的数据来看，以文化类综艺节目为代表的电视娱乐节目正是以底蕴深厚的"精神内容/价值导向"、真诚的节目情感、高端大气及精良的制作品质获得广泛的赞誉，在一定程度上增强了受众的价值认同与文化自信。

受众文化自信的表现首先来自对中华文化的深刻认知与认同，即透过节目积累了文化知识，拓展了文化视野，深化了文化理解，感知到了中华文化的厚重深远与独特魅力，于是会在弹幕、微博等平台写下"博大精深""诗词魅力大""自豪""骄傲"等感想。有的还直接转化为行动力，身体力行地学习、研究与体验。其次体现为受众对他国文化"各美其美"与"美美与共"的包容与自信，即推动中国文化借助电视娱乐节目走出国门，实现国内外文化的平等对话与互利共赢，并利用海外受众的好奇心寻求共享价值观，引起全球大众的共鸣；通过具有亲和力的表达使海外受众的情感得以深入，从而实现价值与内涵的传播。

（4）外化落实：行为的驱动

在马斯洛需求层次理论中，自我实现是最高层次的需要。但毋庸讳言，我国从传统社会到现代社会的巨大转型发展使一些民众陷入了"价值颠覆"——无目的、无意义、无远方，在日复一日的生活和劳动中被异化，甚至失去了人生的动力。2012年，习近平总书记在参观《复兴之路》展览讲话时首次提出了"中国梦"，把国家、民族和个人作为一个命运共同体，把国家利益、民族利益和每个人具体的利益连接到了一起。

于是，如近年来的央视春晚等电视娱乐节目，不断通过文化记忆、情感共鸣、价值观的认同引发受众的目标认同，即通过对"中国梦"主题的挖掘和阐释，让每个受众在其中找到自我实现的动力和方向，找到人生的目标和意义。无论是《我的要求不算高》还是《我和2035有个约》，每年的央视春晚都有一批展现并歌颂普通人在新时代奋斗的节目，让受众懂得只有把人生理想融入国家和民族的事业中去，才能成就事业、实现自我，最终内化为对党和国家的一系列行动指南的认同。

综上，我们应该尽力找到电视娱乐节目价值建构与表达的途径，从而有效地提升电视娱乐节目文化价值导向的传播效果。

三、融媒体环境下电视娱乐节目受众的变化

（一）新媒体冲击明显，受众整体基数巨大

CSM发布的数据显示，2018年全国电视观众规模为12.81亿人，占全国人口数量的96.54%，比2012年下降2.26个百分点，虽然新媒体的快速发展转移了部分传统电视观众，但电视仍然是受众使用最多的媒介。2021年6月2日，中国网络视听节目服务协会在第9届中国网络视听大会发布：截至2020年12月，我国网络视听用户规模达9.44亿人，2020年网络视听产业规模破6000亿元。总的来说，我国电视的人均日收视时长及开机率在新冠肺炎疫情前多年持续下滑，网民数量快速稳定提升，但电视端忠实受众的收视时长却一直保持相对稳定，集合电视受众与网民的数量，电视娱乐节目的潜在受众基数巨大，几乎全国人口都有接收到电视娱乐节目的可能。

电视受众的群体分布特征与我国人口分布具有紧密的联系，性别结构也与我国人口性别比例趋同。而在社会结构上，受众的城乡差异明显，电视观众城乡比例约为3∶5，网民城乡比例接近3∶1，总体来说乡域受众更多。

从全国电视观众及网民在年龄的群体构成来看，中青年均为主要群体，网民的年龄结构"中间大，两头小"的特点更为突出，即年龄处于老少两端的受众在电视端相对集中（见图4）。在学历构成上，网民学历整体比电视观

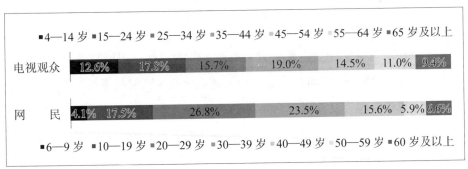

数据来源：CSM媒介研究2018年全国测量仪收视调查网；CNNIC《第43次中国互联网络发展状况统计报告》

图4　2018年电视观众及网民的年龄构成

众学历高，其中2018年初中及以下的网民数仅占56.9%，比同期电视观众低8.4%（见图5）。

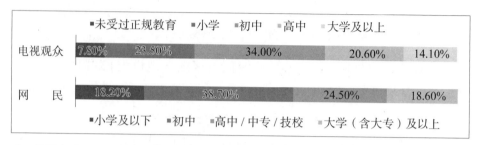

图5　2018年电视观众及网民的学历构成

据2012年第六次全国电视观众抽样调查显示，综艺娱乐类节目是观众最喜欢的节目类型[①]，提及比重约为排在第二位的新闻节目的两倍。"将近一半（46.55%）的观众最喜欢的节目是综艺娱乐类，该比例明显高于其收视比重（22.80%）"[②]，观众的提及比重大于收视比重反映了综艺娱乐节目在数量、类型与内容方面难以满足受众需求的现实情况。而在2018年的全国电视收视市场中，电视剧收视份额已经上升到31.8%，电视综艺节目收视份额为11.2%，但IPTV（交互式网络电视）用户及智能电视用户对电视直播的综艺/娱乐类节目的喜爱程度却排名第一。可见，大众对综艺节目的需求与接受度依然较高，这也为潜在受众向实际受众的转换提供了强大的动力。

（二）受众代际分化，品质要求提高

1.两大主要群体：年轻人与老年人

电视娱乐节目的受众主要是青年与老年两大群体，但因收看习惯不同而聚集在电视与网络两个不同的平台。电视进入大众生活时间更长，因此电视娱乐节目电视端的忠实受众以中老年为主。从CSM关于综艺节目集中度的调查中可看到，45岁以上的中老年人收看各级频道综艺节目的集中度都远高于年轻

---

① 根据观众最喜欢的节目进行归类，仅针对除影视剧外的其他节目。
② 张宁、王建宏、赵文江.中国电视观众现状研究报告：2012年全国电视观众抽样调查与分析［M］.北京：中国传媒大学出版社，2013：54.

人（见图6）；近年来年轻观众观看综艺节目的集中度持续下降，但中老年人的集中度却基本保持稳定，部分特定频道甚至大幅上升①。而电视娱乐节目网络端的受众则以年轻人为主，如2017年网络视频平台观看综艺节目的18—29岁的用户占比高达59%，且每周观看时长与年龄增长呈反比。从2019年视频网站常用用户的代际分布图（图7）中也可以看出，网络端的受众明显年轻化。

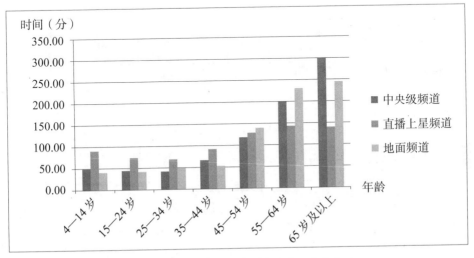

数据来源：CSM媒介研究（2018年，所有调查城市，全天）

图6　2018年各年龄段观众在不同级别频道收看综艺节目的集中度比较

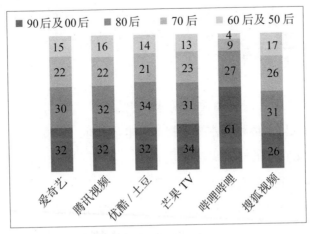

数据来源：群邑山海今；问题：最经常看的视频网站

图7　2019年视频网站常用用户的代际分布（%）

---

① 丁迈.中国电视收视年鉴2019［M］.北京：中国传媒大学出版社，2019：133.

就电视平台的内容来说，虽然青少年的整体收视时长及频率不及老年群体，但他们对综艺娱乐节目的喜爱程度远高于其他类型，学生观众的收视比重更是远高于其他各职业群体（见表4）。电视娱乐节目是他们获取新思想与建立价值观的重要途径，同时能缓解学习等带来的压力。

表4　2018年全国市场不同观众构成对各类节目中综艺节目的收视比重（%）

性别		受教育程度				
男	女	未受正规教育	小学	初中	高中	大学及以上
10.6	11.7	7.9	10.5	11.1	11.5	12.1
年龄						
4—14 岁	15—24 岁	25—34 岁	35—44 岁	45—54 岁	55—64 岁	65 岁及以上
10.1	13.9	11.1	12.1	11.2	10.8	10.5
个人月收入						
0—600 元	601—1200 元	1201—1700 元	1701—2600 元	2601—3500 元	3501—5000 元	5001 元及以上
11.2	10.7	11.5	11.3	11.1	10.9	11.3
职业						
干部/管理者	个体/私企人员	初级公务员	工人	学生	无业	其他
12.2	10.8	11.9	11.3	13.7	10.5	10.4

数据来源：CSM 媒介研究

2.高学历受众对节目品质的要求提升

随着我国人口整体教育水平的提高，电视娱乐节目受众的整体学历水平也上升了，全国观众的抽样调查结果显示，"从不同学历观众对不同节目类型喜爱提及分布来看，总体呈现出学历越高的观众喜欢娱乐节目的比例越高"[①]。而无论是收视比重还是喜爱提及比例，在大学学历的群体中都是最高，并且CSM调查数据显示"大学及以上学历观众时移直播比（指人均时移收视时间

----

① 张宁，王建宏，赵文江.中国电视观众现状研究报告：2012年全国电视观众抽样调查与分析［M］.北京：中国传媒大学出版社，2013：58.

与人均直播收视时间的比值）明显高于中低学历观众"。时移直播比与收视、喜爱程度相似的分布趋势也说明高学历受众对这类节目具有选择的主动性以及较高的忠实度，也成为大部分节目必须争取的目标受众，他们必然对节目的内容质量提出更高的要求。

（三）受众不受平台限制而追求内容本身

在作品、平台稀缺和单一的年代，人们的精神文化生活贫乏，因此面对电视时能全神贯注甚至进入物我两忘的沉迷状态。而在资讯极为发达的当下，人们能够很快看到来自全世界的优秀内容，并且不在意它出自什么平台、在哪里传播，争相传看的是具有创新性、专业性、独特性以及高水准的视听表达精品。

党的十八大以来，以习近平同志为核心的党中央高度重视媒体的融合发展，习近平总书记多次在不同场合强调要加快媒体融合的脚步。在媒体融合高速发展的今天，平台与平台之间的界限也更加模糊。

国家广播电视总局监管中心发布的《2019年网络原创节目发展分析报告》中表明：在当下的娱乐节目市场中，是内容而非平台更容易引领受众。尽管各电视、网络平台也在加强自己的系列品牌节目的开发和建设，但节目上线播出的平台对于受众选择节目的影响依然很小，类型和题材成为选择收看的首要原因，"内容为王"始终是娱乐节目的创作规律。在文化需求、精神需求趋于多元化的今天，受众的诉求早已不限于娱乐性，开始追求更加真实、具有更多文化内涵和思想深度的节目内容。今日头条2018年发布的《中国文化综艺白皮书》中的问卷调查结果表明，有70%的受众认为综艺节目的精神内涵、价值导向最吸引人；有82.44%的受众对当下的娱乐类综艺节目不够满意，其中80%的受众认为当下节目的知识丰富性亟待提升。此外，不容忽视的是，很多网络娱乐节目文化价值的传播停留在某个圈层中，未能拓宽至大众群体，未来还需要拓展与提升。

（四）碎片化收视使受众心态和接受方式发生变化

由于互联网高速发展和大众生活节奏加快，视听内容逐渐向移动化、碎片化发展，移动化打破了收视空间的束缚，而碎片化则打破了时间束缚。受众对电视娱乐节目的内容及质量提出更高的要求，加之个人闲暇时间减少，对拖沓冗余的内容、平铺直叙的流水账与重复"注水"的内容失去耐心，倍速观看的方式应运而生。同时，一些接受能力强的受众会被高频度输出的高能量内容吸引，如《一站到底》《明星大侦探》等信息量与脑洞巨大且密集的节目，有观众选择0.5倍速观看或者重复观看。

正由于碎片化的发展，受众逐渐放弃对节目的整体性要求，如河南卫视口碑的建立就是通过《唐宫夜宴》《洛神水赋》的单点引爆来实现的。

（五）受众的"反作用"

受众的"反作用"指信息传播中实际存在的一种现象，即传播内容与受体之间存在诸多差距，如理解能力、知识水平、见识、立场、地位等差距会造成受众对内容的听不懂、不认同甚至反对。而为了达成"传通"的效果，媒体往往不得不用"形象化"、"降低身段"、改变语态或说辞、故事化等手法来进行传达。

实际上，也正是当下网络收看的自主性增强，促使受众特别是年轻受众形成主动寻找兴趣点的习惯，于是传统媒体对受众的控制力下降，而且受众越发明显地努力摆脱媒体引导并反过来影响媒体内容。而行业为了收视率，甚至出现受众强势地引导媒体内容的现象，这在综艺娱乐节目中表现得极为明显。

1. 受众的低端需求主导内容

就电视受众的文化程度来说，初中以下学历人群在乡村和城市中的占比分别为75.3%与49.4%；在职业构成方面，农渔牧民在乡村中占比最大，离退休人员、学生在城市中占比最大。李克强总理曾在2020年十三届全国人大第三次会议闭幕后的记者会上强调：中国有6亿中低收入及以下人群，他们平均每个月的收入在1000元左右，这些人的生活和受教育状况显然令人担忧。由此，电视娱乐节目的青年与老年群体用户中低学历、低收入人群的占比最大。

也正因为如此，一些电视娱乐节目以满足受众最基础的生理快感为目标，放弃专业技艺的展现，加强引发人际争斗的赛制设计；还有些电视台和频道刮起主播直播卖货的脱口秀风，甚至认为这是他们的唯一出路……这些以肤浅的内容和扭曲的三观博眼球和引流量、主动放弃底线和原则的行为无疑排斥了有更高审美追求的知音型受众和思维灵活的年轻受众，同时简化了电视娱乐节目的创作流程，制作者不肯深入挖掘节目的文化内涵与意义，甚至为此找到说辞——"受众需要"。实际上，大众的平均审美能力与水准低下也与"娱乐+文化"节目自身质量、传播等方面的不足密切相关。这种恶性循环不仅破坏了健康的收视生态，也困扰着传受双方，受众抱怨没有优质内容，创作者则不断降低底线，最终对电视娱乐甚至传播业的发展造成阻碍。

2.节目泛娱乐化

处于快节奏和高压下的受众需要宣泄工作生活中的疲乏和劳累，电视娱乐节目自然而然地承接了这一社会功能，甚至形成了"媒介假日"的景观，即用节目来填满自己的闲暇时间，并期待节目带来的快乐感受。于是，娱乐节目不仅数量巨大，而且几乎所有的非时政题材、非剧情片都被称为娱乐节目，业界形成了空前的泛娱乐化状态。

泛娱乐化是相对于娱乐化而言的，即更为广泛且肤浅的娱乐倾向和表达，将一切内容以娱乐的方式进行重新解构，放弃对问题的严肃思考；即便是严肃内容，也进行娱乐式的表达。正如尼尔·波兹曼在其专著《娱乐至死》中所指出的："一切公众话语都日渐以娱乐的方式出现，我们的政治、宗教、新闻、体育、教育和商业都心甘情愿地成为娱乐的附庸。"[1]在泛娱乐化的浪潮中，传统意义上的意识形态内容甚至人类的精神、思想、文化财富被消解，尤其是使青少年受众对各种娱乐现象推崇备至、趋之若鹜，但随后常陷入情绪化和非理性化的意识和空虚、焦虑、无意义的状态中，生活压力越大，娱乐内容越多，文化内涵、人文精神的缺失越多，越难满足受众的审美与文化需求，而受众不懂美，无精神寄托，则越容易焦虑、烦躁，从而形成恶性闭环。

泛娱乐化在本质上是一种消费主义意识形态占上风的表现，即在资本的裹挟下，受众在不知不觉中陷入暗藏在泛娱乐化下的拜金主义、物质主义、

---

[1]　波兹曼.娱乐至死［M］.章艳，吴燕莛，译.桂林：广西师范大学出版社，2009：6.

消费主义的洪流之中。创作者为了利益而生产更多的娱乐产品。然而，创作者若只满足娱乐需求而忽视其他审美、提升、认知等需求，不断在明星的引导下灌输梦幻一般的生活和虚假美好场景，电视娱乐节目则会成为摧毁大众理性的"精神鸦片"，让受众沉溺于"萌宠"的幻境中，形成惰性、主动放弃深度思考甚至逃避真实生活的行为习惯。

实际上，一味地迎合受众并不是达到良好收视效益的最好方式，同时就我国国情以及受众分布的实际状况来看，不少受众还没有明确的收视目标及收视需求，被动收视的情况也依然存在。未来要进一步加强主动引领和提升受众的意识，以高质量的节目满足一定高度的文化精神需求，表现社会的真实，输送让社会得以进步的动能，方能落实价值导向，并彰显电视媒介的影响力、权威性和公信力。

第三章 切实推动电视娱乐节目文化价值导向的建构

党的十九大报告做出了"中国特色社会主义进入新时代"的重大判断，而新时代的电视娱乐节目必须具有与时代紧密相连、代表社会审美趣味、丰富文化内涵及肩负社会责任的重要媒介属性，要表现符合时代主题的节目内容，完善节目的题材选择和价值诠释，并修正一段时间以来出现的偏差。

第一节 坚持创新创优的现实指向

一、创新创优的基本要求

毋庸置疑，创新创优一直是我国电视界努力奋斗的目标，也成为一项重要的行业推动机制。自2007年起，国家广电主管部门都会在全国范围内推出和表彰一批具有创新创优意义的节目。2016年6月，国家新闻出版广电总局不仅出台《关于大力推动广播电视节目自主创新工作的通知》，还在资金扶持、人才培养、评优等多方面出台了相关政策和规定，这对行业发展起到了现实引领的作用。党的十八大后，创新创优的"新颖"和"优质"更被赋予了新时代的意义，我们应该认真研究并尽快落实。

实际上，创新创优也本该是电视行业对创作的基本要求，是以精益求精的态度追求"思想精深、艺术精湛、制作精良"的统一，而今更是电视节目的生存之道和电视媒体发展的基本动力，起到实现唱响主旋律、引导社会发展的作用，并成为服务大众的最有效、最灵活、最快捷、最直接的手段，能抓取受众有限的注意力，最终创造良好的社会和商业价值。尤其是要面对兼顾"有意义"与"有意思"的双重要求时，创新创优是电视娱乐节目破解现实问题、实现高质量发展的关键。

在创新方面，电视媒体需要实现"五个新"，即以时代精神和时代故事展现内容新风貌，以文化阐发和模式研发开创形式新生面，以交流互鉴和资源互通激发机制新活力，以实时联动和要素联结构建融合新格局，以整体策划和精准分发打造宣推新高度。[①]

在此还需深刻理解的是，创优是创新的结果，创新不等于就能创优。例如，部分电视娱乐节目一味地追求标新立异，在制作上投入高成本，确实是在形式上做到了创新，但价值导向的缺位使得节目影响甚微，就无法称其为优质。优质的电视节目精品不仅需要优秀价值观的引领，也需要新颖的表达方式。所以在创优方面，尽管电视行业近年来发展迅速，也产生了大量脍炙人口的作品，但整体存在着有数量缺质量、有"高原"缺"高峰"的现象[②]，而且不同电视台或频道节目的马太效应加剧，好的佳作频出，差的一蹶不振。同时，原创节目的海外市场竞争力亟待提升，节目融媒化在全流程生产环节的实践也较少[③]。现阶段，电视行业并不能因为少数节目的成功而沾沾自喜，未来还需要加大创新创优的力度和广度。

二、创新创优的重点维度

（一）守正创新

习近平总书记在2018年8月的全国宣传思想工作会议上指出，宣传思想

---

① 高长力.聚力"小大正"，推出更多思想精深、艺术精湛、制作精良的优秀广播电视节目［J］.中国广播，2008（5）：4-6.

② 习近平.在文艺工作座谈会上的讲话［N］.中国艺术报，2015-10-16（1）.

③ 高长力.聚力"小大正"，推出更多思想精深、艺术精湛、制作精良的优秀广播电视节目［J］.中国广播，2008（5）：4-6.

战线进入了守正创新的重要阶段。这也正是电视娱乐节目创新创优的核心指引，守正作为创新的基础，必须贯穿节目创新的全过程，既是一种生存和发展战略，也更能为受众提供精神文化引领，唯此才能真正实现高质量发展。

在实际创作中，守正既表现为坚守社会主义核心价值观，也表现为对中华文化的正本清源和去伪存真。例如，2018年国家广播电视总局在广播电视节目创新创优培训班上提出"小成本、大情怀、正能量"的自主创新方向，也正是基于现实状况对守正创新做出的具体解读和指导。小成本指要始终坚持节俭办节目的原则，绝不去讲排场、比阔气、拼明星，要继续遏制明星片酬过高的倾向，让辛勤奋斗的普通百姓和为国效力的各界精英成为节目中的真正主角和明星。大情怀就是无论何时都要把社会效益、价值引领放在首位，引导人们努力实现个人前途与国家命运、个体经历与时代大潮、个体情感与集体情感的同频共振，为节目注入深沉大气的家国情怀，而不是沉溺于个人主义的浅吟低唱、自娱自乐。正能量就是要始终坚持弘扬真善美，鞭挞假恶丑，激励人们向上向善，自觉践行社会主义核心价值观，满怀激情地讴歌党、讴歌祖国、讴歌人民、讴歌英雄，让温暖、感动、阳光、正气充盈我们整个社会和精神世界。[①]实际上，小成本的提出也符合并针对了现阶段大部分电视平台的现状与生存方式，即一段时间以来比拼投入换效益的做法是不对也不可能持续的；大情怀契合了电视作为主流媒体的传统和责任，也是针对当今降低格调迎合低端受众这一创作现状提出的要求；正能量更强调了电视节目的功能和任务。

（二）思想精深、艺术精湛、制作精良

本来"三精"是长期以来党对文艺创作的总体要求，而习近平总书记更是反复强调，在党的十九大报告中还明确提出，要繁荣文艺创作，坚持思想精深、艺术精湛、制作精良相统一，加强现实题材创作，不断推出讴歌党、讴歌祖国、讴歌人民、讴歌英雄的精品力作，这也为电视的创新创优明确了具体的内涵。

---

① 高长力.聚力"小大正"，推出更多思想精深、艺术精湛、制作精良的优秀广播电视节目［J］.中国广播，2008（5）：4-6.

对电视创作来说，思想精深即是要求创作者在作品中努力展现睿智先进而独到的思想内涵，体现和弘扬中华文化精神、优秀的传统道德理念与当代中国的价值观；艺术精湛是要求创作者展开丰富的想象力，运用恰当的艺术手法，通过巧妙、独特的表现形式，将作品所承载的思想内涵进行艺术化呈现和传达，用艺术打动人，寓教于乐；制作精良是要求创作者塑造好每一个人物形象并使之有丰满立体的性格，对作品的每一个细节精心打磨，设计好每一个镜头、每一句言语，并能不断吸取先进技术和手段，独运匠心、精雕细琢，直到取得最佳效果。

不过，我们同时要看到，相对于其他类型，电视娱乐节目在制作层面上投入相对较大，因为创造美好的艺术品往往需要一定成本的投入，视听层面的精美往往也建立在高技艺艺术家和高技术手段的保障下。当电视娱乐节目作为具有产业化与商品化属性的文化产品时，创作者需要在预算规划时充分考虑性价比，要量力而行。

第二节　以文化引领未来创作和发展

一、以文化内容提高国家软实力

美国著名国际政治学者约瑟夫·奈在20世纪90年代提出了"软实力"概念，他认为软实力是通过吸引而非强迫或收买的手段来达己所愿的能力。它源于一个国家的文化、政治价值观和政策的吸引力。

党的十七大提出了提高国家文化软实力的文化建设战略，从全局高度正式确立了文化软实力的重要地位。党的十八届三中全会更是进一步强调文化软实力建设与"文化强国"战略的紧密联系。2013年底，习近平总书记在中共中央政治局集体学习时将提高国家文化软实力上升到实现"两个一百年"奋斗目标和中华民族伟大复兴的战略高度来进行论述。党的十九大在此基础上对文化软实力建设做出进一步部署，提出要"推进国际传播能力建设，讲好中国故事，展现真实、立体、全面的中国，提高国家文化软实力"。

　　文化的内核是价值观，将抽象的价值理念包含在有形的作品中实现表达和输出，这是当代文化交流乃至较量的重要方式，作品的品质必定将影响其价值观传播的有效性。电视娱乐节目因其具有极强的文化建构力、娱乐性和综合性，以及范围广、门槛低的传播优势，成为我国文化软实力建构中的重要手段。电视娱乐节目也必须以打造国家文化软实力、助力中国文化走出去为重要发展目标。在资讯渠道高度发达、渠道日益多元的当下，具有创新性、专业性、独特性的视听精品都能很快在全球传播。当跨文化传播成为常态时，我们更要放眼全球，以国际化的标准对综艺节目的价值观念、创作理念和视听美学进行匡正和引导，而文化自信必然成为创作的核心支撑。

　　2016年，习近平总书记在庆祝中国共产党成立95周年大会上的讲话中指出："我们要坚持道路自信、理论自信、制度自信，最根本的还有一个文化自信。"文化自信是对自身文化价值的充分肯定，是对其在当代的生命力的坚定信心，也意味着创作者在深入了解我国传统文化的基础上，能够将其中最具代表性的部分进行总结、提炼和推广，从而实现创造性转化和创新性发展，使其具有独具特色且历久弥新的魅力，在世界上占有一定的地位，并成为国家形象的重要部分。

　　在对中国传统文化进行挖掘、展现和推广时，我们还必须看到每个民族都有不同的历史、文化、信仰，国家之间的文化也具有差异性，因此需要秉着互相尊重、求同存异的创作理念，寻找人类思想发展的共性，找到认同感。比如，儒家思想中的仁、义、礼、智、信等，就符合各个国家普遍提倡的道德和思想准则，围绕这些具有共同认知的精神内涵展开创作，就能更容易被全世界接受。

　　还需要表明的是，与国际接轨并不等同于迎合西方世界的猎奇心理和优越心理，更不是故意展示中华文化中消极落后的一面；"讲好中国故事"绝不仅仅只是口号，也不能仅仅依靠表现中国传统仪式和艺术内容及审美趣味就能达成，而是应该以专业、精良的制作手段为基础，以东方艺术美学作为突破口，展现我国文化中具有先进性、时代性和普世性的价值观，展现我国在新时代的新风貌和新作为。

二、以文化价值推动节目创新与行业健康发展

回望国家广播电视总局下发的多道限令，多是针对电视娱乐节目领域出现的种种失序行为及其产生的不良影响，加大对综艺节目创作与播出的管控力度。总体方向是对过度娱乐化、明星化、国外模式大量引进等不良趋势的限制，以及对自主创新、主流价值导向的文化公益题材的鼓励，在促进电视娱乐行业正本清源的同时，从导向、内容、时段等多方面为原创、文化、公益节目提供良好的政策环境，引领中国电视娱乐节目转向"文化"。在具体实操的报送审批流程中，多个文化题材的节目还被免检。从近年来国家广播电视总局公布的创新创优获奖节目来看，娱乐节目中以文化为核心创意的节目占了绝大多数。于是，在宏观政策指导和具体措施的保障下，与文化深度结合成为电视娱乐节目创新创优的必然路径，这将有助于我国电视娱乐行业突破瓶颈与转型升级，以新的面貌朝着高质量的目标健康发展。

以文化价值为导向的具体落实，首先要将节目重点从明星效应拉回到"内容为王"，让文化题材与内容价值成为节目的核心竞争力。例如，在文化题材的娱乐节目里，其参与人员无论是专家学者、民间高手，还是明星演员，都热衷于文化且有着扎实的文化认知和底蕴；在一些节目中，明星跟普通人一起被赋予文化守护者与发扬者的身份。于是，"综艺+文化"既是节目内容的清流，也是市场中的清流，不拼大投入、明星阵容和大场面，而是聚焦在文化内核和艺术表现上，纠正了"天价片酬""内容不够明星来凑"等行业乱象。

其次，面对版权荒与"限外令"，中国电视娱乐行业必须加强自主创新力度，寻找自我突破与向前发展的机遇，而具有民族特色的优秀文化便是中国电视娱乐节目创新创优的最佳资源，"文化"以及"文化+"的探索为中国电视娱乐节目进行类型融合与多元创新提供了更多的可能性。比如，《中国诗词大会》的"文化+益智竞答"，《诗歌之王》（第一季）、《经典咏流传》的"文化+歌曲创作"，《一本好书》的"文化+戏剧表演"，《诗歌之王》（第二季）

的经典诗文竞诵，河南卫视"中国节日"系列的"文化+多种艺术样式"等，使中国原创综艺模式呈现出更丰富多元的表现形态。

同时，对"文化"和"文化+"的探索也顺应了互联网时代圈层化与垂直化的创作趋势，各类小众领域的圈层文化以及专业领域的垂直文化为差异化传播、精准化传播与融合化传播的实现提供了可能性，从而推动了电视娱乐节目的可持续发展。

三、以文化内涵提升受众素质和审美格调

不可否认，广大中国电视受众以农民和城乡中老年人群为主要构成，其中教育水准低下的中小城市和乡村人口比重极大。于是在文化及其价值的传播过程中，无论是对文化概念的传播，还是知识的推广普及，电视娱乐节目要能对应受众状况，时刻谨记寓教于乐的责任，不仅要满足其娱乐需求，而且要能促进大部分受众的进步和境界的提升。

实际上，在电视娱乐节目的发展过程中曾有不少知识竞赛节目以学生为主要收视群体和选手，还有不少学校要求学生通过这类节目拓展和巩固学习成果，更有不少成年观众也直接从中获得知识以及生活的力量。如《中国诗词大会》（第二季）中以诗抗癌的选手白茹云，不仅自己从传统诗词中获取战胜病魔的力量，其自身经历也激励着电视机前的观众。目前持续多季的《朗读者》可谓掀起了一次次"读书热"，而节目外的朗读亭不仅引发人们争相进行朗读的专业表达，而且让人思考文学经典与现实人生的关系，最终带来精神的慰藉和升华。

还有诸多电视娱乐节目一直在给予受众广泛的艺术和审美教育，在带来愉快视听享受的同时，也让受众变得更有情怀、更有才艺和修养。尤其是一段时间以来国内出现的一些现象级节目、引进版权节目、与国外团队合作的节目，不仅在题材内容方面与世界接轨，反映了时代风貌，也让国内节目制作流程和团队的专业性得到了极大的提升，打造了更高的行业标准，让广大受众的审美格调和文化精神在精品的浸润中得到更大提升。例如，近年江苏卫视的跨年晚会就带来了前所未有的视觉奇观、时尚和高雅的节庆色彩，让

年轻受众拓展了视野，也使中老年受众耳目一新。

第三节　健全以文化为核心的监控和保障要素

一旦确立以文化为创新和发展的核心，就要转变之前对产业效益和收视率的过度重视态度，不仅要完善制度和改善生产流程，还要通过调整生产关系来反作用于生产力。

一、进一步完善政策法规，加强平台顶层战略设计

近年来，在国家发展大政方针的指导下，国家广电主管部门不断细化电视行业准则及规定，对电视娱乐节目的发展提出具体要求和任务。

国家新闻出版广电总局于2016年6月下发《关于大力推动广播电视节目自主创新工作的通知》，对节目原创程度、播出时间、播出频次进行了严格规定，旨在支持电视机构制作并播出原创节目，全力推进广播电视节目自主创新工作，促使电视制作机构纷纷立刻调整策略，转向文化题材的自主研发，助推《朗读者》《国家宝藏》《声临其境》《声入人心》等原创综艺脱颖而出。实际上，原创文化类电视综艺季播节目的兴起与火爆不仅因为其新颖的节目模式和精致的内容，政策导向的直接推动也是重要原因。

2017年，国家新闻出版广电总局发布《关于把电视上星综合频道办成讲导向、有文化的传播平台的通知》，提出"综艺娱乐节目要积极传播真善美、传递正能量，坚决反对低俗媚俗和过度娱乐化、过度商业化等不良倾向"等要求。同年，国家新闻出版广电总局发布《进一步加强广播电视节目备案管理和违规处理的通知》，强调品位、格调、责任，对于娱乐节目的管控力度再次升级。

2019年，国家广播电视总局印发《关于推动广播电视和网络视听产业高质量发展的意见》，指出要坚持改革创新的原则，着眼重点领域和关键环节，充分发挥市场作用，推动体制和机制改革、科技和管理创新、产品和服

务创新，实现自主创新驱动发展。其中还提到将建立广播电视和网络视听产业发展项目库，培育储备一批符合行业高质量创新性发展方向的重点产业项目。

不过，政府引导、监管与行业发展现状不匹配的情况依然存在。一段时间以来，电视娱乐节目比其他类节目得到了更广阔的产业化发展空间，成为电视台获取收益的重要节目形态。但由于节目内在的文化内涵和外在的市场化运作现实存在着一定的博弈关系，尤其是商业资本为了利益去迎合最大数量的受众，一些节目在价值导向、观念表达、制作品质等方面出现偏差。一方面，由于文化相关立法并不完善、缺乏细则，监管中存在漏洞，一些节目就打"擦边球"，甚至"挂羊头卖狗肉"；另一方面，文化产业的迅猛发展与节目模式的创新极快，相关管理举措经常滞后，一旦出现问题，往往采取一禁了之的办法，使得行业时常陷入"一放就乱、一管就死"的状态。另外，之前对网络平台的监管粗放，导致被严格限制的电视人心态不平衡，不少创作者转而投身网络综艺寻求名利，而一些电视综艺也处于被迫追求效益甚至承担起养活全台的责任。未来需要对行业状况进行更深入的研究，更进一步完善政策法规，以及时有效地为节目创作提供准则和方向，并真正做到台网一个标准，行业及节目才有可能真正健康发展。

除了政策层面的积极引导和规范，各卫视平台对于自身顶层战略的设计也是节目实现创新发展的重要依托。首先，各电视台或机构要明确自身的形象、气质和目标，选择制作符合自身制播条件、既拥有既定受众又具有文化价值的娱乐节目。例如，中央电视台制作的原创综艺往往"出手不凡"，多抒发家国情怀，常在注重文化内涵又具有良好视听效果的同时塑造了国家形象，相较于其他平台则更加高端大气；北京卫视、东方卫视则分别以京派文化与海派文化为内涵，前者的《传承者》将题材瞄准非遗、传统文艺样式（尤其是京剧），且非常符合平台自身的传统文化气韵，后者的《中国达人秀》《诗书中华》《喝彩中华》等节目则还会强调国际视野与大都市文化。

其次，卫视平台对于自身原创节目的扶持也需要通过建立日常机制进行确立。比如，中央电视台综艺频道（CCTV-3）就在全频道、全台以及全社会征集优秀节目方案，鼓励在创新节目中使用新技术、新手段、新视角，展现全媒体平台的聚合传播优势，促进文化与科技的充分融合等。创新方案经由文艺中心、广告部对其主题主线、价值立意、市场价值、操作可行性等方面进行综合评估后呈交总台编委会审定，然后立项制作。湖南卫视一直以来频繁上新，近年由研发中心搭建涵盖创意征选、宣讲评估、样片上档、正片播出等环节的创新"飙计划"，在每个季度根据频道需求面向工作室及团队征集节目方案，提案前三名的方案将拥有样片打造的机会。目前，湖南卫视80%的创新节目来自"飙计划"，其余部分节目也均会关联到研发中心提供的创新支持服务。而研发中心也建立了相对稳定的试错机制，切实助力湖南卫视实现内容生产的良性循环，成为爆款、精品节目的孵化基地。

二、优化节目创作生产流程

在2018年广播电视节目创新创优培训班上，国家广播电视总局还要求在节目创作生产的重点领域和关键环节深度开掘，努力实现流程再造和品质升级。[①]显然，打造专业高效的生产流程，既是创新发展的重点环节，也是推动高质量发展的重要保证。

传统的电视节目内容生产流程主要分为前期、制作、后期三个部分，但往往由于创作与技术部门分离，会出现专业性不深、细节粗糙、生产效率低下等问题，从而影响节目品质。而当今的节目制作在受众专业性和审美水准提高的要求及技术的变革推动下，视听效果极大提升，制作流程更追求专业深度表达和精细化，于是一些更加细化的工种和职位被凸显出来，还有一些特殊的节目需要特别的制作团队构架。

再上升到创作机制层面，无论从中心制到频道制再到中心制，从栏目制到工作室，电视行业一直在探索最有效的结构和管理模式。回望之前的节目创新之路，最核心和基础的力量是有情怀、有事业心的创作者们；特定的机制的确能够带动具体创新，就像集团化整合后的河南大象融媒将节目编导与动效及后期制作人员划归一处，于是出现了《唐宫夜宴》这样的大量使用后

---

① 高长力.聚力"小大正"，推出更多思想精深、艺术精湛、制作精良的优秀广播电视节目［J］.中国广播，2008（5）：4-6.

期技术制作的场景舞蹈，而且陆续推出实景与动画深入契合的"中国节日"系列。当然，无论执行什么样的机制，好作品的出现都依赖于每个创作者的良好专业素质和执行力，做到成员各司其职的同时又通力合作，在任何环节中不存在短板。

就目前的国情和行业状况来说，任何机制都不能解决所有问题，都不能走偏。例如，近年推行的制播分离，一旦过度，会让媒体平台空心化；而引人注目的工作室制也可能让个人力量绝对化，成败和导演个人资源有直接关系，同时导致平台内部竞争过于惨烈……总而言之，各平台应该根据自己的环境和人员条件采取适合的构架和机制。

三、借力技术实现创新

从电视技术和艺术的发展历程来看，充分了解并恰当使用前沿技术，能为电视节目表现并拓展新的内容空间和表达形式，就像2019年央视春晚采用的"4K+5G+AI"的创新实践，以高带宽、低延迟的5G信号承载了多路4K画面的传输，为受众带来了超高清视听体验；而江苏卫视的跨年晚会近年来更重点地运用VR与AR技术，不仅为受众提供全新视角，而且为文艺表演创造了从内容到形式的更多可能。

同时，新技术也为综艺节目创作提供了新的题材，如中央电视台的《机智过人》《加油！向未来》、湖南卫视的《我是未来》等节目均以科学技术为反映领域与核心题材，不仅有生活中常见的科学知识、国家科技成果展示，而且将代表人类科技最新发展的语音识别、人脸识别、人工智能、生物医药、无人机、柔性技术、仿生科技等技术内容以综艺化、娱乐化的形式予以呈现，开创了科技类电视综艺节目的新范式。

此外，新技术为节目传播开拓了新渠道，互联网和数字媒体技术的飞速发展引发了电视传播的革命性变化。全媒体时代的到来致使多种网络平台如视频网站、微博、微信、短视频等成为新兴的传播渠道，电视节目拥有了矩阵化的新媒体传播途径与反馈渠道；中央广播电视总台、湖南卫视、东方卫视等电视媒体纷纷建立自有网络平台、客户端及微博、微信公众号、短视频平台账号等，实现了媒介事件、节目内容的多屏传播。而且，电视娱乐节目的具体表达也借助融媒体手段由线下延伸至线上，时空表现还可以国际与国内相结合。例如，以中央广播电视总台为代表的电视媒体纷纷为新媒体渠道专门制作符合观看特点、传播趋势的特质内容，深入践行融合传播战略；而芒果TV从基于内容优势的"芒果独播"战略起步，从独特再到独创，已形成湖南卫视和芒果TV"双平台带动、全媒体发展"的新格局，已经快速实现了用户规模、社会效益和经济效益的大提升……未来，电视媒体与新媒体的融合将成为必由之路，如何以更丰富的内容包容和吸引更多的受众，也是创新面临的重要问题。

四、重视传媒专业人才的教育及培养

电视娱乐节目本身形态复杂，受众对节目文化性和专业性的要求也不断提升，这就对创作者提出了更高的要求，即必须拥有健康的身心，健全的品格，较高的文学艺术素养、思维和表达逻辑，以及完备的专业技能。

近年来，政府主管机构与电视台都十分重视人才素质的提升与培养。国家广播电视总局更是接连举办广播电视节目创新创优培训班、广播电视文艺节目创作人员培训班、网络视听文艺节目审核员培训班等。中央电视台及多个地方卫视都建立了创新人才的选拔机制，一些电视台还将人才送到英国等地进行海外培训；平时举办导演、编剧、灯光、摄像等工种的大师班、日常学习与概念研讨活动等，都是提高业内人员素质和业务能力的有效举措。

实际上，人才问题要从源头抓起，要重视传媒教育事业，必须提高行业的进人门槛，但不能盲目发展和扩张办学，而是提高教育的水准。目前，国内超过150所大学开办了相关专业，看上去似乎后备人才充足甚至过剩，但各校生源、师资及教育水准差异很大，优秀毕业生能够顺利到岗的不多；而到岗之后如何留住优秀人才，充分发挥他们的才能，也是当前电视行业需要高度重视的问题，这与行业的整体利益和用人机制直接相关。如果不能人尽其才和多劳多得，又不能实现抱负，人才自然就会流失。近年来，不同媒体之间、网络和电视之间一直在进行抢人大战。融媒体时代媒体间边界模糊，更会加剧人才流失的危机。未来电视行业必须认真研究人才的开发和使用机制，建立起一套既充分发挥才能又有一定获得感的完善机制，才能使整体事业真正兴旺发达。

第四节　强化"内容为王"的创作理念

无论娱乐节目形态如何改变，传播渠道如何融通，优质的内容始终是节目影响力、传播力的根本。随着多屏时代的到来，海量繁杂的内容信息涌现在受众面前，而受众的选择又极大地影响着媒体的发展。毋庸置疑，优质内容始终是受众的"刚需"，而那些平庸、同质、低质的内容则会被忽略、淘汰。因此，打造优质内容，并以文化为核心，对其价值导向进行深度挖掘，是新时代电视娱乐节目高质量发展的基本策略。

一、"内容为王"理念下的创作原则

（一）内容开发坚持以人民为中心

2014年10月15日，习近平总书记在文艺工作座谈会上的讲话中提出："以人民为中心，就是要把满足人民精神文化需求作为文艺和文艺工作的出发点和落脚点，把人民作为文艺表现的主体，把人民作为文艺审美的鉴赏家和评判者，把为人民服务作为文艺工作者的天职。"这段讲话非常明确地指出了电视节目创作的方向和基本内容构成。艺术活动本质上是一种创作者与受众在互相理解基础上的意向性交流与对话，因而创作者要在思想情感、认识水平、价值理念的层面达到和受众契合无间的心理状态，以进一步增强受众的认同感，最终才能达成文化价值的传递。换句话说，只有充分了解受众特性及其需求，才能从浩瀚的文化中找到恰当而具体的选题和表达方式。

电视作为主流媒体，首选的文化内容当然是要满足大众的最普遍需求。而随着竞争越发激烈和传播的便捷，文化创新策略正逐渐过渡到小众化和垂直化，即以小而美的选题吸引相对广泛的细分受众。也正由于细分的受众对其领域的关注度与熟悉度已经能够跳过最初层次的被动性知晓需求，从而产生了求知、参与、认同等较高层次的心理需求，于是在其对内容具有较强的收视心理与行为倾向的背景下，节目的未来创作必须从题材契合度、知识深度性、表达专业化三个方面进行强化，以更高的品质满足知音型受众对内容更高层次的收视需求。

实际上，当下浮躁且追求爆点的表象下隐藏着受众对精神价值的极度渴求，相对年轻的高知群体受众的缺失即表明了这个问题，"娱乐至死"的取向无法满足知识干涸导致的空虚，不少受众在向更具有思想深度、专业深度和审美格调的节目靠拢。那些被赞为"清流"的文化类电视综艺节目无疑更加有意思和有意义，其兴起既是电视规律发展使然，又顺应了时代需求。

当今的媒介变革要适应生产者和消费者间新的双向选择，如果双方选择一致，就能获取最大效益。实际上，多年来网络平台短、平、快、浅的主要原因就是早期投入和创作力量不足，而且绝大部分受众也不是主要消费群体，很多内容甚至会堆积为媒体垃圾，平台更多是赚了"吆喝"。如今，真正的实力和效益的竞争恰恰是在长视频领域，节目只有具有一定长度，才能包容深度和理性，才更能给受众留下较深印象，才会有用户愿意付费观看，这是价值的具体落实。对此，电视娱乐节目创作者要敢于追求具有深度的内容题材和表达方式，坚守创作品格和品质。

党的十九大报告还指出，当前我国社会主要矛盾已经从人民日益增长的物质文化需要同落后的社会生产之间的矛盾转化为人民日益增长的美好生活需要和不平衡不充分的发展之间的矛盾。这正是中国特色社会主义进入新时代的科学依据，也是新时代节目创新的重要特征。所谓美好生活需要，意味着社会生活丰富多彩，人民对精神文化的需求也是多方面、多样性的。电视娱乐节目最善于挖掘并展现自然的美、生活的美、心灵的美、文化艺术的美，并激发人们对美好生活的追求和向往。

相较而言，西方更注重美与真的结合，强调艺术所具备的思维、逻辑、认知作用；而东方则更强调美与善的统一，更注重通过艺术实现感召、教化的作用，即寓教于乐。于是，在电视娱乐节目中会具体表现为，题材关注国人的生存状态和社会权益；剧情或故事富有喜剧色彩，或者最终是团圆结局；人物状态轻松愉快，或者强调人的价值、尊严；歌颂为他人的博爱、崇高、牺牲、奉献行为和思想的光辉；淡化物质和金钱……这也符合我国当前社会民众的集体心理需求。

（二）真实反映现实，承担媒体责任

真实是媒体公信力、可信度的基础。只是相较而言，电视娱乐节目的真实不同于新闻真实，新闻真实是细节的真实，必须追拍现实；而娱乐和艺术的真实可以通过搬演、模仿、虚拟、抽象、夸张的手法达成，但依然是以现实真实为核心尺度，从现实中提炼典型事件和人物，最终达成与受众的贴近、交流和共情，并最终在公信力的基础上形成引导力，引导受众树立正确的价值观与人生观。

毋庸讳言，随着产业化进程的推进和电视节目的批量化生产，对受众注意力资源的抢夺成为当下电视机构实现社会效益与经济效益的主要手段，尤其是一些电视娱乐节目在真实性上突破底线，从多种角度造假，如假人物——在非角色化的节目中用假选手制造话题，或给真实人物设计虚假的性格和故事；假竞赛——为制造人与人之间的斗争而比赛，舍弃才艺的展演和专业性的呈现；假场景——为提高视觉吸引力，在真实口号下制造极为脱离现实生活的空间，如用浮夸的舞美灯光制造明星光环、后期调色高度美化乡村等，让受众产生过度向往和期待；假情节——一些节目通过后期剪辑改变现实时间，重构故事脉络；假矛盾——人为制造矛盾冲突，刻意营造焦虑，引发不同受众群体间的争执和冲突……这些都只能满足低层次受众的喜好甚至是偷窥欲，从而使受众曲解生活的本质。

事实上，媒体人、媒体经营管理者、媒体主管部门只有承担起社会责任，媒体才会受到尊敬，也才会有价值。而且在媒体融合的当下，无论是以广播电视为代表的传统媒体，还是以视频网站、短视频平台为代表的新媒体，都要担当起记录新时代变迁、表达和建立正向情感、维护社会稳定、促进社会进步的重任，逐步改变一些受众的重口味和低俗喜好。尤其是主流媒体，更要致力于社会主义核心价值观的表达，尤其在如国家重大纪念日、疫情、自

然灾害等时刻，要站稳定位，起到舆论引导的作用，这也正是文化价值建构的重要落点——对主流价值观念的遵循与社会价值的守护。

对核心内容的表达要准确且合理，不因图解而造成内容的平面化、浅表化，不选择奇观化、猎奇化的方式来消解文化题材的厚重，要通过恰当的编导手段和技术运用打造视听形式上的美，尽力提升观众的审美。

（三）讲"好故事"，"讲好"故事

习近平总书记早在2013年的全国宣传思想工作会议上就指出，媒体是国际传播的主力军，要担负起讲好中国故事、传播好中国声音的重要职责。在2021年5月31日中共中央政治局就加强我国国际传播能力建设的集体学习中，习近平总书记更深入强调讲好中国故事，传播好中国声音，展示真实、立体、全面的中国，是加强我国国际传播能力建设的重要任务。这不仅为电视节目的创作和发展指明了方向，也成为我国电视娱乐节目建构文化价值的重要原则。

在电视娱乐节目的具体操作中，讲好故事既要有"好故事"，还要"会讲"故事。"好故事"于对内传播而言，是指结合受众特点，挖掘百姓生活中的鲜活事例，如大人物家国情怀的营造、大时代下小人物非凡成就的典型树立、家庭道德风尚的传扬等具有针对性、共鸣点的故事。同时，还要对题材进行深度挖掘，争取将每一个优势题材进行全方位、多角度、深层次的开发利用，不为抢占题材优势而放弃专业深度，争取将题材中的人物高度、事件长度、影响广度进行详细表达；也不完全避开黑暗面，而是在节目中建立正负能量转换场，通过叙事、规则等手段化解负面效应，用光明驱散黑暗，用美善战胜丑恶。而且，要提升内容的文化内涵厚度，不再因收视率而以庸俗、低俗、媚俗为制作标准，要能满足知音型受众的需求；引导大众对精神家园的守望，使节目成为集聚时代气质、美学格调和人文气质的文化样式。在表达上，则可以选择多元的叙事视角与技巧来传达特定人物、特殊事件、特别群体的价值观念和状况，借事喻理、以情感人、潜移默化、润物无声地建构并传递出文化价值导向。如中央广播电视总台的《故事里的中国》《海报里的英雄》等，以经典影片片段的演绎、主创人员与故事原型相关人士的访谈为主要线索，综合了戏剧表演、影视拍摄、综艺形态的表达手段，在挖掘真实故事的情感价值、社会价值时也打造了新的文化价值。

在中国故事的对外传播层面，创作者需要观照海外受众的要求，讲述与他国和民族文化有别的、具有中国理念、呈现中国景观、展示中国品格和民族审美的故事。同时，还需要克服中国文化"走出去"的"文化折扣"，考虑从受众思维角度出发找寻节目的核心亮点，即放眼全球，以地域奇观文化、民族故事现代化为叙事传播策略。地域奇观文化是以中华传统文化的特色意象符号为基础，通过节目带有独特观赏效应的视听元素引发海外受众从感官到心灵的震撼。河南卫视的"中国节日"系列，一方面包含了中国文化瑰宝和中国艺术技艺的展现，如《唐宫夜宴》里的诸多国宝级文物和唐俑形象、水下舞蹈《洛神水赋》中的洛神、《龙门金刚》里的龙门石窟以及演化出的飞天、金刚等，无不焕发出独特而又动人的光彩；另一方面展现了中华民族爱国、努力、向上的精神特质，于是不断被外交官们在社交媒体上推送。

对外传播中最核心的问题是民族故事的现代化，指通过更具包容性的跨国界、跨民族及现代视角讲述历史故事或现实中国故事，建构并传播当前世界格局下中国的新面貌、新观念、新作为，从而才能有效地输出我国的价值观念，并塑造出可信、可爱、可敬的中国形象。

二、文化内容的呈现路径

充分激发优秀中国传统文化的活力，同时融合多元进步的现代文化，是近年来实践已经证明了的节目创新的最有效举措，更是新时代电视娱乐节目打造优质内容、建构节目文化价值导向的主要路径。

（一）对中国传统文化的继承和创新

对传统文化的表现可以从三个层面落实，从而达成三重境界。

1.直接呈现：对传统文化艺术样式本身的传承

中国传统文化艺术表现内容丰富、形式多样，而且在不同的历史时期具备独特的形态。正如王国维在《宋元戏曲史》中所说："凡一代有一代之文学：楚之骚，汉之赋，六代之骈语，唐之诗，宋之词，元之曲，皆所谓一代之文学，而后世莫能继焉者也。"①

流传至今的绝大多数中国传统文化艺术样式，如诗词歌赋、书法绘画、杂技曲艺、饮食文化等，受众在日常生活中依然能感受到，而且不少人从小就进行系统学习，如熟读、背诵唐诗宋词与古文以增强文学功底，研习书法以提升书写能力和审美水准，学习弹奏民族器乐陶冶情操，学习舞蹈增强体质和改善体态……于是，这些内容样式很自然地进入电视娱乐节目中，而且参与者众多。近年来，《中国诗词大会》《中华好诗词》《诗书中华》等诸多文化类综艺节目深挖古典诗词题材及知识进行创新，以竞赛比拼来展现诗词文化的魅力；《最爱是中华》以益智游戏普及中华传统文化为主的趣味知识；《梨园春》《喝彩中华》以同台竞赛的形式展示戏曲精髓……更适合视听呈现表达又贴近大众的题材被大量挖掘和呈现，甚至出现蜂拥而上的局面。

目前，一些相对陌生的内容逐渐进入综艺节目，不仅能够极大满足受众的好奇心，而且更加展现了传统文化和技艺的精彩伟大，如《咱们穿越吧》以明星角色扮演体验古代生活来展示过去的文明；《非凡匠心》以明星寻访民间工匠来展现传统技艺在千百年来的传承与创新；《国家宝藏》用短剧演绎文物前世和今生的故事；《传承者》更是汇聚了多个非遗及传统文化项目的传承人，对一些民间文化项目的面貌和故事进行了精致呈现；等等。

毋庸置疑，对传统文化样式的直接呈现能够激发受众的民族自豪感，使受众对传统文化价值产生共鸣和认同，从而获得历久弥新的精神力量。未来的节目创作还应该努力拓展选题，结合节目创新和受众两方的需求不断进行延伸和细化，如中国古代思想体系、中医药学、传统农业、民间工艺、古建筑学、风俗节庆、衣着服饰、兵学武术等。

在对我国传统、经典文化题材进行展现时，节目创作还需要注重在深度理解的基础上进行表达，要保留其精髓，诠释其内涵和缘由，绝不能做破坏传统和艺术价值的改造。

---

① 王国维.宋元戏曲史［M］.上海：上海古籍出版社，1998：1.

2.内在精髓的挖掘：对传统文化精神的遵循和维护

由于时代的变迁，直接而完整地表现传统文化及艺术常常不具备可行性，于是用中国传统文化的理念和民族精神来规范、衡量当代生活及艺术表达，成为当下文艺创作中很常规的文化表现方式。

例如，中国传统文化精神层面包含着丰富的哲学与教化、人文与道德理念。如果深究，其具体构成也是一个个浩瀚而又多元的系统。有文字记载的中国思想发展犹如恢宏的历史卷轴，从先秦的百家争鸣到西汉的罢黜百家、独尊儒术，再经历魏晋时期玄学的兴起及唐朝佛学的鼎盛，最终，儒学成为中华传统文化的主导思想。儒学即儒家思想，亦称孔孟之道，以孔子和孟子的学说为核心，加之董仲舒、朱熹等后世思想家理论的完善，是一个十分丰富的体系。由于儒家学说中的天人观念、伦理上以"仁"为核心的"三纲五常"、政治上的"大一统"主张等非常符合历代统治阶级的意愿而成为社会管理法则，而且儒家思想有着积极的社会责任意识，并随着时代的变化而进行完善和调整，于是逐步成为稳定社会和引导个体人生方向的指导思想。"由孔子创立的这一套文化思想，……无孔不入地渗透在人们的观念、行为、习俗、信仰、思维方式、情感状态之中，自觉或不自觉地成为人们处理各种事务、关系和生活的指导原则和基本方针，亦即构成了这个民族的某种共同的心理状态和性格特征……"[①]最终就形成了主流价值观。

实际上，我们的社会和生活中有着无数矛盾和特殊的问题，每个人都有着独特的地位和个性，但因为主流价值观能符合绝大多数人的利益和思想意识形态，所以在遇到矛盾和交锋时，社会主流意识将做出判断并统领社会的发展方向。于是在今天，我们会在生活中自觉运用仁、义、礼、忠、孝、悌来评价人的言行和社会现象，并在节目中广泛地进行具体表现和弘扬，从而使其成为媒体和节目的底线及节目意义的导向。

3.融合与发展：对传统文化的创造性转化

2014年10月，在文艺工作座谈会上的讲话中，习近平总书记曾指出："传承中华文化，绝不是简单复古，也不是盲目排外，而是古为今用、洋为中

---

① 中国孔子基金会学术委员会.近四十年来孔子研究论文选编［M］.济南：齐鲁书社，1987：411.

用，辩证取舍、推陈出新，摒弃消极因素，继承积极思想，'以古人之规矩，开自己之生面'，实现中华文化的创造性转化和创新性发展。"近年来，诸多包容传统文化艺术样式又与现代文化融合，并进行年轻化、时尚化表达的娱乐节目获得了更好的收视效益和关注度。节目中传统文化与现代文化的融合过程，也是传统文化向现代转化和创新发展的过程。

在具体的实操中可以从两个方面来落实对传统文化的创造性转化：一方面是用传统文化样式融合现代表达形式。如《经典咏流传》用现代艺术样式即流行音乐来演绎经典古诗文，使其文化传统意境与现代化歌词、流行编曲有效相融，转化成集体诵读和大众传唱的音乐作品，并努力在年轻受众群体中推广。另一方面是对优秀传统文化的内涵加以完善、延伸和增值。如《经典咏流传》中的《苔》通过远方山区老师和孩子的表达，让今天的人理解了生命的勇敢与理想的执着；《国家宝藏》在对清乾隆各种釉彩大瓶的展示中，不仅采用当代人更能接受的搬演形式，而且给予了具有当今科技视角的诠释，让受众理解了作品的难度和高度，从而产生对传统文化成就的自豪感；广东卫视的《木偶总动员》《技惊四座》经常努力将传统魔术和杂技样式与现代都市生活的场景或主题结合，让古老的技艺大放光彩。

在此还需要说明的是，判断文化的先进还是落后、是否符合当代社会的要求，需要我们具备鉴别能力。中国幅员辽阔、人口众多，目前在地区、民族、人群等方面还有着巨大差异，文化也具有复杂性和多样性，还存在着多种社会矛盾，对此我们必须有深刻的认识和了解，最终才能准确把握创新的路径、层次和手段。

（二）推动主流文化与亚文化的融合

传播中华优秀文化、彰显主流价值是主流电视媒体的责任与使命，但这并不意味着电视媒体只能聚焦于由传统文化和精英文化等构成的主流文化范畴内，实际上主流文化一定是开放和包容的，因为只有能够融合所有文化的优秀因素，才能保持长久的先进性，从而占据主导地位。尤其是在新时代与媒介融合的双重语境下，中国电视娱乐节目必须有开阔的心胸，在主流文化的立场上寻求与其他多种亚文化资源的创新融合路径，形成书写时代、书写人民的和谐复调。

1. 话语融合与视听对话

移动互联网背景下，年轻的受众群体活跃在以社交媒体、视频网站为代表的各式网络平台中，具有强烈的圈层性并形成独特的话语方式。主流媒体如果不主动了解这些话语方式，就无法实现与年轻用户的交流。而且，这种对话不再是自上而下的，也不是米哈伊尔·巴赫金所提到的小说中的人物与现实中主体之间的对话，而是节目制作者与用户、用户与用户之间的对话。因此，电视娱乐节目需要将主流话语与青年话语二者融合，并结合特殊的视听设计来呈现。实际上，一段时间以来的相关探索已获得了一定的成效，如《国家宝藏》就非常重视青年话语的融入。一方面，节目中使用大量网络用语，使用年轻人的话语方式，经常出现"辣眼睛""蜜汁自信""你家里人知道吗"等流行语；主持人在开场白里问："我们是一个年轻的节目，我们有多年轻呢？"观众马上回应："上下五千年！"这种互动既俏皮可爱，又充满自信；甚至节目中戏谑乾隆的"农家乐审美"也变成网络流行语传播开来。另一方面，节目启用年轻人追捧的流量明星，让他们成为国宝守护人。此外，节目还通过时尚大气、科技含量高的舞美设计，加上古今穿越的场景拍摄，并以当下诸多爆款电视剧的插曲以及二次元动漫音乐作为背景音乐，多方吸引年轻人的关注。

2. 双向交互与深度参与

互联网文化最鲜明的特性在于其互动性，表现为用户的主动参与和积极分享。当前的电视娱乐节目已常借助新媒体手段，尽力设计和鼓励受众深入参与节目流程。比如《上新了·故宫》就与今日头条合作，在其国风频道设置"故宫宝鉴""投票通道""创意投稿""花絮集锦"等版块，不仅提供有关故宫的专业文化知识，还对优秀创意设计作品进行征集与遴选，让年轻人真正参与到故宫的文化创新中；在北京国贸地铁站展出了总长135米的故宫雪景长卷图并设有互动屏，包含一些融合了现代科技元素的宫廷趣味场景，如进宫玩雪找雪人、角色穿越等多个H5网络传播物料的应用。另外，节目还通过淘宝众筹等方式将文创产品投入市场，让受众真正实现"将故宫文化带回家"。节目与受众的互动贯穿在创意征集、创意投票、产品生产与消费的整个链条中，受众既可以是设计者、评判者，又是消费者与用户，成为节目不可分割的部分。

3.题材垂直并整合价值

近年来，娱乐节目的题材更趋细分化与多元化，众多小众化、圈层化、垂直化的亚文化题材率先被网络综艺开发且爆款频出，如2018年度现象级网络综艺《这！就是街舞》，聚焦长期以来被许多人误解为"问题少年"另类活动的街舞。透过节目，受众了解到街舞的表达语汇和基本规则，惊叹于年轻一代的精湛舞技和积极向上的精神风貌。节目还认真进行了民族舞与街舞的创新融合，充分展现主流文化与亚文化的"化学反应"。最终，节目成功实现了小众题材的大众化——"破圈"，同时启发电视创作者拓宽视野，后续不断推出亚文化题材节目。

事实证明，亚文化题材的电视娱乐节目也可以彰显思考人生的大智慧、关心社会现实的大情怀以及精益求精的专业精神。未来需要更明确的是，主流文化对亚文化的吸收和融合是对其能够传递出正向世界观、人生观与价值观的认同与接受，对亚文化元素及其话语方式的吸纳无疑是为了顺应时代潮流，但也是以一种更为柔和、轻松的方式消解亚文化的抵抗、压制与反叛，从而更好地丰富主流文化并引领价值观。

（三）促成精英文化与大众文化的互动

自2013年以来，电视综艺在"文化强国"与"以文化人"的导向与目标下，将一度黯淡的精英文化理想之光重新点燃，以精英文化元素为核心的节目如《中国诗词大会》《朗读者》《声入人心》等相继涌现，经典文学、高雅艺术等经过综艺化的呈现而走入大众视野。

1.精英与大众联袂登场

电视娱乐节目对精英文化的表达，首先表现为节目中会出现文化精英的身影。而作为面向大众的精神消费产品，电视娱乐节目一直追求雅俗共赏，既要对优秀精英文化进行创造性转化，提升节目的文化品质，又要避免曲高和寡，造成普通大众的审美隔阂。于是，节目必须要在核心元素——人的安排上进行体现，即参与者由文化精英与普通大众共同组成，精英视角与大众立场交汇融合，并通过主持人、嘉宾、现场参与者相互之间的互动形成平等对话与文化切磋的良好氛围。《中国诗词大会》中，主持人、文学专家、百人团以及场外爱好诗词的受众"以诗会友"，相聚在同一场诗词大会中，其中有选手和百人团成员的人生境遇及其与诗词相关的动人故事，有专家学者深入浅出讲述诗词的内在意蕴、历史背景及其创作故事等，节目参与者之间形成竞争、切磋、学习、受教等多重关系，也构成了节目的内在张力，是其可看性的核心。

2.精英内容＋综艺呈现，实现大众引领

文化类综艺节目作为精英文化大众化传播的典型，旨在让精英文化下沉，引领普通大众走向更高的精神文化境界。因此，其一方面要保留经典文化的内核和属性，另一方面要探索既符合文化气质又能让大众喜闻乐见的综艺呈现形式。如《中国诗词大会》《诗书中华》《中华好诗词》等节目，内容核心是经典诗词的语言美、文化内涵与精神价值，用竞赛和互动等方式加强了内容的可看性，并勾连起当下的时代情绪，引发大众共鸣；《见字如面》《朗读者》《信·中国》等诵读类节目以文学读本或历史书信为内容主体，通过朗读、访谈、嘉宾解读等环节展现朗读者的生命故事，其与文本内蕴相互映照，产生强烈的互文效应；《最强大脑》《加油！向未来》《机智过人》等科技类节目将目光锁定在科学技术相关内容上，通过场景搭建、道具配备、视觉设计等手法，精细化、高水准地展示了一场场科学实验、科学竞赛、科学技术演示等，既普及科学知识，又展现出理性思维以及科技的魅力。

毋庸讳言，文化类综艺节目的文化内容是吸引受众的核心因素，但是之所以成为精英文化，就是因为其需要冷静和理性的思维，这不是所有受众都能具备的。要更好地促进文化内容的价值传递和传承，创作者就必须要考虑节目表达形式的创新性和吸引力。以《一本好书》为例，节目打破了传统读书节目"我说你听"的样态，创造了一种沉浸的场景式解读模式，由演员演绎书中故事，受众通过观赏精彩的现场表演获得有趣的情感体验，从而唤起研读和体验原著的冲动。此外，节目设置了互为补充、彼此呼应的双重表现空间，让主舞台表演区域和品读讨论的第二空间之间相互切换、自然过渡，既保持了场景演绎生动形象的感性体验，又通过嘉宾的品读讨论环节保留了文化品位和价值引导。而且，节目的视觉效果和舞美设计既尽可能地契合书中意象，又与时俱进地体现出科技感和时尚性。

（四）展现民族文化与世界文化的"美美与共"

在全球化与世界人类命运共同体的背景下，中华民族文化与世界文化在不断的交流与碰撞过程中已紧密相连、难以分割。该如何对待优秀的外来文化，正如费孝通曾提出的："各美其美，美人之美，美美与共，天下大同。"[①]当下的中国电视娱乐节目应该坚定立足于中华民族，在正视本民族的文化心理结构以及优秀民族基因的基础上，放眼世界，"美人之美"，广纳先进的外来文化元素为己所用，从而能够塑造中华民族在国际社会的美好形象，"美美与共"，而最终要让中华文化走向世界。

1.民族文化表达的国际化

电视娱乐节目的民族文化呈现，首先应该是在立足于本土的同时放眼世界，即不是与国内比，而是要和全球比，尤其是要看到别处文化的先进性和独特性。目前的节目中既有对精英文学、高雅艺术的创新呈现，也有对草根文艺与地域民族文化的特色表达，总体上包容了我国"多元一体"的民族文化景观，在手段上通过对故事、人物、场景、视听等多维元素的综合呈现，传递出中华文化的生动气韵和独特价值。

优秀的典范如《中国民歌大会》，节目以展现中国的地域文化、家国情怀和乡土情结的传统民歌为核心内容，深入挖掘全中国最优美动听的民歌，邀请著名演唱者、各行各业的民歌爱好者以及海外华人华侨代表，通过一首首动人的民歌表演、一个个民族知识问答以及一个个民歌爱好者的背后故事，生动地描绘了"原生天籁，律动中国"的全景图。节目不仅普及了中华民歌文化及其相关民族知识，展示了中华儿女"崇仁尚礼"的传统美德，最终让受众在至善的人物故事、至真的文化知识以及至美的歌声与电视视听综合体验中，领悟中华民族"天人合一、以人为本、刚健自强、以和为贵"的精神

---

① 1990年12月，著名社会学家费孝通先生在就"人的研究在中国——个人的经历"主题进行演讲时，就处理不同文化关系提出了"各美其美，美人之美，美美与共，天下大同"。

内涵，进而接受与认同中华民族的文化身份。尤为重要的是，该节目具有行业的最高品质，歌曲的呈现具有世界一流专业制作水准，并营造出独特的中国意味和中国风格，真正做到令古老的作品焕发崭新的生命力。

就地方台的节目来说，河南卫视的"中国节日"系列节目堪称异军突起，不仅有国宝级文物、传统文化生活场景、汉服的展现，更有年轻有为的青年艺术工作者们对传统题材的创新表演和演绎，《唐宫夜宴》中穿插了妇好鸮尊、莲鹤方壶、贾湖骨笛、《簪花仕女图》等国宝，《芙蓉池》中古代少女们登上洛阳应天门，《洛神水赋》中洛神在水下裙带飘舞，《兰陵王入阵曲》中女儿和远渡日本的父亲隔空演奏，《龙门金刚》中飞天仙女和金刚在龙门大佛前飞舞，《东都行者》直接化用《胡人牵驼图》表达玄奘的思考……所有节目经过编导的精心设计，而且坚持专业水准，显得古典又时尚。

不过还需要指出的是，其实国内作品能真正走向国际的却不多。未来必须更加明确目标，集中精力和投入打造精品，让好资源真正实现其应有的文化价值。

2.民族文化与世界文化的对话

在人类命运共同体与一带一路理念的持续推进下，中华文化与其他外来文化的交往程度和趋势日益加深，而且在与其他民族文化的对话与融通中，重构出了你中有我、我中有你的共生地带。

与世界文化的对话与互动，绝不是仅仅找来几个外国选手就可以完成的，而是需要进行深度融合。首先需要自信、客观、冷静、平和地看待和描述自己的地位和特色，不过于谦卑，不自以为是，更不膜拜；其次对于优秀的文化，就该虚心学习。同时，了解世界的总体发展环境和共同话题，诚恳地表达自己的文化理念，就像《非诚勿扰》在澳大利亚、马来西亚、新加坡等国的电视台落地，获得了良好的反响。尤其是针对海外华人制作了美国、英国、澳大利亚专场，男女嘉宾的对话和交往折射出世界各地的文化风俗和中外婚姻、恋爱观念的异同。因此，《非诚勿扰》已不只是一个简单的生活服务类娱乐节目，也是对外展示当今中国人价值观念和思维方式的窗口，最终成为数十个国家的海外华人每周从多种渠道收看的节目。

而在节目模式和版权上，中国电视娱乐节目逐渐从单向引进转向引进与输出的双向交流模式。过去在市场效益的驱动下，电视行业大量引进了欧美、日韩等国家的综艺模板，曾一度陷入对外来文化盲目崇拜的误区。经过一段时间的学习和反省，并在文化自信与自主创新的宏观导向下，中国娱乐节目根植于中华优秀文化资源，创作力得到了很大的提升，《朗读者》《国家宝藏》《声临其境》《我就是演员》等优质节目模式成功实现了走出去与版权输出。事实上，国际间节目版权的交易与流动，就是对各国先进的制作理念、技术、团队、运作方式等的交流与学习，更是各民族文化的互动与整合。当自己真正具备实力时，交流会更加自然和深入，就像登上中央电视台《出彩中国人》的疯马乐队集合了四位不同国别的艺术家，融合中国二胡、瑞典按键提琴、蒙古族马头琴和西班牙弗拉门戈吉他，在差异中找到了和谐之音，具体内容也自然成为创新之作。

电视娱乐节目在展现以中华文化为主的文化内容的同时，也吸纳了优秀的外来文化，从而构成当今文化的时代面貌。在《朗读者》《见字如面》《一本好书》《阅读·阅美》等诵读类节目中，文本的选择不局限于地域与民族，而是以国际视野观照整个世界的经典文本，如《朗读者》（第一季）保持每期"内四外二"的朗读文本格局，《一本好书》（第一季）12期节目中中外名著的比例是5：7，《见字如面》中也不乏国际人士的信件内容。受众在中外文本的对话与交流中体会到各种文化的精华，从而也更好地充实与调整自身的文化结构。《声入人心》从美声唱法和西方歌剧表演形式切入，选手中有不少来自世界各国知名音乐院校的毕业生，让受众对音乐文化和演唱表现有了更宽广和丰富的认知。

另外，中外综艺领域的合作与交流也日渐频繁。首先，部分中国电视综艺节目的制作团队与国外的专业技术团队合作，切实学习其先进经验，如《朗读者》（第一季）的灯光设计来自欧美顶尖团队；江苏卫视近两年跨年晚会邀请比利时灯光团队加盟，为节目带来了精细化和国际化的光效和色彩设计。其次，中国综艺节目也积极参与国际间的行业交流活动，比如中国原创综艺模式已经连续多年参加戛纳电视节的视听与数字内容交易大会，并对国外最新模式的生产特点与发展趋势进行了详尽了解。

未来，我们更要以积极的心态拓宽视野、放眼世界，将我国的文化资源放到世界的范围来看待，让节目的境界升高、兼容并蓄，并不断优化我国的娱乐文化格局。更重要的是，我们要坚持中华优秀传统文化的内核，不断展示中华民族的精神面貌与优良品质，为讲好中国故事、传播中华民族主流价值打造文化与美学范式。

三、全媒体推动内容和传播的变化

内容和传播是相互依存、相互影响的关系。"内容为王"的具体实现也是要把内容精准地传达到受众，而且尽可能地发挥出最大的传播效能。

在此借用"范围经济"概念，是指大公司通过多种产品生产而实现的经济[①]。与之相对的"规模经济"强调的是以扩大生产规模带来更高的效益。实际上，基于范围经济所衍生而来的产品资源开发是非常符合传媒行业特性的常用手段，电视节目的传播往往要基于品牌的社会效益和经济效益的最大化。若想要达成"1+1>2"的效果，就必须对内容生产与传播进行整体规划、统筹布局，尽可能地避免资源的重复开发和内容创作的同质化，深入整合各类重要资源、协调各种机构力量。而且，从传媒行业的整体发展来说，媒体融合是中国乃至世界传媒领域的大势所趋，打造全媒体平台成为现代传播体系建设的重中之重。

全媒体包含了几个层面的含义，首先，信息可以同时通过文字、声音、影像、动画、网页等多种媒体手段来发布，即通过广播、电视、电影、报纸、杂志、网站、音像出版物、手机等渠道进行传播。其次，在网络信息技术融合发展的基础上，可以通过广电网络、电信网络以及互联网形成传播矩阵，受众可以通过电视、电脑、手机等任意终端接收到包括音视频、文字、图片、互动链接等在内的复合信息。而且，由于网络及通信卫星技术的发达，任何人在任何时间和地点都可以发布和接收多种信息。实际上，全媒体是网络媒体与传统媒体之间的行业融合，最终可以形成受众覆盖面、传播手段最广、最全面、最细致的状况，从而重新架构传媒行业和形式。

2020年9月，中共中央办公厅与国务院办公厅印发《关于加快推进媒体

[①]　道尔.理解传媒经济学［M］.李颖，译.北京：清华大学出版社，2004：11.

深度融合发展的意见》，从重要意义、目标任务、工作原则三个方面明确了媒体深度融合发展的总体要求，要求深刻认识全媒体时代推进这项工作的重要性和紧迫性，尽快建成一批具有强大影响力和竞争力的新型主流媒体，逐步构建网上网下一体、内宣外宣联动的主流舆论格局，建立以内容建设为根本、先进技术为支撑、创新管理为保障的全媒体传播体系。《意见》还指出，要推动主力军全面挺进主战场，以互联网思维优化资源配置，做大做强网络平台，占领新兴传播阵地。

近年来，从中央广播电视总台的组建及省级广电机构改革到县级融媒体中心的成立，电视媒体已经在切实推行全媒体转型。在此基础上，电视媒体要整合各种媒介资源，在传播内容、渠道、平台等方面积极改变思维，不仅是内容的全媒体采编，针对不同媒体渠道特征进行内容重构，采取符合时代的传播策略，使不同群体的受众都能接收到信息，而且要实行全媒体管理和运营，整合媒体架构和积累所有平台的受众，从而放大全新的媒体效应。

（一）跨屏传播推动影响力聚合

全媒体时代的电视娱乐节目如果仅局限于在电视终端进行内容播放，那么不仅难以满足受众多样化的收视需求，接受面也很有局限。于是，当下节目的创新创优也需要积极借鉴互联网思维，要建构顺应"互联网+"发展趋势、内外统筹、多元联动的现代传播体系，这也是电视娱乐节目高质量发展的基本传播路径，即在融媒体时代的电视节目仍单纯依靠电视进行传播已经成为一种自我封闭之举，应该让成熟的传播体系助力精品内容到达千家万户，摆脱"美酒怕巷深"的尴尬。同时，多样的传播渠道实现了跨媒体的终端播出，这不但为大量用户带来了便利，也增大了优质内容被大众所欣赏的可能性。

以央视春晚为例，自2015年第一次与爱奇艺合作进行线上全球独播以来，其在线人数、收视率和点击率都屡创新高。数据显示，2016年该节目互联网端的访问人数就已经超过了收看电视直播的人数。2019年国庆期间，中央电视台就提出"5G+4K/8K+AI+VR"的战略布局。同年11月，中央广播电视总台推出的新媒体视听平台——央视频更直接地促进了守正创新和媒体融合。

内容的跨媒体传播还有一个极为重要的意义，即节目可以通过多种平台和端口实现国际化传播。互联网无国界，电视娱乐节目得以通过当今全球化交流最有效的途径，不断开拓海外市场、推广中国形象、彰显民族特色，从而实现中国文化的全球传播。

（二）场景分发促进内容变革

"场景"概念被延伸到互联网领域时，首先是指能满足群体或个体用户特定需求的空间，具体来说可以是平台，也可以是一款产品或者应用。其次，就商户或场景发布者来说，用户在某场景中是一个动态的状态，且追求更好的体验，因此为最终达成消费，场景设计者应不断与用户进行及时沟通，对令其感到不适的内容进行快速改进与迭代。

就电视娱乐节目的传播来说，不同场景就是不同的收视平台或终端，换个说法就是不同的用户群体，可直接对应不同的受众群体，而且这些受众的分群可以更加细化，如可以是某个节目的爱好者、某位明星的粉丝等。

从早期开放空间人群集聚收看的广场式到家庭成员集体收视的客厅式，再到现阶段个体终端差异化点播的多屏分裂式传播场景[①]，电视媒体的传播衍变历来就伴随着应用场景的变迁，而基于技术迭代与收视场景更迭实现内容传播方式的变革也是电视媒体自我发展、电视娱乐节目创新创优的重要途径。

目前的跨媒体终端已经为内容传播提供了可靠的硬件，多终端播出是电视节目内容传出去的第一步。但简单的传出去并不能满足全媒体中不同场景受众的独特需求，必须进行深入的内容分众化生产，然后针对不同场景进行分发，才能实现每个端口的有效传播。就像近年来新闻行业提出的"中央厨房"概念，力求实行统一信息采集、多样平台加工并分发，也是电视娱乐节目可以借鉴的思维和做法。

1.场景分发促进节目开发的垂直和细分

全媒体时代给电视媒介传播带来的最大变革就是场景的分发，即使大众传播转向分众传播。尤其是针对网络媒体用户个性化、行为自主化、追求

---

① 冯哲辉.电视场景化传播的生态变革与文化变迁［J］.中国电视，2017（11）：78-79.

"长尾效应"的特点，电视媒体既要巩固现有优势——满足社会大多数受众的需求，也必须运用分众策略实现创新和持续发展。而垂直与细分指对内容进行深度开拓和对应受众细分化的需求。

尽管在某种程度上来看，垂直与细分可能难以满足获得极大市场份额的要求，但同质化、题材跟风的恶劣市场环境使得电视节目难以具有重大的突破，因此借助对内容的深度挖掘和受众需求的细分，最终实现"小而美"的题材开发，经常成为现阶段电视娱乐节目自主创新的首选之路。

电视娱乐节目凭借其广泛而丰富的题材资源，成为较容易进行垂直细分的节目类型，但需要注意的是这种开掘并非只是为了吸引特定小众受众而打造圈层化类型节目，而是基于一种创作方式，最终仍然需要努力满足电视媒体最大公约数的特征，即在价值观念和主题表达上最大限度地契合各年龄段受众的收视心理，尽力维护大众媒体的基本职能。就像河南卫视从《唐宫夜宴》出发打造"中国节日"系列，单点引爆带来连续传播效应，最终获取了市场份额的扩大。

2.针对不同场景受众分发不同内容

当今社会，受众接受的场景分发越加明显，尤其当手机不断挤占其他终端设备的使用而成为万物互联的中心时，更为信息传播构筑了个人化、智能化、移动化的应用场景。于是，节目也必须以应用场景移动化、使用时间碎片化、用户个性强烈化为重要特点来进行设计和传播。

以一台晚会的创作为例，本来整台晚会和个体节目都存在着精巧的结构设计关系，高潮段落往往需要些许平淡的铺垫，让受众的情绪不断累积。而在新媒体的内容传播中，线上受众有着"短、平、快"的阅读习惯与更个性化的内容接受习惯，吸引他们的往往是"瞬间的刺激"，而非曲径通幽的整体之美，如果不能在短时间之内吸引住他们的目光，就可能无法再吸引他们收看。

正因为不同场景的受众有着不同的需求和收视特点，创作者必须要有将内容转化为与之对应的形式或赋予其不同风格特征的意识，即业界常说的全媒体思维，并贯穿从策划到后期的整个创作阶段。如果想要节目能够吸引新媒体受众，抓住传播的黄金时间，策划阶段就应该明确节目的最亮点在哪里，如何在短时间内将其突出，换言之，干脆利落的"点"在某种意义上比精雕细琢的"面"更适合线上受众。在后期阶段更要注重具体把握不同场景的特点，将内容加工成适合的版本或样态，并在及时互动中不断完善，最终达到最好的传播效果。

目前，不少电视娱乐节目开始了这样的宣推实践。如河南卫视的《端午奇妙游》，节目一开头就用极具视觉吸引力的《洛神水赋》为引爆点，《七夕奇妙游》以《龙门金刚》为引爆点，同时多个新媒体平台进行配合宣推，很快又引导受众再到新媒体平台点击整体节目进行收看。再如《国家宝藏》等节目在播出同时将完整视频上传到颇受年轻群体欢迎的哔哩哔哩（bilibili，简称B站），并通过有意识的议题引导引发弹幕奇观，同时将创意海报、系列国宝形象等分发到官方微博、微信等平台，将节目背景音乐、原创音乐等发布在网易云音乐等各类音乐平台，将节目音频上线到喜马拉雅；等等。

对此需要注意的是，如果一味地为了传播效果而追求"爆点""雷点""泪点"，那节目往往就会失去文化价值和品位，沦为视听刺激效果的附庸。总之，传播渠道的扩展要为内容的最好传播效果服务，而不是为了纯粹迎合受众而伤害内容。

3.根据场景特点研发多样态的衍生内容

随着场景增多，单纯靠内容的重组与转化俨然已无法满足多样的期待与需求。同时，随着媒介形式的不断发展，人们能接触到的传媒产品种类越来越多，用户自然也期待能看见、听见这些全新产品与优秀作品的融合。鲜明场景的传播特点也促使内容生产更为灵活，衍生出形态多样的产品以配合丰富的传播渠道，或为特定的受众特制内容。于是，针对不同场景制作多样态衍生内容应运而生，如系列短视频、系列微纪录片、直播节目、各类线上活动、宣传稿件等。例如在2019年央视春晚中，导演组围绕晚会的幕后细节与花絮组织拍摄了系列视频《春晚微纪录》和纪录片《2019春晚纪事》，同时针对微博场景的传播特点将《春晚微纪录》设计成整体56集、每集不到3分钟的体量，让用户可以利用碎片化的时间收看，赢得了较好的口碑。这样做不仅宣传了节目本身，也充分开发了素材资源的利用率和有效性。

多样态的衍生内容并不限于影像，实体的周边产品也在此范畴之内，这样的举措之前就有。而在"三网融合"背景下，电视媒介生产进入品牌化、产业化的转型期，如何优化核心节目、完善品牌的产业链，充分发挥从节目制作到传播营销再到商业变现的上－中－下游多环节产业思维，必然是创作者们在创新创优过程中要加强探索和实践的。例如，由现象级综艺《朗读者》与《经典咏流传》所衍生的同名图书就尝试利用AR技术将纸质文本与视听内容相结合，读者使用移动设备扫描书中上百张图片就可以获得1000分钟的节目音视频资料。而2020年央视春晚推出的"春碗"餐具套装采用了釉上彩茶餐具工艺，不但做工精良，还巧妙地借用了"春晚"的谐音。而河南卫视开发了"唐宫"系列的保温杯、靠垫、口罩等，也强化了节目效应。

4.不断开发和利用媒体手段创新传播的内容形式

近年来，互联网与数字化视听技术不断涌现出令人称奇的成果，与媒体发展互为引领。例如，H5页面可以放置多层信息，互动性强、形式多样，涵盖了如视频、全景VR、答题测试、图像合成、游戏等多种创意表现形式，容易令受众产生新意，成为许多节目在新媒体推广的重要方式，如《中国诗词大会》就设计了线上同步答题页面，增强了受众的参与性；目前已经在运用的VR技术可打造虚拟世界，提供视觉、听觉、触觉等感官渠道的模拟；AR技术能让虚拟事物和真实环境相结合；当前大热的XR技术通过镜头追踪与实时渲染，创造了一个包含物理实体和虚拟信息的可视化环境，大大增强了表演者和受众的沉浸感。这些手段尤其适合电视娱乐节目对传统文化内容中非现实场景和物件的再现，既增强了场景及物件的细腻程度，让受众能够获得更为细致全面的文化知识，也拉近了受众与历史的距离感，让受众获得更真切的临场感，从而可以增强受众对文化内容的喜爱和敬仰。

（三）充分运用社交媒体的互动性

当前，以微信、微博、客户端为代表的移动产品既是播出终端，又是社交空间，为受众参与、反馈意见、聚集知音群体（粉丝）、交流思想和观点提供了重要平台。节目的传播创新必须以此为重点，形成与受众的亲密关系并进行互动传播，最终还可以实现多屏互动，而且这也是特别适合娱乐节目传播的做法。

1.选择和设计社会化、时尚化、年轻化的话题

新媒体可以最便捷地发放话题、引起讨论，且尤其擅长与受众的即时互动，就像许多网站的弹幕，话题紧随节目进程而延伸，由此形成新的互动链。诸多娱乐节目在策划及创作时即埋入话题点，节目通过全媒体终端传输后可以收集诸如弹幕、评论、观看数据等即时反馈，同时通过社交平台对节目内容与话题进行互动；一些节目还邀请圈层内部的意见领袖参与进来，以实现圈层内部的人际传播，即打破现实人际传播规模的局限，经由核心圈层进行社交化传播，通过社交关系网络迅速辐射到范围更广大的人群中，最终影响其他社群，实现传播效能的最大化，而最终这一系列的及时反馈与话题互动又应该反哺节目创作。同时，创作者们还可以及时在节目中对受众反馈进行回复与互动，让受众感受到自己的力量被重视，从而形成更为紧密的观演关系。实际上，在当今每一个火爆节目的背后，如何制造、延续节目的热度并进行持续传播，是创作者们必须认真面对和思考的问题。目前，电视受众以中老年为主体，在其他多个场景的传播必然是对受众群体层面的拓展，尤其是青少年群体，于是传播的话语体系必须符合他们的语境，做到具有所谓"网感""时尚感"，在解读时也要理解他们的立场，体现出代际的转变。

2.利用多屏对受众进行有效引流

正如上文提及的，基于社交媒体所搭建的传播互动链能够改善大众传播的不确定性，以圈层内部人际传播实现精品内容的口耳相传。实际上，已有不少节目在多个社交媒体平台如微博、微信公众号等投放节目的精彩片段，而优秀的节目片段经由意见领袖的多级扩散后形成社交热潮。

对于当下的受众来说，节目在哪里播出并不重要，优秀的内容一定会在引发共鸣共情之后被广泛关注，多端多屏的流量引导有可能促使大众回归电视屏幕，如《朗读者》就是无意中被新媒体碎片化，随着网络点击量不断攀升，不少受众打开电视观看后续节目；而河南卫视的"中国节日"系列就是有意识地设计引流。

在此还需要指出的是，所有的新媒体传播都要基于优秀的核心内容。目前，国内官方微博、公众号已经太多，电视台、频道、节目都在办。实际上，

如果电视节目内容本身质量堪忧，新媒体也很难达到预期的传播效果。能够吸引受众收看长视频的片段一定是切实满足他们审美、认知、认同需求的。而相反，一些猎奇、挑战受众三观的"三俗"片段尽管能够在短时间内引起受众的热烈讨论，却对节目本身毫无帮助，甚至会使节目在播出前就失去受众。

第四章 建立科学的中国电视娱乐节目评价体系

要想更好地化解电视娱乐节目在文化价值建构过程中所面临的重重危机，理应建立标准或尺度来规范业界的发展，这样才能具体从源头上激励与引导节目的文化价值提升和持续的创新创优。毋庸讳言，之前电视娱乐节目出现的意义表达肤浅、低俗甚至价值导向偏离、制作低劣粗糙等问题，其根本原因在于节目的评价标准及体系出了问题。

实际上，节目评价是节目创作的一面镜子，是对创作进行规范的具体手段，评价与创作二者不可分离。当前，我们既要不断完善和提升节目的创作力和传播力，也要与时俱进并立足于新的传播环境，不断改进和完善评价体系，且更强调文化价值的导向性并发挥指导作用，才能为未来电视娱乐节目的高质量发展提供重要保障与核心支撑。

第一节 电视节目评价的概念与发展脉络

一、电视节目评价的概念

电视节目评价也常被称为"节目评估"，是指广播电视制播机构或第三方按照行业公认的操作规范和评价标准，运用科学的测评手段对节目质量及其播后线上线下产生的评价所进行的综合评定，借以判定节目质量及其传播效果。相较之下，评估还有估量、预计的意思，可用在未发生的事实之前，即针对未播出的节目；而评价则是判断、分析后的行为，更具有结论性，主要针对播出后的节目。

从评判关系上来说，电视节目评价可以分为评价主体和受评主体。其中，评价主体包括创作者、管理者、专业学者和普通受众，在市场主导的机制下广告商也成为重要的评价主体；受评主体指各类型节目以及由具体节目衍生的IP。从方法论来说，当前的评价方法包括量化评价和质化评价，其中，量化评价指收视率调查，目前也包括了网络等平台的点击量、讨论度等；质化评价则指专家座谈研讨、受众满意度调查、电视节目分析等。就评价指标而言，评价体系本身具有动态性，会根据不同的时代要求以及目标变化来调整；节目本身不断变化和发展，评价的细则也需要不断发展和完善。

长期以来，我国的电视节目评价主要针对播出后的节目，用以判断节目质量和传播效果，并作为一种监督和考评机制，为提高节目质量、激励创作人员提供持续不断的推动力。

二、电视节目评价的发展脉络

在电视开办之初，受众对节目的反馈经常通过写信来表达。而后随着通信技术的发展，受众可以通过电话、电报、短信、邮件等渠道来表达意见。同时，电视媒体也主动进行意见收集，例如在20世纪80年代，诸多大众媒体为了更好地强化舆论监督和政治宣传效果而主动地开展受众调查。电视行业最初的调查以随机访问、问卷调查等形式为主，而后以中央电视台为首的多家电视台陆续引入收视率这一最直观又便捷的评价指标。收视率是指某一时段内某区域收看某电视频道（或某电视节目）的人数（或家户数）占电视观众总人数（或家户数）的百分比，主要测量方法是随机抽取样本户，在机顶盒内加装测量仪记录收视情况或家庭成员填写日记卡来记录收视情况，经统计核算达成该地区的收视率数据。

中央电视台曾在2002年出台了《节目综合评价体系方案》以及《中央电视台节目评价暨栏目警示淘汰实施细则》，被概括为"三项指标一把尺子"。其中，"三项指标"指以收视率为主要考核对象的客观评价指标，反映领导、专家对节目评价的主观评价指标，反映节目投入产出情况的成本指标；"一把尺子"指将三项指标按照5:3:2的加权计算出节目的综合分数。2008年，中央电视台调整了评价体系，增加了考察节目广告招商力、市场号召力的品牌指标和考察节目成长状态的趋势指标，并分别赋予10%的分值权重。到了2011年，中央电视台再次推出新的节目（栏目）评价体系，以引导力、影响力、传播力和专业性作为一级指标并细化出多个二级指标对节目（栏目）进行评价（见表5）。

表5　中央电视台栏目综合评价体系指标构成

指标体系和权重			数据采集渠道		
一级指标（分）	二级指标（分）	考量维度	专家调查	观众调查	收视率调查
引导力（20）	引导力（20）	节目导向是否正确、价值观是否被认同	√	√	
影响力（25）	公信力（10）	栏目可信性、权威性和责任感		√	
	满意度（15）	总体满意度		√	
		分项满意度		√	
传播力（50）	收视目标完成率（10）	受众传播规模的拓展和维护			√
	观众规模（20）	栏目传播广度与观众群的拓展能力			√
	忠诚度（15）	栏目黏着观众的能力			√
	成长趋势（5）	栏目成长性和阶段性状态			√
专业性（5）	专业品质（5）	制作水准和品质〔编辑编排、制作剪辑、播音主持、音响音乐、画面镜头（舞美）、文字写作〕	√		

　　与原有体系相比，新的评价体系将原来的主观评价指标明确落实为引导力、影响力、传播力、专业性等具体指标，淡化了市场因素，而强化了对节目品质的考察。

　　2012年，《关于建立广播电视节目综合评价体系的指导意见（试行）》出台，对评价对象、评价重点指标、评价内容、组织实施等方面均进行明确规定。具体要求有：广电行业统一标准；将节目品质评价作为核心且权重不低于60%，收视率指标则不高于40%；提出品质评价的明确指标……该指导意见从宏观政策与顶层设计层面对综艺节目综合评价体系的构建指明了方向、重点与框架（见表6）。

表6　广电总局节目综合评价体系的品质评价指标

品质指标	评价内容
思想性	体现社会主义核心价值体系建设要求，宣传正确的世界观、人生观、价值观，弘扬社会正气，传承优秀传统文化，倡导科学思想，促进社会和谐稳定
创新性	定位鲜明准确，策划、选题、编排等内容独到，形式新颖，体现时代精神，表现手段推陈出新、具有原创性
专业性	文案策划、编辑编排、制作剪辑、播音主持、音响音乐、画面镜头等制作、播出环节的专业水准情况
满意度	受众对广播电视节目内容、形式、质量和编播的好感、信任、认可、支持和赞许情况
竞争力	节（栏）目和频率、频道的知名度、品牌价值等情况
融合力	节（栏）目和频率、频道与互联网终端、手机等新媒体的融合程度，以及在新媒体上二次传播和口碑影响情况

在2016年12月举行的全国广电节目综合评价体系建设工作座谈会上，时任国家新闻出版广电总局副局长的田进强调：建立和完善节目综合评价体系，是坚持正确方向和导向、维护意识形态安全的必然要求，是促进节目质量提升、多出优秀节目的重要举措，是克服唯收视率倾向的有效途径。

近年来，面对新媒体大量分流电视观众的新形势，互联网大数据服务平台自发对受众需求与接受行为展开不同维度的调查统计，推出了一系列的评价体系，如由中国传媒大学广播电视研究中心与人民网舆情监测室联合发布的"全网传播指数"、美兰德媒体咨询和中央电视台发展研究中心推出的"电视节目网络传播影响力评价体系"、央视-索福瑞和新浪微博联合推出的"微博电视指数"、中国科学院推出的"热度指数"、酷云互动推出的"酷云EYE：实时全媒体大数据平台"等。不过，由于各评价体系在核心技术和用户范围上存在差异，很难形成业界公认的结果；而一些平台或制作方也只挑选有利于自身利益的数据进行公布，把本应理性公正的评价变成媒体商业宣传、资本牟利的同谋，多个节目都说自己居同时段第一的情况时有发生。

2018年底，国家广播电视总局宣布建成"广播电视节目收视综合评价大数据系统"，系统汇聚超过1.4亿有线电视和IPTV用户的收视数据，统计的节目频道数量超过3200个，对源数据采用多重稽核，数据处理全流程自动化、封闭化，无污染和抗干扰，能从宏观统计、收视基础、收视派生、收视贡献、动态分析和点播回看等维度输出55项核心指标，力求为业界提供更为准确客观的收视数据，更有望引领"收视透明时代"的到来。

三、围绕发展目标及时调整评价标准

媒体的发展目标和评价有着直接关系，即评价细则应该紧紧围绕最终目标来制定，要能为未来电视综艺节目的理性发展保驾护航。

（一）必须把社会效益放在首位

电视作为主流媒体的属性、功能及影响力决定了其必须承担社会责任。2019年8月，国家广播电视总局发布的《关于推动广播电视和网络视听产业高质量发展的意见》提出：要以社会主义核心价值观为引领，以改革创新为动力，坚持守正创新，强化资源整合，加强扶持引导，不断优化广播电视和网络视听产业结构布局，健全现代产业体系和市场体系，更好满足人民群众对美好生活的新期待。

由此，电视综艺节目评价体系必须作为"有形的手"对创作实践进行强有力的引导；业界也必须及时端正创作理念，绝不能为了吸引眼球而疯狂"烧钱"，也不能为了收视率而放弃深度和内涵，更不能制造和利用虚假数据。

实际上，相对于新闻等其他类型的节目，电视综艺节目的社会效益表达更为内敛，常在播出一段时间后才显现出社会反响。例如，《超级女声》就是在第二季才引发社会的极大关注，不少青少年出现了对成名成星的认知偏差，随即引发了管理部门对行业的一系列"限娱令"，这是创作者始料未及的。由此，评价体系的设计必须首先考虑在价值导向层面的作用，既要能指导创作者矫枉、排错，也要能帮助管理层监控节目，及时发现文化失位、导向失范等问题。

（二）切实助推中国电视综艺节目走向世界

当下，走出去并塑造国家文化形象、讲好中国故事，也是中国电视综艺发展的重要目标，节目评价对此必须有明确配套要求。

事实上，与国际上一流的综艺节目相比，我们在理念、投入、制作水准等方面还有一定差距，例如，当下最受关注的真人秀就显得粗糙、生硬，参与者和表演者也普遍艺能不足。而如果创作者只为收视率而迎合受众的浅层需求，就会放弃对深度思想和审美的探索，或为了奇观引进和追随各种模板，最终便沦落至尾随的地步。未来，我们必须加大鼓励内容形态原创性的力度，并大力提升制作水平。

（三）促进综艺节目创新与市场的健康发展

正是之前电视媒体的过度市场化使不能盈利的节目失去发展空间，从而加剧了创作的同质化，而且电视综艺受众整体老龄化严重。为此，多年来国家广播电视总局相继出台"限娱令"乃至"限歌令""限童令"等，也是针对节目形态及受众层单一的问题；反复倡导创作者深入生活与群众，力求从根本上进行突破创新。

再看平台的状况，随着节目成本差异逐渐拉大，"马太效应"不断加剧，越强的电视台投入越多，节目影响力越大。如果要求小投入的常规节目和数亿投入的季播节目具有同样的收视效应，就会诱使创作整体追求大场面及"明星化""流量化"，同时会让高投入节目为获取收视效益和市场份额更加不计成本，用明星和奇观掩盖内容的空洞、专业上的缺失和价值上的偏离，最终还会拖垮小平台。

由此，评价体系不应采用无差别的标准来应对不同类型、体量、收视目标的节目。实际上，节目的影响力和创新度、专业性之间也经常不成正比，商业性过度常会影响节目的思想性、主题性；晚会、专题、真人秀也有着各自的表达诉求，而不同文化圈层、年龄层的受众的欣赏水准又有较大差异。

综上，电视评价体系应采用更有针对性、更细化的评估标准，构建更为科学的评估构架，促进综艺市场的百花齐放，让小而美的小体量节目和专而精的现象级节目都能为受众带来良好的观赏体验，并让各级平台都能在市场中找到适合的位置与发展方向。

第二节　构建科学的电视娱乐节目评价体系

各电视台或机构在制定和执行具体电视节目评价体系时还长期存在一些问题，如传播力指标过重，文化价值不被重视；过于注重播后效果评价，忽视播前质量评估；忽视成本考核指标，成本控制标准落后；缺乏公认、成熟又权威的跨屏传播指标及体系；评价指标体系中新旧节目"一刀切"，没有针对节目创新性的特殊激励和包容；以自我吹捧替代文艺批评等。我们应该理性看待现有的评价体系和手段，诸如政治导向、文化表征、艺术审美等评价经常是需要在节目完成（播出）后才能得出全面结论的，可能与即时收视率没有直接关联；用任何一个体系对海量节目开展评价也绝非易事；正因为目前渠道和平台繁多，相较于过去，一旦节目出现问题，受众的反馈和批评一定更加响烈。

我们应该多方观照各种评价，从多个层面对电视娱乐节目的评价体系进行完善。

一、优化电视娱乐节目评价体系的要点

（一）坚守节目评价的基本原则

早在20世纪90年代初，中国广播电视协会（中国广播电影电视社会组织联合会的前身）在组织召开的广播节目评估研讨会上，就对开展广播节目评估的原则进行了系统阐述[①]：

---

① 中国广播电影电视社会组织联合会.中国广播电视节目评估体系研究［M］.北京：中国国际广播出版社，2018：5-6.

公开性——节目评估不能暗箱操作，评估的理论依据要让大家接受。评估的体系构成要让大家认同，评估的操作程序要让大家了解，评估结果的产生过程要让大家知道。

公正性——节目评估务必做到客观、公正、科学，摒弃个人好恶，评估工作的出发点和归宿始终要有利于广播电视节目改革和行业发展的要求。

权威性——节目评估所依托的理论和方法必须是大家所认同的科学的理论和方法。

简明性——深奥的、专业的理论要通俗化，复杂的程序要简单化，太专业、太复杂的评估程序会影响其推行和操作。

制度化——节目评估只有长期化、制度化、正常化才能降低其偶然性，提高其全面性、客观性和公正性。

一段时间的实践已经证明了以上要求的正确性，目前在新的传播形势和高质量发展的要求下，我们更要对细节进行完善，让评估工作更加科学和便于操作。

（二）找准不同类型节目的评价侧重点

以节目类型为依据建立有差别和更加细化的评价标准，有利于管理者的分类施策，也使评价结果更为客观准确。

如就电视节目的整体来说，都应有引导力、影响力的要求，但就新闻纪实、文体娱乐节目的具体功能来说区别却很大，前者要求更有时效性、精准性、政治性，后者则还要有观赏性、时尚性以及专业性。而电视娱乐领域内的专题、晚会、综艺游戏、真人秀等形态在内容样式、节奏、视听效果、制作手段、投入等方面也有各自的特征，如专题应该文雅，晚会必然热烈，综艺游戏应轻松喜乐，真人秀要有个性鲜明并出乎预料的人……不同的文艺样式如音乐、舞蹈、戏曲等，也自有不同的专业表达语汇，知音型受众的期待和看点不尽相同。

目前，各平台大都用相同的指标来评价自己播出的所有节目，如果有的指标并不适用而又占了较大分值，就会导致很难判断节目真正的优劣。例如，"思想性和社会引导力"指标对专题、晚会来说意义重大，但对戏曲音像节目就难以定论；"主持人的表现"指标在非主持人类节目中不一定适用；"新媒体的运用"指标对以老年受众为主的戏曲节目显然也意义不大。就创作者来说，在新创作的节目和编辑性的节目中投入的劳动成本也是大不一样的；日常栏目和季播节目、晚会等投入差异巨大，最终也不该用同样的衡量标准。就某类节目的特殊性而言，如作为舶来品的电视真人秀，自诞生起全球对其社会负面效应的讨论就从未停止过，而作为我国爆款综艺的最常见形态，真人秀经常以极高投入来满足受众追星、窥私的需求，从而获取超高收视率。对此，管理部门有必要在节目制作前对其规则设计和内容环节进行全面的风险评估，包括对演员的人设、劳务费等仔细核查，才能改善"内容不够明星来凑"的不良风气。在评价才艺选秀类节目时，要确保选拔标准及规则的科学性，强调德艺双馨的同时，还要警惕制作方为吸睛借助新媒体进行不良炒作。

（三）实现各评价主体间的标准互补

在实操中，不同的评价主体对同一个节目可能会有不一致甚至对立的意见。例如，普通受众和专家之间、大众与小众（圈层）之间就可能存在不同的标准。而以往更看重普通大众对节目的满意度，忽视专家学者和小众（圈层）的意见，就会容忍节目的肤浅和粗糙。

由于电视收视样本的复杂性和收视行为的随意性，尤其是调研访谈、问卷调查等受众调查方式更依赖于部分受众相对模糊的碎片记忆，必然导致节目评价不够精准。相较之下，小众即知音型受众会比看热闹的大众更具备对节目本质的认知能力，收视时会更专注，对节目品质也有更高的要求。主管领导及专家学者则能对节目的价值导向、创作理念、主题呈现、设计编排等层面展开更专业、系统、全面的评价，还能够迅速发现问题和进行预判。

因此，应该重审"多元并重"的评价结构，在新时代创新创优、高质量发展目标的引导下对不同的主体设置不同的核算权重，同时让各评价主体意见相融相通、标准互补，最终形成对节目全面、理性、专业的评价结果。

（四）整合媒体融合的传播效果

在当下的传播环境中，节目评价还必须突破单纯依赖电视端收视数据的局限，打通传统媒体和新兴媒体的受众壁垒，将互联网端的受众行为加以整合。《关于建立广播电视节目综合评价体系的指导意见（试行）》中曾将"融合力"解读为"节（栏）目和频率、频道与互联网终端、手机等新媒体的融合程度，以及在新媒体上二次传播和口碑影响情况"，这即指向了传播主体对于融媒体内容的开发和节目跨屏传播的状况。

马歇尔·麦克卢汉提出的"媒介是人的延伸"[①]阐释了媒介发展对人类感知和表达层面的延伸，而新媒体的迅速崛起也正是因为极大满足了当今人类的表达需求，"互动"成为当下新"传-受"行为的核心。因此，节目评价体系中还要引入互动参与度的指标，探究受众／用户对节目在全媒体视听范围的参与热情和接受程度，从而判断节目真实的传播力和影响力。中央电视台在2014年就将"融合力"纳入节目评价体系，并拆分为"网络影响力"和"网络传播力"两项细化指标，从"传-受"两方面评价传播效果，以应对当下融媒体传播的现实。诸如目前话题量、豆瓣评分和微博热搜之类，越发受到业界重视。

（五）构建贯穿全流程的评价机制

回望在播出后引发全社会讨论和一些价值混乱的案例可发现，不少节目在策划伊始的议题设置阶段就已经出现偏差，即一些小问题在开始没有被认识和及时解决，后续就可能引发大的失误。价值观不能只展现在策划案或汇报文件上，成为节目得以立项和播出的"保护伞"，而应夯实在具体节目环节和制作细节中。而且，对一个节目的完整评价不应只关注播出期间，更需要放眼历史与未来，既要看到节目播出的即时效果和市场收益，也要重视其对业界及社会的长期影响，还要从历史案例中获取教训，从而才能严加防范有

[①] 麦克卢汉.理解媒介：论人的延伸［M］.何道宽，译.北京：商务印书馆，2000：33-50.

可能产生的副作用或不良导向。

由此，行业应该建立一套能够覆盖立项、执行、播出及后续社会影响力等全流程、环节的评价体系，即在立项阶段，领导及专家学者要预判节目是否符合时代发展需要和平台战略需要，警示或剔除节目中不科学、不切实的设计及低效的流程安排，并通过对以往作品的社会影响力追评判断团队的素质和制作能力是否达标；在执行阶段，则需要对节目的环节、细节、流程、参与嘉宾等进行监控；在节目播出后，还要采用追评机制，总结经验和教训，从而更全面和准确地鉴别节目价值，也能警示和规范后续创作。

（六）充分发挥电视文艺批评的作用

作为节目评价的重要部分，电视文艺批评无疑是切实促进文艺发展的有效手段和重要保障。相较于调研数据，文艺批评会更加理性、细化和具体，能促使创作者更关心审美价值和社会效果，还能帮助受众欣赏、理解和把握作品。

一般来说，电视文艺批评涉及内容（文本）批评、创作者（主体）批评、受众批评、文化批评四个层面。

内容批评即将电视娱乐节目视作完整的艺术文本，对其思想内涵、艺术形式、内容题材、创作手法等专业水准展开评价。对节目内容进行完整及充分的解读是评价的前提和基础，在此基础上，评价主体需要拨开纷繁的外在表象看到节目内容创作的实质，从而提出针对性的、切实有效的评价和建议。

创作者批评主要是围绕具体的创作者或团队主创展开的评价，通过对创作者代表作进行系统而全面的考察，掌握其价值理念、创作理念、美学追求、业务能力等素质，分析创作者的真实动机与其创作内容的关系。

受众批评以受众在观看节目时的理解与认同为依据来考察其对节目内容的接受效果。此部分以接受美学理论为基础，研究传-受双方的交流与互动，拓宽节目本身的价值边界，也能够反哺节目创作，督促创作者根据受众需求对内容不断完善与创新。

文化批评则立足更高视角，主要从文化学层面分析和考察节目与社会现实、社会整体的价值导向、社会文化及审美间的互动关系，不局限于节目播出的当下反响，而是以历时性的视野评判节目的文化影响力和建构力。

综上，科学完善的评价体系应该充分发挥文艺批评的作用，大力扭转当前电视评论"软文化"的倾向，使其能够及时发现并指出创作中的不良现象、作品和观念，从而确保电视娱乐节目朝着健康的方向发展。

二、电视娱乐节目评价体系的提升路径

（一）进一步确立节目评价的核心维度

我国电视媒体具有事业和产业双重属性，这决定了电视娱乐节目评价体系的构建既要强调艺术审美和文化价值，也要兼顾市场价值和传播广度，更要突出社会效益、价值导向和公益教化，由此会具体落实到以下几个基本维度。

1.价值引导力

价值引导力是评价体系中最重要的指标。价值导向决定了节目的题材取向和创作走向，是评判社会效益的核心指标，必须放在评价的首位并占据较大比重。

就电视娱乐节目来说，价值引导力指标主要评价思想价值和文化价值，即判别节目的"三观"是否与社会主义核心价值观高度一致，是否扎根于民族优秀文化沃土，是否真实准确反映社会环境和时代精神，是否切实发挥公益、教育、服务、美育的社会功能，是否有利于人民的健康生活和发展。同时，价值引导力的评价也要符合平台自身的战略和发展目标。例如，国家大台应该站位更高，具有更广泛的包容性，并更多承担社会责任；而地方卫视或县市级电视台应强调地域特色和贴近性。

正由于电视娱乐节目价值导向的内蕴性和长期性，对其价值引导力的评价一定还要着眼于目标受众的接受状况，要考虑到不同文化和生活层次受众的不同认知和解读能力。

2.专业品质

专业品质是更针对节目创作层面、能进一步评判节目优劣的指标，而且是指引行业未来高质量发展不可或缺的指标。而节目的品质从根本上取决于

创作队伍的品质，即能创作出具有专业性的节目。

电视娱乐节目的专业性，一是体现为创作者能更恰当地诠释时代命题、展现人民风貌，深入浅出并生动有趣地表达主流价值观，坚持培根铸魂、以文育人的精品意识，创造出具有审美价值的作品。二是具有较高的文艺素养，即能够对不同艺术门类及其表达语汇保持足够尊重和充分了解，切实助力艺术家和艺术本体的长久发展。三是体现在创作团队的成员和不同工种各尽其职形成合力，对节目制作流程保持高度控制，从而形成稳定、高效、优质的艺术创作力，并能恰当运用各项高新技术和手段进行表达。

3. 制作成本

制作成本指标是为了更科学地考量投入与产出的关系。实际上，它不仅仅体现为制作经费的多少，还有一些隐形因素，如平台影响力、时段因素、团队创作能力等。

目前，成本指标的考量常在单一平台内部进行，而实际上各平台间、节目间的竞争力常与投入多少有着直接关系。当下，一档爆款节目已动辄需数亿元的投入，尤其在资本操控下，真实成本也成了商业机密，一些电视台和机构做完节目负债累累的情况并不少见。所以，国家广播电视总局提出"小成本、大情怀、正能量"，也正是对过高投入的"讲排场""讲流量""拼明星"等不良做法的纠正。

进一步明确制作成本指标，能够为不同目标、类型和成本投入的节目划清跑道，有区别、更深入地评价不同档次节目的专业水准、社会效益和市场价值，从根本上推动行业供给侧结构性改革，减少浪费，推动创作者用最合理的成本、最专业的手法制作最优质的节目，从而促进行业的高质量发展。

4. 传播力

传播力由收视率、收视份额、点击量、受众忠诚度、受众规模等量化指标组成，直接反映出受众对节目的接受程度，也直接反映节目的市场价值。

在我国，不同行政级别电视台的传播力有差异，入户率高、制作水准高的大平台传播力更强。由此，单个节目的自身传播力就不能只以绝对的收视数值大小作为评价依据，同时要理解节目排播状况，还要观照同时段其他平台节目及同类节目。目前，在新媒体上的互动讨论度也应成为评价大部分节目传播力的细化指标。

毋庸讳言，就当下电视娱乐节目的状况来说，在社会上传播最广的不一定是品质最优秀的，还要考虑猎奇和共情等因素，这又和社会状况及受众的素质有着直接联系。

5.创新性

创新性是节目生命力和行业发展能力的基本指征，而将其作为节目评价的核心指标并占据较大权重，将有利于推动讲好中国故事和具有中国特色、气派的优秀作品的出现。

2014年10月15日，习近平总书记在文艺工作座谈会的讲话中指出："文艺创作是观念和手段相结合、内容和形式相融合的深度创新，是各种艺术要素和技术要素的集成。"对于节目的创新性评价，既要观照节目选题及内容编排的层面，也要看到新技术运用、模式研发、媒体融合等手段运用的层面。

需要注意的是，当前一些节目自诩的"原创""创新性"更多是在用新技术手段来包装旧有的节目样态，这也表明了节目实质创新的艰难程度。未来的评价体系要细化创新指标及加大权重，让具有实质创新性的节目获得更多的探索和发展空间。

（二）建立电视文艺批评的舆论场

正常的电视文艺批评需要建立在创作者之间、创作者与管理者和接受者之间可以对话和探讨的机制上，否则任何批评都没有意义，而且还要建立中国电视娱乐节目的高标准，以标准为导向才能展开相对量化的评价。

高标准的建立无疑需要文艺理论系统的充实和恰当。实际上，作为全人类优秀文化成果的西方哲学思想以及文学、文化研究理论拓宽了我国学者的视野和思考维度，但同时无意识地强化了以西方理论为尚、忽视本土具有民族性和地域性的古典文论精华的思维方式。中国本有源远流长的哲学思想、文学理论、戏剧戏曲理论、绘画理论等，有独特的艺术实践成果和审美价值观，应结合中国社会状况来一并构成支撑电视文艺批评的核心理论，在此基础上适当调用西方文艺、文化研究及叙事、传播等理论，这才是切实和理性的评价思路。然后，要从有限的学术讨论拓展至社会的共通共享，获得业界重视并积极落实到实践。

目前业界有大量的研讨会，甚至"一个节目一个座谈会"，各级各类电视评价公众号铺天盖地，还有不少标榜"文艺批评"的文章也都如有模板，先介绍节目的相关情况，大肆罗列节目的亮点，歌颂制作者的奉献，而后浅层地提出问题并给出口号性建议，明显表现出价值取向暧昧的症候，只夸奖不批评，只谈过去不谈发展，还谁都不敢得罪，真实、客观、诚恳的电视文艺批评寥寥无几。其实，这样的状况无助于创作规律的提炼和指导，也无法引起业界重视，从而失去电视文艺批评应有的功能和责任。

所谓建立舆论场，就是要建立多个电视文艺批评的专业平台，要让能真正看到节目本质、问题的专家学者能够真实地表达自己的判断，并通过有效的沟通探讨来厘清各类型节目的标准线和创作重点，实现成功经验及不足教训的有效提炼和共享。当然，这也要求文艺评论群体的成熟和专业，即能看透本质、敢和能说真话，能对于电视节目中涉及的思想观念、创作手法等做出正确、真实而全面的判断。

三、电视娱乐节目评价体系的具体构成

基于上述构建原则及发展目标，在对《关于建立广播电视节目综合评价体系的指导意见（试行）》所提倡的评价标准及以中央电视台为代表的电视台内部评价体系研究的基础上，建议将节目评价分为三个阶段，即前期立项（准入）评估、节目内容及播出效果评价、播后影响力追评三个阶段，并分别采用不同的主体进行评价，以确保评价结果的科学性及主体间标准的互补。同时，对不同类型的电视娱乐节目也设置了具有一定针对性的评价指标（见表7、表8、表9）。

表7　节目立项评估表（前期）

评估主体	评估指标	分值权重
专家学者、分管领导	选题价值（思想价值，文化内涵，节目创新性、独特性）	50%
	团队能力考核	15%
	投入状况（成本预估、录制计划、播出平台及时段）	15%
	内容设计（节目模式、赛制流程设计、主持人设计、技术应用）	20%

表 8　节目内容及播出效果评价表（播出期）

	评价主体	一级指标	评价要点	节目类型			
				编辑类节目	真人秀、季播竞赛类节目	电视晚会	日常综艺栏目
节目内容评价	专家学者、分管领导	价值引导力（40%）	思想价值、文化价值	√	√	√	√
		专业品质（30%）	赛制、流程的合理性	√	√	√	√
			人物塑造		√		√
			内容的专业性	√	√	√	√
			主持人表现			√	√
			视听品质	√	√	√	√
			真实性		√		√
		创新性（20%）	内容及形式创新、技术创新		√	√	√
		综艺娱乐性（10%）	趣味性	√	√	√	√
播出效果测量	观众（视听测量）、市场调研	传播力（40%）	收视率、收视份额，观众规模，新媒体视听量，收视竞争力	√	√	√	√
		互动参与度（20%）	媒体互动量及参与度	√	√	√	√
		观众满意度（40%）	目标受众、知音（专业）型受众的满意度	√	√	√	√

注：本表包括两项测试，各占 100 分。类型评价具体指标可供选择，评价主体应根据各类型节目的实际特征进行有针对性的评分。

表9 节目影响力追评表（播后）

评价主体	评估指标	分值权重
专家学者、 分管领导、 调研机构	品牌影响力（节目公信力，对受众审美、认知的提升，对社会舆论的影响，对受众的示范教育作用）	50%
	行业影响力（对行业的启发、引领作用）	20%
	品牌影响力（品牌价值、制作投入与市场回报、品牌衍生开发）	10%
	国际传播力（海外模式输出、获得国际奖项、海外高传播力）	20%

在此需要说明的是，前期立项（准入）评估仅判断节目能否投入制作，未达标的节目需整改或停止。对节目的即时评价则由内容及播出效果结合而成。播后影响力追评应在节目播完的三个月至半年内进行，让社会效益有一个充分呈现的时间。表8、表9中各项采取百分制由不同评价主体分别进行评价，然后可按照如下公式进行核算，最后根据评价总分对优秀节目及团队给予表彰及奖励。

节目评价总分=内容及播出效果评价（内容评价×50%+播出效果×20%）+播后影响力×30%

在实操中，各电视台和机构可按照自身定位及实际情况对各指标权重进行权衡和调整，如地面台可以减少"国际影响力"的比重。考虑到内容评价工作的繁杂，各电视台应该根据实际情况搭建专家智库和线上评审平台，并将评审结果及时公布，同时要结合立足于客观公正立场的电视文艺批评对节目展开更加细化的分析和总结，以提高对现实创作及运行机制的指导性。

综上，评价体系从本质上是为实现电视娱乐节目社会效益、艺术审美、市场效益三元统一的动态保障机制。相关部门管理者、专家学者、广大电视受众都是节目评价体系中的有效主体，各方要完善内容"创作-接受-评价"的良性互动机制，促进更多高质量精品的诞生，同时促进受众素质的提升，更促进我国文化事业和电视行业的真正繁荣。

中 编

电视娱乐节目文化表达的
实践探索

第五章　电视综艺栏目的创作与文化表达

第一节　我国电视综艺栏目的概况

一、概念、类型与文化发展脉络

（一）概念

电视栏目是有固定主持人主持、内容主题明确、风格和形式相对统一、定时定量定期播出的节目单位，在承载并传递信息的同时向公众传达文化审美及人生态度。

"文化大革命"之前，电视就借用报刊术语推出了专栏节目。具有代表性的如《文化生活》，于1961年在当时的北京电视台（中央电视台前身）开播，与文学艺术有着最直接的关联，旨在普及文化知识、宣传名家新秀、开阔受众的文化视野，故在很长时间内被视为社教类节目。该节目曾在"文化大革命"期间停播，又于1977年5月恢复播出。同时期的其他文艺类专栏节目还有《舞台与银幕》《戏曲常识》等，内容多是舞台文艺节目的实况演出。

20世纪80年代以来，我国电视节目的种类和数量急剧增加，电视从业人员的采制能力也快速提高，受众更多掌握了收看节目的自主选择权。为了有序管理电视节目，满足受众收视需求，中央电视台率先施行了栏目化的管理方式。1985年出台的《中央电视台播出栏目方针、任务说明》更加具体详细地规范了节目样式、播出时间和长度，进一步推动了电视栏目化发展，并使电视创作整体产生了深刻的变革。其包含着两层内涵：一是指运作和管理机制；二是指节目形态，即将日常节目放入栏目框架并形成日常运作、播出相对固定的模式。此时的绝大部分文艺节目也被称为"电视文艺栏目"。

进入20世纪90年代后，以《综艺大观》《正大综艺》为代表的电视综艺栏目很快兴起并有了极大发展。到后来，其娱乐化倾向越来越突出，综艺栏目逐渐演变为综艺娱乐栏目，即不再是传统意义上综合多种的艺术形式，综艺的内涵外扩为实现娱乐目的的一种手段，节目中娱乐游戏成分增多，文艺表演相对减少。

目前的电视综艺栏目概念可界定为，以电视为传播媒介，充分调动多种娱乐元素使受众获得文化娱乐与审美享受，在固定的时长和名称下以日播、周播的编播方式进行系列播出的日常节目。就具体样式来说，电视综艺栏目已经延伸出多个类型。

（二）类型

1.综艺类

综艺类电视栏目以中央电视台的《综艺大观》《正大综艺》《曲苑杂坛》等为代表，主要围绕"综艺"二字展开，往往包含音乐、舞蹈、戏剧、戏曲、小品等多种样式，以同时满足不同大众群体的娱乐需求，也是电视综艺日常栏目的最初样式。

在电视节目内容相对单一的20世纪90年代早期，此类栏目收获了超高的收视率，被受众广泛认可，但后来因为节目形式缺乏互动性和参与性，热度逐渐降低。

2.游戏竞技类

随着大杂烩式的综艺表演栏目泛滥，游戏成为创新的重要元素。这类节目最早以《快乐大本营》为代表，集游戏、文艺表演、竞技等多种元素，整体节目风格轻松搞笑，尤其是具有较强的互动性，也被称为"综艺游戏类栏目"。

随着游戏的不断丰富和变化，栏目不仅邀请明星做互动游戏，而且更多地聚焦普通百姓，游戏规则设计也更为激烈且具有可看性。例如，2005年在中央电视台体育频道（CCTV-5）播出的《城市之间》以城市划分团队，或邀请不同国家的代表队成员到多个国家的城市参与趣味十足的竞技类游戏，激发了受众的收视兴趣。随后这类模式不断延伸，如湖南卫视在2008年推出了《智勇大冲关》，安徽电视台在2010年推出了《男生女生向前冲》，中央电视台也在2010年推出了《正大综艺·墙来啦》等，成为各平台非黄金档的重点节目。

3.知识竞答类

知识竞答类栏目存在已久，如以普及知识为目的的各类知识竞赛节目，开始只针对某一领域，随后逐渐开放思路，成为电视栏目的重要类型。20世纪90年代末，在国外Quiz Show（智力竞赛节目）、Game Show（游戏竞赛节目）的影响下，以中央电视台的《开心辞典》《幸运52》为代表的益智类栏目很快兴起。这类栏目通过给选手高额的物质奖励来制造悬念，同时选题设计涉猎范围极广，自然科学、人文文化、生活常识等均可以作为考题。区别于传统的电视综艺栏目，这类栏目的表现主体主要为普通人，他们以选手的身份进入节目并成为表现主体，诠释"知识改变命运"的意义。

4.才艺竞秀类

随着受众主体意识的增强，大众选秀类栏目也成为新世纪电视综艺栏目中最主要的类型。节目多为普通受众提供展示自我的舞台和完成梦想的机会，并展现了平凡人身上的闪光点。这类栏目中最著名且具有代表性的是中央电视台的《星光大道》，节目风格亲切近人，选手登台展示自己的各种才艺，以唱歌居多，有的人因此成为家喻户晓的明星。

5.速配婚恋类

婚恋类栏目曾属于服务类，但由于题材的趣味性和娱乐性，创作者也运用了较多的综艺手法，因此逐渐被视为娱乐类栏目。栏目邀请普通男女嘉宾在现场进行速配交友，在满足大众猎奇心态的同时反映社会生活中的热点话题，而且在优秀主持人的带动下时常会引来观众的笑声，代表栏目有《非诚勿扰》《中国式相亲》等。不过，由于此类题材与综艺和文化选题相距较远，这里不将其作为探讨重点。

（三）文化发展脉络

1. 开端与发展阶段

20世纪80年代以前，由于我国电视媒体主要作为新闻舆论工具和宣传教育工具[①]，文艺节目也更讲求寓教于乐。改革开放后，随着经济起飞和思想解放，人民的生活水平和精神需求发生了较大变化，文艺栏目在创办伊始就显露出更鲜明的娱乐性和平民意识。如基于地域和经济优势，广东电视台于1981年元旦开播了中国电视史上第一个综艺栏目《万紫千红》。该栏目以"月月下珠江，周周有晚会"为口号，分有"钦事趣谈""小幽默"等多个版块，其中既有反映市民日常喜怒哀乐的系列短片、喜剧小品，也有专题系列、文艺晚会，以及介绍旅游风光和人文风情的娱乐性节目、歌舞节目等，迅速受到观众的热烈欢迎。随后在全国广泛推行的栏目化则是为了更好地服务观众，如1984年中央电视台栏目化后的《艺苑之花》《音乐与格言》《曲艺与杂技》《音乐与舞蹈》《周末文艺》等也产生了一定影响力，上海电视台也开办了《大世界》《大舞台》等栏目。

1988年，中央电视台《周末文艺》中的14集电视系列节目《人与人》采用了相对固定的模块，以根据普通百姓真实生活故事编创的小品为核心，让现场观众参与评价和讨论，还有当红歌手现场演唱与小品相关的原创歌曲，几部分之间由主持人进行串联，节目深受观众喜爱。

这一阶段，电视综艺栏目仍然以彰显文艺的宣传教育功能为主，往往以传统的文艺表演为主要内容。由于栏目包含的节目数量增多，要想吸引观众就需更加注重主题性和观赏性，在文化层面上与当时的社会文化现象相呼应，同时更对应普通大众，也更时尚。而且，创作者也更多采用与观众平等的视角，内容贴近平实的生活并不断推出新作品。

2. 繁荣阶段

伴随着市场经济大潮席卷中国，社会价值转向追求经济利益最大化，个人的主体意识也逐渐强烈，大众的文化娱乐需求日趋多样化。同时，在激烈的社会竞争中，人们承受的精神压力不断增大，迫切需要更多能舒缓压力的

---

① 1980年10月召开的第十次全国广播工作会议，把广播电视界定为"党的一种富有生命力的现代化新闻舆论工具和宣传教育工具"。

节目，电视文艺栏目的娱乐功能很快得到普遍重视。

1990年3月14日，中央电视台在《周末文艺》和《文艺天地》的基础上推出直播方式的《综艺大观》。栏目遵循"综艺性、娱乐性、观赏性"的宗旨，50分钟内包含"送你一支歌""东方奇观""开心一刻""请你参加""艺术彩虹"等多个版块，涵盖小品、歌舞、曲艺、杂技、魔术等文艺表演，尤其在"请你参加"版块中还邀请观众和明星同台，让节目很快红遍全国，各地方台竞相效仿。同年4月21日，中央电视台与泰国正大集团共同制作的《正大综艺》开播，每期节目前60分钟以观众与嘉宾一起观看国外风情片并进行智力竞猜为主，包括"五花八门""世界真奇妙""缤纷世界""名歌金曲"等环节，具有很强的游戏性。之后的"正大剧场"播出海外影视剧，成为非常难得的国外作品展示窗口。

这两个栏目集知识性、趣味性、参与性、观赏性、互动性为一体，成为国内综艺栏目的经典模式，也是高雅文艺真正走向大众文化的转折典型，还带动了全国各台纷纷效仿。

3. 多样化发展阶段

20世纪90年代末，国民经济水平进一步提高，根植于市场经济的大众文化也迅速壮大，其商品化、审美日常化和形式娱乐化的特征促使电视从业者更加关注受众的需求，致力于生产娱乐性更强、平民化追求更鲜明的综艺栏目。

湖南卫视于1997年7月11日开办的《快乐大本营》栏目，就是以多个依托于明星的游戏现场竞技作为总体构架，突出观众的即时参与性，形成崭新的综艺栏目形态。其制片人汪炳文甚至认为："综艺的'艺'已不再是'艺术'或'文艺'的简称了，应该是指一个个组成整台节目的'元素'，这个元素可能是文艺，也可能是游艺或新闻。"[①]节目形成了"明星+游戏+观众参与"的新模式，带动了电视综艺大众化的风潮。

1999年，北京有线电视台播出《欢乐总动员》，节目同样集游戏性、表演性、竞技性、参与性于一身，而且其中诸多环节源自台湾的综艺。早期最著名的环节是平民参与的"超级模仿秀"，节目和几十个电视台合作选拔选

---

① 陈旭光，郝玉鑫.电视综艺节目的现状与对策［J］.艺术广角，2001（2）：26-31.

手，兴起了"模仿"热，成为北方娱乐游戏栏目的一面旗帜。

1999年，改版后的中央电视台经济频道（CCTV-2）引进英国 *Go Bingo* 版权推出益智类综艺《幸运52》，节目最早以"猜价格"为核心环节，邀请普通百姓进行智力比拼，最终胜出者能够获得丰厚奖品，支持的观众也有奖品。实际上，节目具有一定的博彩性质，还通过场外的报纸等媒体获取一定经济收益，后因争议较大而不断整改为趣味知识竞答游戏节目。相比之下，2000年7月7日开播的《开心辞典》用"家庭梦想"为口号，让选手通过生活或文化知识竞答实现全家梦想，这显然令观众更容易接受。这两档栏目很快使中央电视台经济频道大获人心，益智类综艺风行一时。在后来的发展中，这类节目的题目都在公益性、知识性和文化表达上颇下功夫，如《开心辞典》在2009年就推出国学主题系列节目。

自2000年12月18日起，改版后的中央电视台综艺频道（CCTV-3）涌现出一批新栏目，如《周末喜相逢》《挑战主持人》《综艺快报》《新视听》《艺术人生》《音乐擂台》《同一首歌》等，都加入了更多观众参与互动的内容。尤其在《同一首歌》中，节目设计直接以旧人旧歌为切入点，让观众与明星在现场产生情感共鸣，形成"万人大合唱"，由此成为当时最受欢迎的音乐类电视栏目。后来的《欢乐中国行》也提出"以欢乐的足迹，联动欢乐的城市"的栏目定位，节目包含歌舞、小品、戏曲、曲艺等多个艺术品种，通过现场娱乐互动的方式展示多个城市和地区的地域风情和文化。

同时，简单朴实、更能直接表现情感交流的电视谈话节目形态逐渐成熟，例如2000年开播的《艺术人生》每期请来一位文艺界名人，讲述自己在生活和艺术追求过程中的体验与感悟，节目展现出浓厚的文艺气质，还在一定程度上满足了观众的追星心理需求。与之呼应，2001年开播的《超级访问》将明星、娱乐、搞笑、真情等元素结合起来，活泼灵动，更适应年轻人的口味。

2001年7月9日，中央电视台科教频道（CCTV-10）开播讲座式栏目《百家讲坛》，邀请文化学者和专家演讲包含中国历史、中国文化知识的内容。为了提高收视率，节目也对文学、历史等严肃文本内容进行了一定程度的电视化和娱乐化重构，而演讲者独特的视角和解读能力也是节目的一大亮点，从而掀起一阵"文化讲座"热，也成为当今文化类栏目的重要源头。

进入21世纪，社会文化语境更加多元，尤其是以自我为中心的价值观在市场化环境中逐渐突出，受众更渴望张扬个性、享受快乐和深度参与，平民选秀类节目便应运而生，同时受到世界真人秀浪潮的影响。湖南卫视推出的《超级女声》（第一季），促使电视娱乐行业整体开启了"大众选秀"时代。2004年10月，中央电视台综艺频道（CCTV-3）推出了《星光大道》栏目，每周六19：30首播，每期80分钟。节目为全国各地各行各业的普通劳动者提供展现才艺的舞台，以唱歌为主，广泛吸纳多种表演形式，并以"擂台赛"的形式依次决出周冠军、月冠军和年度总冠军。节目最初的口号是"平凡的你，也能星光四射"，具体版块设计不仅为个人展示提供机会，也兼具文化传播的社会功能，如"家乡美"环节邀请选手展现最能体现家乡风土人情的歌曲，通过歌声带领观众了解多个民族的文化、传统非遗文化项目等。正由于富有浓郁的草根文化气质，栏目至今长盛不衰。

2012年，浙江卫视引进《荷兰好声音》（*The Voice of Holland*）打造的《中国好声音》获得巨大成功，带动国内电视季播综艺节目迅猛发展。正由于这些节目大多依靠海外成熟的模式，投入高和品质好，于是其收视率和经济效益远胜于日常化的综艺栏目。随后，季播编排及强势内容聚集成为创作者的普遍选择，导致电视综艺日常栏目极大萎缩。目前，国内极具人气的电视综艺栏目还是以中央电视台和一线卫视的极少数老牌栏目为主，这些栏目能够实现长足发展，除了栏目品牌响亮、在黄金时段播出等原因，更与栏目自身独特或过硬的内容品质及主动求新求变、及时对应大众文化的时代性转变密不可分。

二、创作特征与面临的问题

（一）创作特征

1.立足于专业性、主题性

当前，各类媒体普遍进行了专业化的转变，表现为多种媒体和各种形态都尽可能考虑到自身的优势与劣势，并向深度拓展。就电视整体而言，新闻和综艺栏目从内容到形式都有自己的个性和特点，而且都有各自的主频道。

而就日常性的综艺栏目而言，需要具备区别于其他节目形态的特质，与晚会、综艺季播节目相比各有所长，和同类栏目相比也要有独到的特色，即要找到自己的立足之地，发挥自身审美和娱乐的作用；具体内容设计不再强调"大杂烩"，而是多从专业特点出发，强调深度挖掘和个性展示，找到最适合的表现形式。换句话说，在受众具有极强的自主选择意识的当下，专业性也意味着高水平、有深度地满足需求；节目必须明确特色或专业，从而才能找到相应的受众群。如河南卫视1994年开播的《梨园春》，正是以豫剧和当地受众的参与为核心支撑屹立至今。

对于受众来说，和其他形态相比，电视综艺栏目还要更多地体现服务意识和陪伴性，即每周定期收看，与节目形成稳定的观演关系。同时为了凸显每期节目的特点，无论是《快乐大本营》还是《开门大吉》，都会注重特定主题的提炼和表达，从而也让每期节目拥有一定辨识度。

2. 充分表现大众性、互动性和参与性

20世纪90年代后，随着大众逐渐成为传播活动的中心，为了提升收视率、获取经济利益，电视综艺栏目更突出大众性，并主要体现在以下三个方面。一是节目内容贴近日常生活，例如很多优秀的小品都改编自真实的生活场景，《综艺大观》中曾经的综艺系列剧《咱们的居委会》讲述了左邻右舍间的生活趣事，在让受众倍感亲切的同时收获创作者给予的思想。二是嘉宾、选手中普通观众的比例不断上升，从《综艺大观》到《幸运52》《非常6+1》《开心辞典》，再到《一站到底》《天天向上》，综艺栏目一直注重挖掘和呈现普通人的魅力，通过他们的故事反映出不同时代中国人民的生活百态，激发共鸣。三是重视与受众的互动，从早期的点播节目、播读观众来信到后来的观众投票、抽奖，再到如今融媒体时代的跨屏互动，电视综艺日常栏目不断更新互动形式，开拓了多种沟通渠道，与受众的联系越发紧密。这不仅为受众提供了更多的参与机会，充分调动他们的参与热情，而且使栏目直接地接收到受众的意见和建议，从而对内容和形式进行调整和完善。

3. 普遍具有娱乐喜剧色彩

综艺节目的娱乐性及功能目前成为社会刚需，能让受众暂时忘却紧张忙碌的世俗生活，获得心理放松和压力缓释。实际上也有少数综艺栏目表达了疾苦，如中央电视台的《向幸福出发》，但最终的故事结局也一定是团圆喜庆的。

综艺栏目的娱乐性可以通过多种不同的方式体现，可以是主持人的幽默表现、嘉宾的风趣调侃，也可以是轻松的游戏、滑稽的表演。除此之外，栏目还会巧妙运用话题设置、悬念冲突、奖品刺激、真实表现等方式来制造笑点和亮点，达到愉悦受众、寓教于乐的目的。如《天天向上》融合了脱口秀、访谈、舞台表演、游戏等多种元素，邀请明星、民间达人、传承人来到现场进行交流和展示。其中的《中华文明之美》是节目的特色版块，最初由师徒二人进行情景剧表演来宣传中华传统文明，随后以主题系列的方式进行划分，如提供健康妙招的"妙手仁医"系列。此外，节目还立足于中外文化交流，经常邀请外国友人做客，陆续推出过"中瑞文化交流""中丹文化交流"等专场。无论什么主题，节目都是制造了快乐的氛围。

4.具有时效性和服务性

电视综艺栏目都有固定的周播时间，时效性和服务性必然构成其日常性的基本意义。

相比其他节目形态，栏目的时效性首先体现在更加注重服务意识和表达服务性的节目内容，及时为受众提供切实有效的服务性信息，如生活资讯、娱乐报道、与受众互动和沟通等。于是，电视综艺栏目应该紧随时下热点和民众关心的话题，及时更新节目内容，加强与日常生活的联系，给受众参与提供可持续的平台。同时，还可围绕各种时间节点组织内容，无论是传统民俗节日，还是现代纪念日、节气，其中蕴含的人文精神、民族情感、价值理念、道德规范等都值得深入挖掘和展现。例如，《中国文艺》曾在重阳节期间推出《最美夕阳红》特别节目，分享秦怡、游本昌等老艺术家台前幕后的故事，展现了老艺术家对生命的热忱与爱。湖南卫视《天天向上》曾在国庆节期间推出"厉害了，我的国"专题系列节目，展示我国风采；在奥运会期间关注各类体育项目，介绍体育知识，邀请体育健儿参加节目，传播奥林匹克精神。毋庸讳言，《星光大道》《非常6+1》等正是因为受众能够持续参与并成为实现价值的重要平台而获得生命力。

伴随着专业化进程继续推进，电视综艺栏目也开始追求更高水平的服务，即创作者更深入地为各层次的受众着想，不断细化服务方向，以特定的内容、形式和风格吸引各层面而又相对稳定的受众群。这主要体现在综艺与服务类节目的深度融合中，如《非诚勿扰》《中国式相亲》《喜上加喜》《职来职往》等栏目着眼于特定人群的情感、求职需求，为他们创造婚恋、就业机会，给予受众情感观念和职场价值观的引导。尤其是中央电视台的《喜上加喜》针对农村人口，走到乡村县市的现场露天进行录制，同时反映脱贫攻坚的时代人物面貌，推介地方美丽乡村的成就。此外，诸多电视综艺栏目还在努力把公益性和娱乐化有机结合起来，让受众潜移默化地接受真善美的浸润，实现人文关怀的建设和传播，彰显栏目的社会价值。

（二）面临的问题

1.投入少，制作周期短

出于对收视效应和商业价值的追求，目前电视台或制作机构的创作重心向季播节目倾斜，电视综艺日常栏目受到挤压，陷入了投入低、制作周期短、播出空间还经常被挤占的困局。

首先，较少的资金投入必然使电视综艺栏目在创意研发、流程策划、视觉呈现、后期制作等各环节都受到制约，尤其容易陷入制作粗糙的困境。于是，有不少电视台干脆尽力效仿现有的成功节目，又导致同质栏目的泛滥；还有的节目甚至成了一场场明星通告，或为了牟利成为广告载体，这些都会使受众厌烦。

其次，电视综艺日常栏目大多为周播，制作周期比较紧张，哪怕是好几个团队，栏目导演也要在短时间内完成上报选题、邀请嘉宾、撰写台本、现场录制、后期制作等工作，所以在节目呈现上大多以简单的人物采访、歌舞表演为主，难以完成复杂的节目设计。而且，电视综艺栏目的制作需要调动和协调多个部门和人员，有些栏目为了让各工种尽快熟练配合而设计流水线式的工作流程，导致栏目长期桎梏于单调的模式之中。

再次，参与者故事短缺，导致内容相似度高。专业的嘉宾参与无疑会保证基本的专业水准，也利于为受众普及文化艺术知识和示范，但这显然也对嘉宾的综合素质提出了较高的要求，即他们不仅要具备过硬的艺术素养和优秀的表达能力，还要拥有独特鲜明的个人风格和一定的知名度。因此，符合电视综艺日常栏目要求和档期的嘉宾资源极其短缺，可能导致相同嘉宾频繁出现在多个栏目里，不仅容易造成受众的审美疲劳，而且容易使各栏目的特色混淆。此外，普通人的使用往往是要通过个人故事引发广大受众的共鸣，然而想要在短时间内找到并呈现出能够打动受众的普通人并非易事，由此栏目又容易落入夸大事实和过度煽情的套路中。最终在悲情主义的引领下，普通嘉宾、选手的经历显得异常类似，爱和梦想的主题逐渐落入俗套，导致栏目整体令受众感到千篇一律。

2.定位粗浅，难以树立品牌形象

目前，大多数电视综艺栏目普遍追求大众定位，试图最大限度地满足最大受众群体的需求，于是在语境和表达上也都显得肤浅。例如，对文化及艺术样式的表现经常停留在故事化演绎、基础知识讲解以及游戏打闹上，在技巧或工艺、艺术风格、内涵表达上都还没有达到文化应有的高度和深度，无法精准捕捉特定群体所关注的社会热点和时代潮流，远远不能满足知音型受众的需求。还有一些栏目纯靠竞技游戏支撑和串联，各种普通受众都能报名参加，节目就成了周而复始的"走过场""大杂烩"和"一勺烩"，从而丧失内部发展动力。

3.互动和选择难以实现，年轻受众收视热情减退

互联网技术和新兴媒体的快速发展给电视综艺日常栏目带来巨大挑战，同时带来互动方式的改变，即越来越多的人倾向于在参与感、互动性更强的新媒体平台点击观看节目，弹幕的方式在年轻人中十分普及。而且，他们往往因为生活和工作压力不可能定时收看节目，一旦点击收看也喜欢采用倍速。

当下，电视综艺栏目不仅面临着季播综艺的压力，更有单向传输带来的局限，这在一定程度上难以吸引年轻受众。而一些综艺栏目依然遵循传统的播出方式，受众大多为中老年群体，便很难在当下形成较大影响力。

第二节　电视综艺栏目的文化表达与传播策略

一、文化表达策略

在日趋激烈的市场竞争中，在受众主动选择性强且分众化、圈层化日益显著的趋势下，电视综艺栏目必须直面自己的处境，理解媒体环境，即在资

讯渠道发达的今天，受众能很快找到最优秀的节目，并不在乎它在哪个频道播出，那些品质低下、影响力过小的栏目往往是徒劳。如果水准太低，投入上又难以为继，不妨采取精办思路——集中精力和投入打造最具特色的栏目。而立足于中国优秀文化元素和美学精神、以不断挖掘新的文化选题和圈层来落实特色和创新性是相对容易达成的路径。

从原则上讲，电视综艺栏目要坚持守正创新、坚持"内容为王"，把原创力作为提升栏目质量以赢得市场竞争的根本动力。但就具体定位来说，不该让所有栏目都包容大而全，而是要根据自身媒体环境以及所属电视台和频道的特色、目标、投入、受众需求来制定，有大有小、有高有低，各司其职。

（一）依托平台特色布局，以文化彰显媒体气质

在中国电视频道蓬勃发展的过程中，电视台和频道品牌的建立与具体栏目的定位、核心理念有着相互支撑的关系。例如，面向全球播出的中央电视台中文国际频道（CCTV-4）自2006年改版以来便确立了"传承中华文明、服务全球华人"的频道宗旨，并制定了新的战略目标——构建全球华人共享的平台，即"负责的大国话语表达输出平台，中国发展与机遇全面展示平台，中国文化崛起的主流传播平台，全球华人情感共享与交流平台"[①]。实际上，用文化引领综艺栏目布局对该频道的形象树立和发展起到了直接推动的作用。

该频道的栏目不多，但都紧紧围绕中国文化在国际视野下的表达。例如，《中国文艺》综合了内容欣赏和幕后解读，致力于将中华艺术精品介绍给海内外华人；《中华情》选择具有中国文化内涵的场景和艺术样式，同时采用更加新颖时尚的内容和方式来适应国际电视潮流；而《远方的家》作为专题栏目，则在旅行中展示中国的自然人文之美和中国人眼中的世界之美；其他典型的文化类节目还有季播专题系列《乡愁》、中秋晚会等，诸多内容形式各异的节目形成文化表达矩阵，共同起到彰显中华民族文化自信的导向作用。

事实上，各省级卫视及地面的栏目设计也应同理，尤其是地域文化是地

---

① 才婉茹.CCTV-4大动作大力度全新改版［J］.当代电视，2006（3）：80.

区综合实力和竞争力的重要组成部分，也是铸就各地频道气质的重要支撑。而且，地方电视媒体也应该承担起提升受众文化素质和修养的责任。因此，地方文化应该成为日常栏目选题的丰厚资源，每个地方都有丰富的历史文化，更有特色艺术样式和文化人物的存在，都具有一定的观赏和传播价值。而一些优秀的地方文化节目也起到了彰显平台特色魅力的作用，如《梨园春》的坚守使河南卫视气质独特，而《歌从黄河来》为山西卫视提升了美誉度。

（二）文化定位精准，努力打造精品

在当今环境下，电视综艺日常栏目要想具有一定影响力，往往要形成品牌，成为电视台和频道的核心支撑。但事实上，不可能让每个栏目都成为品牌，尤其是小栏目，更以文化特色取胜。也正因如此，栏目的文化定位是创作的根本问题，而其文化领域、层面、档次的确定，与目标受众的特征有直接关系。以目前中央电视台综艺频道（CCTV-3）的日常栏目为例，其核心受众大多是具有固定收视习惯的中老年人，于是无论是《星光大道》《开门大吉》还是《向幸福出发》《幸福账单》，都注重呈现他们所习惯的传统文化观念和习俗，表现他们最关注的家庭、亲情、爱情和人生理想主题，并表达他们期待的、能促进社会稳定和发展的幸福观、道德观和价值观，同时表现他们喜闻乐见的才艺表演、益智游戏、现场访谈等，内容与接收者之间形成良好的需求与满足平衡的状态。

当创作者要在激烈的市场竞争中开辟创新之路时，则应该在充分调研的基础上根据目标群体的文化层次、爱好、习惯和需求深耕垂直领域，即可针对不同的圈层制定文化表达范畴和方式。

特别就地方台的栏目来说，要更注重对地方文化内涵的深度挖掘，营造纯正浓厚的本地文化氛围并吸引当地受众的深度参与。划定范畴和目标之后，各地各层级的栏目就都有发展空间。继而，具体创作中最大的困惑已不是选题，而是创作者的表达水准和节目影响力，曾经那种横扫全国的栏目会极为少见，只会出现在几个能有较高投入的平台。就受众来说，越是知音型受众，对节目的专业性和品质越有更高的要求，这也是戏曲栏目有着相对稳定的收视群体和忠实受众的原因。

（三）与多种节目形态呼应、配合

在形式和编排上，综艺栏目在原则上也要尽力积极创新，即通过有趣又独特的环节设计、精致的视听呈现、尽可能及时的互动来凸显栏目个性。但同时要懂得，目前的各种节目形态中，日常栏目具有最深度的服务性。相较于需要在单位时间内快速聚拢关注的季播节目、晚会等，日常栏目往往细水长流，以服务性、时效性和陪伴感培养起受众对频道的信任和依赖，可以最及时回应受众需求。尤其综艺娱乐栏目更凸显日常陪伴功能，于是无论题材还是风格都可以趋向相对平和，而可以将较为重大的内容放入季播节目、特别时期的晚会等，诸多形态应该形成互补关系，而并不是目前很多人以为的对立和竞争的关系，应该相互扶持、融合和转化，最终达成良性发展。

尤其是与季播节目相比，一方面，电视综艺日常栏目的播出时间、格式是固定且有序编排的，每期节目的具体内容不尽相同但相互关联，栏目制作团队一般可以分为多个小组轮流负责每期内容；经过一段时间的历练，节目创作能力逐渐成熟，就为创新优质的季播节目提供更多可能性，即日常栏目可以成为季播节目的孵化器，不断孕育、培养新的节目形态、制作团队与综艺明星，同时为优秀季播节目的选题、选手资源等进行储备。另一方面，日常栏目可以借用季播节目的相关资源，推动原创内容迭代更新，探索不同文化及样式的跨界融合，或从中细分出更多垂直领域等。

同时，综艺娱乐栏目要应对节目季播化的影响，可以通过特殊的主题或样式，或打造媒介活动以巩固自身地位和扩大影响力，正如湖南卫视的《快乐大本营》就常在暑期档打造特别企划，既不断吸纳新鲜的节目模式并推动环节创新，也让忠实受众不断获得新鲜感。再如中央电视台中文国际频道（CCTV-4）的《中国文艺》（日常版）多播出编辑性的内容，周末版则于2014年底推出"向经典致敬"系列，邀请德艺双馨的老艺术家来到节目现场，通过访谈、表演和外拍短片等向老艺术家和经典的文艺作品致敬，这无疑是栏目的非日常化操作。也由于该栏目面向国内受众和全球华人，其中不乏民族化和国际化视野的融合，不仅包容我国文艺面貌，也展现了中国时代巨变，最终成为立得住、传得开、有温度、留得下的文艺精品。

二、传播策略

（一）拓宽传播渠道，巩固和培养忠实观众群

在融合发展、立体多样的现代传播体系中，电视综艺栏目必须借助新媒体平台拓宽传播渠道，实现从单向传播到互动传播的转型。

首先是努力实现节目内容的多渠道传输，让受众能看到节目。让受众不仅能够同步观看直播节目，还能点播栏目的版块或片段内容，即适度将节目视频进行碎片化处理，在新媒体平台实现节目的二次传播；有能力的栏目还可以把幕后故事或花絮放到网络平台，如《中国文艺》就曾在新媒体平台直播录制现场的幕后状况，深度满足知音型受众的需求。其次是可以尝试依托新媒体平台的丰富互动方式，如可以通过扫描屏幕上二维码的方式让受众实时参与节目互动，在微信、微博等新媒体平台发布热点话题吸引受众参与讨论等，使节目热度持续增强，提升栏目的影响力和商业价值。

实际上，传播渠道的开拓会让受众在节目的选择上拥有更多的主动权，因此忠实度比之前更难保持。于是，电视综艺日常栏目要想留住受众，就必须以高品质和精彩的内容为核心吸引力。同时，创作者必须学会利用新媒体的开放性、交互性和数字化的特点，根据话题热度、视频的浏览量和点击量等多维度数据表现快速了解受众的喜好，依据受众的反馈及时更新内容、完善栏目，以获得受众的信任和真心投入，最终才能真正实现"大屏带小屏、小屏回大屏、多屏联受众"。

（二）与其他节目形态互相配合

在具体传播手段上，日常栏目要逐渐形成从节目制作、宣传营销到盈利创收双赢的完整链条，而且应该借用季播节目、晚会的嘉宾、选手资源、话题等，以平台或频道整体利益为目标，与多种节目形态借力和互助，进行配合、互动式宣传和营销，实现多方互利互惠。

总之在收视市场竞争激烈的时代，各种节目形态要确认自我价值。其中，

电视综艺栏目有利于培养和维护忠实受众，支撑频道运行，持续引领文化价值；电视综艺季播节目、晚会则有利于大力提升频道的创新性，扩大频道的品牌影响力和知名度。因此，电视台要对频道资源进行合理规划和调配，以日常栏目为横轴、季播节目为纵轴，形成立体而有效的节目布局，所有节目点面结合，最终联合起来实现传播效应的最大化。

第六章　电视真人秀的创作与文化表达

第一节　我国电视真人秀的概况

一、概念、类型与文化发展脉络

（一）概念

电视真人秀的中文译名源于电影《楚门的世界》（*The Truman Show*）的英文直译。这部美国电影讲述了主人公楚门生活在被电视导演设计好的情境中，一切生活行为都被拍摄下来呈现给电视观众。影片看似讽刺了电视节目制作行业，但也表达了关于命运的思考，其中表现的节目内容和制作手法充分展示了真人秀节目的本质特征。从影片中还可看到，作为一种电视节目类型，真人秀在20世纪90年代末就已经进入大众视野并引发社会讨论。

早在1992年开播的美国《真实世界》（*The Real World*）①和日本电视台的《前进吧！电波少年》②，已经从内容设计到拍摄手法都体现了电视真人秀的特点，即在人造情境中体现"真人"的"秀"。随后，《老大哥》（*Big Brother*，荷兰，1999年）和《幸存者》（*Survivor*，美国，2000年）两档节目的成功，

---

① 《真实世界》是一档记录拍摄7个陌生人在同一屋檐下生活的电视节目，7个陌生人在生活相处中的矛盾冲突成为节目的重要看点。

② 《前进吧！电波少年》挑选两名陌生的年轻人来到陌生的国家，在有限的物资条件下，通过不断完成任务到达最终目的地。

引发了业界对真人秀的高度关注。节目创作者越发熟练地利用规则和情境设置强化节目的叙事性和戏剧冲突。

电视真人秀是记录参与者在节目规则制约下，在人为设定的场景和一个较长的周期内完成某一目标或者展现其生活状态的真实过程的电视娱乐节目。

（二）类型与文化发展脉络

电视真人秀作为一种节目类型，主要指向其制作手法的相对稳定性。对其内部一般通过题材、形式、表述逻辑等进行划分，如生存竞技类、才艺竞秀类、生活体验类、游戏类等，也可以从选题角度分为亲子类、音乐类、舞蹈类、旅行类、文化类等，而且随着实践的发展还将不断有新的细化方向。

在我国，创作者们对电视真人秀的认识经历了从学习和借鉴到融合创新的过程。在不同的发展阶段，节目也展现出不同的文化特性。

1.开端与发展阶段

（1）真人秀引入国内引发文化争议

1994—1995年间，英国制片人查理·帕森斯（Charlie Parsons）构思了"幸存者"的创意，但并未落实制作。1997年秋，瑞典一家电视制作公司获得了"幸存者"版权，制作了真人秀《鲁滨孙探险》（*Expedition Robinson*），由于题材形式新颖，节目迅速引发轰动。美国CBS（哥伦比亚广播公司）随即购买版权，并于2000年5月推出闻名世界的《幸存者》（第一季），节目创下多个收视纪录，获得巨大的收益。该节目模式是多名选手分组在室外（荒岛）挑战极限，争夺最终高达百万美元的奖金。很快，中央电视台争取到节目播出权，在去掉一些价值观不当的部分后突出了"生存挑战"的特点，并大大压缩时长在《地球故事》中作为纪实节目播出。

1996年，广东电视台在电视栏目《青春热浪》中推出专题节目《生存大挑战》，让大学生参与者利用有限的经费独立从广州到佛山，并要在行程中解决各种突发的问题。2000年，《生存大挑战》变为单独的电视节目。此后，国内各大电视台都争相推出电视真人秀，如多家电视台联合制作的《走入香格里拉》、中央电视台的《欢乐英雄》、贵州电视台的《峡谷生存营》。

以《老大哥》为原型的室内真人秀也被引入国内，其核心为十余名选手在封闭的环境（特别设计的房子）中完成各种任务和竞赛，并通过提名淘汰室友，最终留下来的"房客"获得大奖。2002年，湖南经济电视台推出了同类型的真人秀《完美假期》，但因选手为获取奖励而在节目中拉帮结派、钩心斗角的现象对社会造成了负面影响，节目被停播。

实际上，中国电视尽管在《幸存者》和《老大哥》的带领下开启了真人秀的发展篇章，但因东西方的文化有着极大差异，于是节目未能广泛进入受众的视野。个人主义契合了西方文化背景下的大众价值观，以追求个人利益最大化为目标而导致的竞争与矛盾成为国外电视真人秀的根本看点，而这恰恰与中国的社会现实和文化传统不符。正如《生存大挑战》《走入香格里拉》等节目的制作者陈强所言："美国的游戏规则充分挖掘出人性自私、阴暗的弱点，让参加者互相倾轧、钩心斗角，最后的胜出者不是战胜困难的英雄，而是合纵联横的阴谋家。"①这样的内容不能被中国传统的文化价值观所包容。在传统儒家文化熏陶下的东方电视受众眼里，个人主义过于极端，不应该在大众媒体上展现。于是，这一时期国内真人秀以生存竞技类为主，且不得不弱化节目的竞技性和淘汰机制。

（2）才艺竞秀类真人秀催生草根文化

2004年以来，以《美国偶像》（American Idol）为代表的才艺竞秀类真人秀在世界范围内陆续出现，《超级女声》使电视真人秀在中国取得广泛关注并引起全民热烈讨论。

2004年《超级女声》节目口号为"想唱就唱，唱得响亮"，不仅为普通大众提供展示自我的机会，更赋予普通大众投票决定选手去留的权力；还采取边直播边发大额红包的形式打造"社会事件"，以热闹非凡的"平民造星"运动把全民娱乐的精神推向高潮。2005年《超级女声》的海选报名人数达15万，形成才艺竞秀类节目在中国发展史上的巅峰，低门槛的选手条件设置也将它与传统专业比赛节目区分开来，以实现真人秀"造星"的最终目的。节目决赛阶段设立的投票机制包括观众短信投票、评委投票

---

① 真人秀《走入香格里拉》强势出场［N］.羊城晚报，2001-08-04.

和选手之间互相投票，由此也可以看出，这并不是基于表演的专业性，而是通过犀利的评委点评、选手之间的互相投票来制造矛盾冲突和展现人性。除了舞台表演，节目还着重展现选手的生活环境、人生经历、家庭关系，以塑造更为真实、立体的人物形象，尽力让每一个选手都有自己的个性和故事。

与传统的才艺竞秀类节目相比，才艺竞秀类真人秀关注选手在比赛周期内的成长，重视人物的性格和成长故事展现，力求通过塑造立体的真人形象来获取共情或好感，实际上是要赢得受众对节目的关注和投票。正由于节目重点不是才艺的专业性，最终选出的比赛获胜者也不一定是专业能力最强的，但一定是受到最多受众喜爱的。

才艺竞秀类真人秀强化"零门槛""海选""全民造星"等概念，以吸引受众的最大参与和互动，一时间各大电视台都竞相推出同类的节目。此时具有代表性的如中央电视台的《梦想中国》、湖南卫视的"超女快男"系列、东方卫视的《我型我秀》等，多档节目联手开启了内地选秀节目风潮以及粉丝主导节目的时代，体现出商业文化、粉丝文化和偶像文化的融合。

事实上，此阶段这类节目的大火也没有把真人秀概念深入推向大众，一方面是节目创作者对真人秀的理解和执行理念不同，另一方面节目更让大众沉迷于"造星""造梦"的情境中，而忽略了对真人秀本身的审美体验。而且，真人秀本身的窥伺和考验人性的特点也一直是其饱受争议和发展受限的原因。

如果说西方真人秀展现的个人主义不被国内受众接受，那选秀节目让平民实现梦想的主题显然要比单纯拿奖金值得提倡。因此，真人秀不断降低参与门槛、更强调参与度和互动性、给老百姓展现才艺的舞台和实现梦想的机会并让大众投票选出冠军，成功促使原来的专业比赛变得更平民化，在电视上兴起了草根文化潮流。例如，2003年上档的《非常6+1》、2004年开播的《星光大道》栏目也都借助真人秀元素搭建草根明星的舞台。讲述梦想实现或逆袭成功的故事大行其道，这类节目获得了庞大的受众群，也产生了极为广泛的影响。

随着同类型节目的扎堆、恶性竞争造成更多不良的社会影响，以及短信投票的方式被禁止，大众的参与热情有所下降，这类真人秀在国内的发展速度减缓。

2.繁荣阶段

（1）大型户外真人秀引发对明星的关注

2013年，各大电视台开始重视真人秀，并争相从韩国购买模式版权，认真学习节目的拍摄制作方法，并推出一系列节目，其中以大型户外游戏类真人秀为主，如浙江卫视引进韩国综艺节目推出的《奔跑吧兄弟》，之后东方卫视迅速推出了《极限挑战》，湖南卫视引进日本模式推出了《全员加速中》，等等。

值得注意的是，这一阶段国内引进的韩国节目模式与发端阶段学习的欧美模式有着很大的区别。一方面，韩国和中国的文化有很强的相似性，韩国版《爸爸！我们去哪儿？》《花样青春》等体现了亚洲文化背景下的家庭观念；另一方面，韩国综艺注重培养受众对艺能的重视和审美习惯，更切合中国受众从经典综艺中已养成的偏好，于是韩国模式的中国本土化更容易成功，令真人秀进入真正的繁荣阶段。

然而，大型户外游戏真人秀节目层出不穷，又逐渐形成同质化竞争，而且部分节目过度追求游戏的惊险刺激性，甚至因录制事故而引发争议。由此，形式和题材更多样、更能展现文化内涵的生活体验类真人秀兴起。

（2）生活体验类真人秀与慢综艺的兴起

2015年7月，四川卫视播出的《咱们穿越吧》是引入的韩国模式中具有明确体验意识的真人秀。节目中，主持人带领明星们"穿越"到一个个重塑的历史场景，进行实景体验。2017年1月，北京卫视播出的《非凡匠心》也是以文化体验为核心理念，每期也由主持人邀请明星一起寻访中国传统制作技艺的代表人物。

在大型竞技和生活/文化体验的转型之间还曾经有一个典型节目，那就是中央电视台综合频道（CCTV-1）于2015年12月播出的《了不起的挑战》。作为韩国综艺节目《无限挑战》的引进版，节目定位为明星户外励志体验真人秀，让明星们深入国内多个行业，切实体验普通劳动者的工作和生活状态。不过，因为节目与频道目标受众的日常关注点不符，尽管品质不错，却并没有达成预期的效果，而且由于游戏任务的刺激性和日常生活体验之间具有矛盾性，容易产生调侃生活疾苦的感觉。

随后，生活体验类真人秀逐步成熟并形成一定特点，即要记录人物在规定情境中较长时间内的行为表现；与竞技游戏类真人秀相比，这类真人秀具有更明确的生活情境，尽管也包含游戏，但更具生活氛围，弱化竞技成分，不突出激烈的戏剧矛盾，不追求快速的叙事节奏，让受众的状态变得更趋于平稳，进入一种"慢"的状态。后续的一些节目则很快引发了"慢综艺"的概念。

实际上，"慢综艺"的概念在《爸爸去哪儿》中就有所体现，因为有的幼儿不适合激烈的行动设计，且父子感情的表现需要温馨的氛围，节目节奏自然就慢了下来。而"慢"的因素也对创作者提出更高的要求，节目表面上节奏慢，内容却依然要吸引受众。因此，创作者对真人秀的题材、人物设定、情境设置都进行了更精细的设计和抓取，努力使节目内容不失娱乐性和趣味性，且因为孩子成长的需要，自然更具有文化内容以及社会价值。同时，节目拍摄上更追求画面质感的优美和清新，场景遍布国内外，在展现各地优美景色的同时展现了风土民情、文化景观。

让受众明确感受慢综艺的是湖南卫视在2017年1月开播的《向往的生活》，内容主要围绕几位明星前往农村的短暂生活展开，这对生活在喧闹而又繁杂都市的受众来说无疑是一种内心期待的满足，尤其是让缺乏生活体验的年轻人具有强烈的新鲜感，一时间引发热议。同年10月，湖南卫视又推出经营体验类真人秀《亲爱的·客栈》，让明星们经营客栈，体验不同于拍戏的慢节奏生活。这两档节目所表现的生活场景和理念备受年轻人喜爱，甚至直接影响了他们的人生观和价值观，于是都持续了多季。

以上提到的慢综艺参与者大都是明星，因为明星的职业特性更能引来受众的注意力。但如果让普通人进行类似的生活体验，显然就会缺乏吸引力。因此，为了让这类节目看点更突出，一些创作者还引入明星观察团，由此观察类真人秀兴起。2018年8月，《心动的信号》在腾讯视频上线并走红，让人们开始注意到观察类真人秀。2019年1月湖南卫视开播的《恋梦空间》、2019年1月浙江卫视开播的《遇见你真好》、2019年9月江苏卫视开播的《我们恋爱吧》，这些真人秀都请来明星组成观察团，对普通人的恋爱体验进行观察评论，展现并引导当代年轻人的恋爱观及行为。

在恋爱观察类真人秀成为热门的同时，创作者也开始积极拓宽题材。湖南卫视于2018年7月开播了定位为"亲情观察成长励志节目"的《我家那小子》，节目邀请长辈在演播室内观察年轻一代的生活状态，在代际冲突之中展现不同的生活观，引发受众共鸣，也具有一定的社会意义。于是，湖南卫视乘胜追击打造"我家"系列，接连推出了《我家那闺女》《我家小两口》。此外，腾讯视频于2019年10月播出了律政职场观察类真人秀《令人心动的offer》，邀请明星观察新入职场的实习生们的工作实况，展现了当代年轻人的择业观和职场文化。

至此，创作者们也在诸多展示人际关系的慢综艺实践中自然养成了从多种文化角度入手拓展节目题材、完善内容表达的意识。例如，《爸爸去哪儿》以父亲是家庭栋梁为主题，这体现的正是中国儒家思想中的家庭观、性别观，因此引发社会性探讨与共鸣；湖南卫视2017年7月播出的《中餐厅》向海外推广中国饮食文化，北京卫视2018年11月开播的《上新了·故宫》展现历史文化等，都是通过深度展现中国传统文化激发出受众的文化认同，进而获得良好的口碑和传播效果。

（3）才艺真人秀的品质大提升

多年后才艺竞秀类真人秀的复兴，已不再依赖所谓"零门槛"参与和投票互动，而以才艺的专业性为支撑。以浙江卫视于2012年7月开播的《中国好声音》为例，导师盲听转椅的设计和导师率团对战的模式让节目规则更具有游戏性和竞技性，同时更注重每个选手的歌唱实力和人生经历，即让每个选手都带着故事歌唱，增强了节目的专业性和戏剧性。而湖南卫视2013年1月开播的《我是歌手》（后更名为《歌手》），以全明星阵容为竞赛主体，以实力派和专业性为口号，以高手较量为核心看点。

在此要特别指出的是，这两档节目都有极高的投入，以最专业的音乐制作、高质量的现场乐队、一流的音响设备为支撑，不仅使音乐本体和歌手的专业实力得到大众的追捧，更赢得了知音型受众的认可。而且，二者也展示了当代中国流行音乐的风貌，为推动中国音乐发展及提升电视音乐节目的制作水准做出了巨大贡献。同时，节目的录制方式更是凸显真人秀特色，几十个机位被安置在舞台、歌手的休息室、台口通道等各个位置，歌手表演及前后的反应都被真实呈现在受众面前。由此可见，创作者们已经懂得如何运用最先进的制作方式，令此类型节目的创作实现更新换代。

除此之外，近年来诸多节目对才艺的设定更加细分化，可以从某一种歌曲类型、舞蹈类型为切口，深入展现小众艺术和亚文化领域。这依托于青少年受众日益增长的亚文化需求，也离不开国外小众文化在国内的落地推广。而且，中国的年轻受众一直对这些新鲜的文艺类型充满了好奇心，创作者也在各种潮流文化中持续尝试探索更多的文化及艺术类型细分，并通过真人秀的理念和方法进行艺术加工，在促进文化融合和交流的同时丰富了电视媒体中的文化类型，展现了文化多样性。不过在电视媒介中，也正因为这些内容具有一定的小众性，所以也很难引起大众群体的热烈关注。

二、创作特征与面临的问题

（一）创作特征

1.人物的真实性——非表演

电视真人秀所展现的是真实的人物性格，即便是明星，也不是扮演某个虚构人物形象，而且人物真实个性需要在相对较长时间的状态中才能展示出来，于是节目需要一定的活动和制作时间。一旦受众认为真人秀中的人物是在表演，那节目就失去了真人秀的核心特性。因此，制作者应该通过各种手段使人物在节目中展现出真实的反应，尤其是人物平时不轻易显露的一面。

2.规定情境

电视真人秀的叙事是在人为设计的规定情境中进行的。情境的规定性有两层含义：一是以真实情境取代演播空间的概念，在时间或空间上为真人秀的叙事建立背景，并为参与者创造表现空间。不过，所谓真实的环境也经常需要人为加以改造或限制。二是情境的规则性和目的性，这在节目中往往体现为限定参赛者的行为、动机或目的，以奖惩机制激发其表现力，甚至造成强烈的矛盾冲突来制造纪实内容的戏剧性。

3.纪录式拍摄

电视真人秀的制作视角不同于常规综艺节目的多机现场切换，而是主要通过多机单挂记录的手法和后期剪辑来实现叙事目的，特别是为受众带来一种窥伺式的视角，以营造节目的真实氛围，也便于选手摘下面具、表现出真实性格。比如，《老大哥》通过在屋内架设几十个隐藏式摄像头的方式来进行拍摄，一方面尽可能让参与者忽视摄像机的存在，更真实地展现自己；另一方面也为受众提供全面而又多视角的观看体验。

（二）面临的问题

目前为了规避风险，真人秀基本上都处在娱乐节目领域，即利用真实素材进行二次创作来完成戏剧性设计，最终以制造娱乐效果来满足受众的需求。而在西方文化背景下，特别是当电视媒体作为商业媒体时，真人秀不一定是娱乐节目，但一定是最典型和有效的广告载体，于是创作者为获取更大的收视效应而不断增加娱乐的刺激性，经常采用极端手段激发选手的表现，甚至以突破各种底线为看点。但在国内，不论是媒体属性还是受众的接受度都无法容忍突破社会底线的做法。

因此，如何从国情民情出发，保证节目内容的健康和正面效应、把握娱乐尺度和实现文化价值导向，是国内真人秀创作中的根本问题，也是难点和容易出错的地方，需要创作者对节目元素及表达、社会状态、受众的理解力进行深刻的研究和认识。而就目前创作队伍的状态看，大部分创作者对于以下方面的认知都有欠缺。

1.创作者对节目本质认识不清

国内的真人秀无论是引进版权、模仿品还是原创，其对元素认识不清或运用失度的问题在所有娱乐节目中最为突出。实际上，真人秀尽管节目是一种记录，但一定不是真实生活的直接呈现，而是选手处在被创作者设计的时空里，内容必须要比真实生活更精彩、更富有戏剧性；选手的状态也一定不是日常的表现，而是会被规则激发出一些失控、特殊甚至反转日常的状态。就受众来说，观看真人秀时经常是在满足一种对他人真相或状态的窥视欲。这才是这类节目诞生时的本质，真人秀也正因此常被看作人性实验品，即这类节目与生俱来就带有不健康的基因。

例如，2001年美国福克斯电视网推出的《诱惑岛》，节目将4对情侣放在小岛上生活，同时邀请其他单身的男女在岛上分别"诱惑"这些情侣，这无疑就是以刻意破坏恋爱关系为看点。节目一经推出就饱受争议，一方面在道德层面显然不能被认可，但另一方面节目采用的极端元素的确可以博来大量眼球，以获取不菲的经济效益。实际上，国外的真人秀大都包括性、暴力、政治、争斗等元素，也经常是靠挑战道德和人性底线获取高关注度，只是制作者会尽量将其控制在合法范围内。

目前，不少国内的真人秀为了规避政策管控和争议而主动采取一些做法，继而造成与真人秀属性的冲突。

（1）过多依赖明星元素

真人秀的诞生之初多是以普通人作为实验品，靠有争议的规则来制造大尺度元素，如果照搬，难免对社会带来负面影响，于是国内的此类节目往往依靠明星来提升看点。

纵观全球的真人秀创作，国内的明星元素使用比重是最大的，而近年来对明星参加综艺的争议几乎也都来自真人秀。明星本身的公众影响力无疑对节目传播有着推动的作用，而且他们都有粉丝群体，必然能拉动收视。明星自身也达到了增加曝光度的目的。但当许多节目将关注点过多地放在明星身上时，一系列的负面效果就产生了，例如，粉丝群体更多关注明星本身，一些极端粉丝对节目的核心内容并无太多感受，甚至对其他参与者有排斥倾向；本应是双向的良性成全反而形成恶性循环，节目方由于内容得不到关注而口碑下降，明星由于在各类节目上的频繁曝光让受众产生审美疲劳；由于明星资源有限，节目方为了争夺炙手可热的明星纷纷开出高价，导致明星的薪酬不断升高。对于成本有限的节目来说，流量明星所需的花费在制作经费中占很大比重，导致节目内容呈现缩水；一些慢综艺节目甚至就是拼明星，节目创作和表达都本末倒置。

另外，刻意设计明星炒作的问题在真人秀中也最为严重。最常见的是将节目中关系普通的男女明星配对组成"节目情侣"来制造绯闻，使得双方的粉丝群体都不满甚至形成对立的势态，甚至亲子类真人秀中也出现了用孩子之间懵懂的情感做文章的内容。这不仅对参与者自身造成伤害，对社会也产生了不良影响。

目前因为政策的引导，不少真人秀明面上号称表现乡村美好、职业体验或亲情等，但实质上还是紧紧依托明星元素，一些慢综艺更时常有偷窥明星生活的嫌疑。

（2）奖励机制的隐形化

无论是《幸存者》还是《老大哥》，大奖成为真人秀选手竞争的普遍动力和目标，奖金数额越大，参与者就会越不择手段，节目内容也更刺激。设置较大奖励是真人秀得以成立的基础，很多益智节目也因此才备受关注。但对国内选手和受众来说，一旦以金钱利益为终极目标，就很容易造成价值观的失衡，因此设立高额奖励的方式被政策明确阻止。于是，近年来不少节目选择了"隐形奖励"，诸如"出场费""流量""粉丝数""C位""曝光度""上热搜""改变命运""获得机会"等成为明星和选手参与的真正动力，而且这种奖励在节目中会被掩盖起来，换成参与者的"努力""拼搏"等假象，这无疑会让受众产生对节目性质的误解。

（3）真人秀不真、滥用人设

真人秀中本该凸显的是"真"与"人"，即参与者在规则中的真实人性反映。当规则本身无法起到刺激作用时，内容肯定就不够精彩，于是近年来一些真人秀为让情节更丰满加入剧情化设计，即编剧在创作前期设计剧情走向以及角色设定，人物在现场进行真实表现。但部分节目出现了对真实干预程度拿捏不当的问题，如某穿越古代体验的真人秀选题很好，但细节上有过多剧情化的设计，不禁显得内容过渡生硬，表演多于真实反应，影响了节目的真人秀本质。一些传承文化传统技艺的节目也存在这个问题，如某节目原设定明星应该去跟随手工艺人做学徒并亲手打造出一件作品，但最终选择了用剧情化来省事，明星本应该不畏艰苦下河收集原材料——铁粉，但在搜寻困难的情况下，节目又安排他们去居民家收集铁制品；在铸剑师曾说明打造一把剑需要数月之久的前提下，明星参与的宝剑在很短时间内居然做好了，等等。

选角，在早期的真人秀创作中指嘉宾或选手的遴选，指创作者在一系列条件的限制下为增加真人秀的娱乐性和戏剧性精心选择参与者，即预先对节目整体有深入理解而形成人物设定及搭配设计，再去具体挑选嘉宾或选手人选，并在录制过程中以规则、自然环境和人际环境进行适度干预和引导，以引发参与者进行非日常的真实表现。但在近年尤其是引进韩国版权之后，这些方式被放大为"人设"，甚至成为国内真人秀创作的首要任务，一些创作者以为真人秀的编剧就是要编写虚构的人物及故事线。

其实，人设给节目带来的具体矛盾或冲突是由人的性格、职业、人际关系、任务、环境等共同作用的结果，非其刻意的表演。但在当下真人秀节目的创作实践中，为了节省投入和缩短创作时间，不乏编导对参与者进行过度诱导，甚至编写台词和行动的现象，有的嘉宾或选手也会借机为自己创造非真实的人设，于是真人秀成了真人表演剧。最终，节目可能因人物与其真实形象不符而引发质疑，也失去了真人秀的核心特性。

2.价值观引导不足

在维持社会道德标准的同时保证节目的真实性并创造戏剧性，应该是真人秀创作中的一种标尺。但实际上，目前一些节目在一开始为了符合社会道德而牺牲了戏剧矛盾，而后为了填补戏剧矛盾的缺失又牺牲真实，从而形成真人秀创作的一种恶性循环。

当真实和道德的博弈成为当下中国真人秀面临的主要矛盾时，我们应该对中外的道德观和电视媒体属性有更清醒的认识。例如，作为真人秀经典模板的《老大哥》，是以房主竞选和生存为主要规则的室内真人秀，其最大的看点在于人与人之间的政治关系。在每周的房主竞选和淘汰环节时，参与者必须互相斗争、拉帮结派，甚至不惜利用谎言、陷害等手段获取成功，而同时要在忏悔室场景里说出自己真实的想法。在西方资本主义的社会价值观中，追逐个人利益属于基本人性，所以尽管受众也并不赞同，但不择手段赢取胜利可以成为笑点和看点。而在中国的社会价值观中，个人主义往往会被认为是伤害别人的基点。所以，《老大哥》被制作成《完美假期》（第一季）后，纵使节目去除了性和过于明显的政治元素，但参与者依然会钩心斗角、互相陷害，最终因为产生了负面影响而被叫停。在近年国内热门的《奔跑吧兄弟》《极限挑战》等户外游戏类真人秀中，也依然存在大量联盟、陷害的元素，但因为明星的吸睛加上游戏娱乐效果的包装，就掩盖或规避了展示真正人性的目的。

3.高举文化旗帜却内涵匮乏

现实中，高举着文化旗帜而落实却十分潦草的问题在真人秀中也最为突出。例如，某节目在第一季节目宣传时就说将以"郑和下西洋"为背景，重走海上丝绸之路，将不同国家历史、民俗等特色融入游戏或任务的设计，同时深度结合中国文化元素，展现华人风采。实际上，节目大篇幅都是对于游戏比拼环节的展现和明星本身的刻画，有关地域、民族、历史的展现则以解说的形式带过。而另一主旨号称明星寻访地方戏曲传承人、传播中国优秀传统文化的节目，实际上也花了大量心思在任务、游戏的设计上，且并没有拜师学艺的过程，对戏曲的传承成为点缀。而某节目中明星们来到延安，在一些游戏、任务比拼的同时要学习演唱《保卫黄河》，并与合唱团、交响乐团一同在黄河边演出。然而在最终合唱的呈现中，明星们大都低头看歌词，连指挥都没有看。节目看似要呈现合唱的庄严、崇高，但几位明星连歌词都没有背下来。

不少真人秀对传统文化观念的表现也引发争议，如宣扬孝道的节目中，某明星母亲因为担心他的身体健康而强迫他去做体检，在百般不愿地妥协后，到了医院，母亲又进一步要求他做胃镜。这种孝顺是一种近乎绑架的顺从，因为母亲都是为了儿子好，所以儿子就得听话。事实上，现代社会中的代际关系应该有更多沟通与理解的成分，而不是唯命是从的愚孝。而在讲述女性爱情的节目中，主持人认为女儿随母姓很尴尬，觉得女人大口吃饭"猛"，这无形中显露出对女性的刻薄和偏见。还有一些节目会以"来宾立场和节目无关的说法"为自己开脱，实际上对大众媒体来说，传播即观点，这对真人秀节目也同样适用。

第二节　电视真人秀的文化表达与传播策略

一档娱乐节目往往能在满足大众娱乐和审美需求的同时体现出具有时代

性的社会文化价值，而且一类节目的流行也体现了社会某一时段文化的风向，真人秀作为一种流行多年的重要节目类型，其诞生、发展与社会文化的发展和变革更是密不可分。实际上，多年来管理部门的诸多"限娱令"基本上就是针对真人秀的问题而下达的。

于是，该用什么元素来制造看点，而什么样的元素又会导致怎样的结果，创作者必须具有理解力、辨别力和选择把控能力，而不能完全照搬国外的内容以及样式。每当借用外来节目形式时，创作者必须充分考虑表达分寸和后果。

根据我国国情，电视媒体应该具有很强的权威性，且作为舆论工具要有教育意义并展现社会价值观的正向引导，即电视真人秀应该怎样在具有导向性的同时实现娱乐效果，一定基于我们的受众是否有娱乐化的心态、条件以及是否有娱乐化的社会环境，甚至相关政策也影响到娱乐范畴的圈定。未来该如何更加突出对文化的表达，这既是一种理性的思考，也是生存和发展的必由之路。

一、文化表达策略

（一）表达中国受众的文化观和价值观

真人秀引入国内后的发展已经证明，有些国外的创作规则在国内并不可行，如国外节目设置的用高额奖励刺激普通人、渲染人物矛盾、夸大阶层差异、大肆炫富等，都与中国社会应有的价值观产生了根本矛盾。而且从可操作性来说，尤其在对参与者、受众的分析过程中看得出来，西方人的行为习惯、思维习惯以及处世哲学跟东方人差异非常大，东方人的谦让、含蓄、务实导致崇尚多做少说，而直接的语言表达在西方真人秀中是重要的节目内容，如忏悔室的普遍设定就是为了让参与者面对镜头说出自己最真实的想法。所以，以表现"真实性、窥私性和激烈的竞争性"的室内经典真人秀并不适合中国国情。

实际上，中国人崇尚"忠孝仁义"、集体主义、正面鼓励并同情弱者，但对负能量、负效应没有足够的免疫力。受众的群体特性决定了真人秀可以展现什么和不可以展现什么。所以，真人秀的创作一定要从中国受众的观看需求和接受程度出发，表现符合东方文化、面向中国受众的文化观和价值观，尊重文化和生活状态的差异性。

（二）紧跟热点，注重节目的社会意义

时政和社会热点是真人秀进行创新和文化表达的风向标。例如，2020年是决战脱贫攻坚、决胜小康的关键之年，很多真人秀都在节目中体现攻坚脱贫的内容。江苏卫视的《明星到我家》让明星去农村体验生活，一方面，展现了新时代脱贫政策对农村社会的积极作用，中国农村的风貌也丰富了节目的可看性；另一方面，明星在角色置换和生活体验中也制造了一系列戏剧效果。而湖南卫视的《亲爱的·客栈》（第二季）也响应扶贫的政策号召，把拍摄地点确定在阿尔山，通过明星在当地开客栈的方式带动当地旅游业的发展，当地优美的自然风光也为节目增色，实现了节目效果和社会意义的统一。

当真人秀的创作和社会现实、政策导向结合起来后，体现的不仅是时代性和时效性，更是中国特有的社会主义价值观，而其中人文风情、历史文化的展现，令节目在富有教育意义的同时更富有娱乐性和可看性，也让节目的发展获得正确导向的保驾护航。

（三）深挖优秀传统文化题材，反映与时俱进的价值观

近年来，一些真人秀节目在挖掘传统文化上已经取得一定成效。如《咱们穿越吧》，由主持人带领明星们"穿越"到一个个重塑的历史场景，节目第一季就选取了"原始社会""南宋书院""唐朝丝绸之路驿站""明朝郑义门"等时空，直接演绎中国古代具有特殊意义的场景以及传统生活方式、规范、理念，无形中突出了今昔对比及反差。而由主持人邀请明星一起寻访中国传统制作技艺的《非凡匠心》，则是向工匠们讨教技法并亲身参与到制作的过程中，不仅向海内外受众展现了璀璨的中华历史文化成果，更讲述了传统技艺的代际传承与交融，既有审美价值，又具有文化传播的社会意义。而《向往的生活》则是让明星们离开城市，到乡间体验慢节奏的田园生活，不仅体现了传统田园文化，而且体现了中国道家道法自然的哲学思想，也让身处闹市的受众得到身心的调剂和放松。

　　还要注意的是，由于真人秀深入展示生活细节，并在矛盾中揭示人性，一定会表达出不同人物的生活方式和价值观。实际上，生活在不同地区、不同文化程度和认知度的人对中国传统文化会有不同的解读，受众对其中一些封建和落后的内涵也难以辨识。还有一些节目出现对传统文化的片面甚至错误解读，甚至和当今生活的先进性转变产生矛盾。当今的真人秀创作也应该放眼世界，要把现今的生活方式和理念、传统文化的转变表述清楚，以展示人和人之间的差异以及互相推进的过程，最终带动受众的思想和行为转变，这才是作为一种社会实验的真人秀节目的社会意义的实现。

（四）展现文化奇观和多样性

　　中国作为一个多民族国家，丰富的民族文化也是我国真人秀进行文化表达的重点。如东南卫视的《天籁之声》邀请专业歌手和先锋艺术家在节目中创新改编不同民族的音乐，大胆探寻民族音乐的多种发展可能，不仅展现了不同民族的音乐特色和民族文化的多样性，而且让民族音乐被新一代青年受众了解。而除了民族音乐以外，民族服饰、民族舞蹈等题材未来都值得尝试。之前，不少真人秀就选择在少数民族聚居地进行拍摄，如《爸爸去哪儿》曾在云南普者黑进行录制，当地壮族、苗族、彝族等多个少数民族绚烂缤纷的服饰文化、极具特色的饮食文化等无疑都增加了节目的看点，而节目也带动了当地旅游业的发展。

　　中国的各民族文化不仅从外在表象上具有丰富的视听特征，能为节目增添色彩，更具有深刻的文化内涵，能展现出丰富的人类面貌，这对真人秀创作来说无疑是一种最恰当的资源宝库。这些节目对于推动各民族的融合与交流，维护社会的平衡发展，推动优秀民族文化的传播，乃至中华文明在世界的传播都具有重要意义。

（五）理解节目性质，建立符合实际的真人秀观

　　我们首先要理解真人秀的实质，然后要理解真人秀与社会现状的关系，并做出对内容表达尺度和范畴的判断，才能真正设计好节目环节和规则。

　　毋庸置疑，中国的真人秀和国外尤其是节目发源地国家的真人秀不一样，

这是由"后现代"和"现代"之间的本质差异造成的，真人秀原本是以嘲讽、解构、反叛和反思为核心理念，但我们的真人秀还需要寓教于乐，还没有嘲讽和解构的对象与资本，反叛和反思也很有限。于是，国内大多数标榜为真人秀的节目依然是以纪实或竞赛为核心，只是借用了真人秀的框架和手法而已。

以才艺类真人秀为例，本来真人秀作为一种以娱乐为主要目的的节目类型，与传统文艺节目相比，艺术在节目中的作用就微乎其微，因为真人秀追求的价值核心恰恰是反艺术的，是要把艺术之外更真实、更生活化的内容呈现给受众，只是通过艺术来评判人性、获取受众的共情。所以，创作者务必要懂得艺术该如何为真人秀服务，即是为了展示人物特点、丰富剧情、展现戏剧性效果的手段和途径，最终实现娱乐大众的目的。现在，很多节目自称"真人秀"，但又没有让受众看到人的"真"，主要是因为没有懂得真人秀的真谛。如一些才艺竞秀节目的赛制依然是选手表演，评委打分决定选手晋级，只不过加入了选手小片和纪录性素材，而实际上只是具有真人秀元素，或者利用部分真人秀制作方法完成了节目。换句话说，并不是有真人参与的节目就能叫真人秀。

真正真人秀节目的创新必须跳脱出专业的艺术表演类节目框架，以《中国好声音》为例，除了决赛阶段引入媒体评审投票之外，决定选手去留的其实并不是投票和打分而是导师，核心赛制是导师制。导师和评委不同的是，导师不是行使评判权力的人，而是要从挑选队员组战队的一开始就和选手形成一种契约关系，最后带领团队获得胜利，其过程就包括导师抢人、艰难抉择团队内选手的去留、导师对选手选歌和演唱进行指导等，这些才是作为才艺类真人秀节目的真正看点，而不单单是歌手的演唱。而且，真人秀的创作和传播是一体的，是要从节目的叙事策略出发，在节目中讲故事并展现人物关系，以此引发社会讨论。创作者要能在艺术和娱乐之间找到平衡关系，使受众因为节目的娱乐性而关注节目，但又能在节目中看到艺术和文化价值。

二、传播策略

（一）讲求传播的整体性、系统化，认真提取节目的正向价值

在真人秀出现之前，节目的传播相对比较简单，就是增加内容曝光率，

线上播出线下搞活动。而当真人秀出现后，节目的传播手段变得更丰富和复杂起来。因为这类节目会打造人设或改变演员形象，而且影响其后续发展，还会连带其中广告和节目形象的建议，于是传播环节和手段越发小心翼翼。

现在的真人秀从创作到传播都非常重视协调平台、广告、演员、内容之间的关系，要维护各方的利益和立场，要理解宣传的目标是为了影响力还是口碑，要挖掘节目编导的意图和表现出来的价值观，于是要进行整体性、系统化的步骤设计和整合多种宣推渠道。如果是为了影响力，那就要尽量将内容和物料投放到最多的人群中。而如果是要获取口碑，则要找到知音型受众来进行精准投放。

毋庸讳言，在以往的传播中，也出于真人秀的本性，一些制作方为博取关注会特别迎合低俗受众的需求，更多在节目的负面价值上做文章，常采用"争议选手"、"卖丑"、"炒CP（Coupling，一般指配对）"、"绯闻"、制造事端、贩卖焦虑、买热搜等手段，受众也难辨真伪，随即形成极大的负面社会效益。实际上，这不单伤害参与者，更伤害节目，引发诸多限令下达，甚至造成行业发展的困局。

新时代下的真人秀传播必须认清方向，发挥节目的积极意义，要采用具有正向价值的内容和合理的手段进行宣推。尤其是在进行碎片内容引导传播时，要对网络文化的健康表达负起责任来。要能引发积极的人生态度，用选手的乐观、睿智和有趣来建立节目的引导性和对社会的抚慰功能，并激励受众看清现实、讨论对现实问题的有效解决办法，打造健康的节目娱乐场景。

（二）创作与传播一体，利用新媒体丰富节目视角

与其他节目不同，真人秀的内容创作与新媒体有着与生俱来的关联。国外的真人秀在早期就设计了长时间网络直播、受众场外投票等，电视版本则都是经过编导精心选择后呈现给受众的，编导对节目后期处理的视角也决定了受众的观看视角。如《老大哥》在国外传播的核心就是开通电视端之外的不间断线上直播，受众可以随时观看房间中各位参与者的情况。虽然网络端直播缺少了通过剪辑造成的戏剧性，却满足了真人秀受众的窥视欲。在国内，"超女快男"系列也曾将男生女生在城堡里的生活通过多个摄像头在网络平台

直播，满足粉丝群体对偶像在舞台外生活的好奇心，网络受众也可以通过弹幕评论的形式和节目产生互动。实际上，真人秀在新媒体传播的过程中也对网络文化的建构起到了推动作用。

不过，并不是所有真人秀都适合开通网络直播。如果参与者是普通人，缺乏可看性强的游戏，直播效果就会大打折扣。如某生活实验真人秀展现15名普通参与者在山顶之上进行为期一年的生存体验过程，但参与者在野外除草、耕地、畜牧等生活在网络端进行的全程直播并没能引发受众的兴趣。由此可见，真人秀传播如果合理利用新媒体，会丰富节目视角、引发讨论关注，继而扩大传播效果，但如果内容缺乏直播价值，就可能产生浪费甚至提前曝光节目内容，反而降低受众对节目的兴趣。

（三）增强多渠道互动，进一步实现社会实验性

真人秀的社会实验性就是用规则促成一系列的人物行为，以达成一定的戏剧效果而引发社会讨论，于是其传播先天就具有话题优势。创作者要主动研究话题的设计和提炼，并进一步增强节目与受众的互动，不仅扩大节目影响力，而且丰富社会文化的样态及表现。

在真人秀的传播中，有大量互动行为发生在明星和粉丝之间，这也是节目邀请流量明星加入的根源。在非明星参与的节目中，创作者会更注重规则的社会性，即尽量与受众的生存发展规律达成深度相似，以参与者以及行为的代表性引发受众的"共情"。目前，遵照管理部门的要求，有的节目开始"星素结合"，如果有恰当的设计，也能实现有效互动。如真人秀《我们来了》中，就加入了设计师、律师等各职业的素人，不同参与者从自身的职业特点出发，在诸多场景中展现不同的职场文化，随即也引发线下设计师群体、律政职业等群体对节目的关注度，进一步拓展了节目的社会意义。

（四）素材增值，对应多文化层面进行传播

正因为纪录式的呈现和戏剧化的叙事方式，真人秀的后期剪辑需要在海量的素材当中挖掘符合情理逻辑、明晰且易于为受众接受的故事线索。与此同时，因节目篇幅有限，大量的节目素材就无法呈现给受众，而这些素材中

可能存在着大量具有一定观赏价值的内容，创作者应该利用更多的传播渠道，使素材增值，实现二次传播。

如湖南卫视的《歌手》《我们来了》等节目的非正片视频素材成为《新闻当事人》《我的纪录片》等节目的重要题材来源。这些素材通过其他渠道进行传播，虽然没有真人秀节目本身的戏剧张力和观赏性，却给受众提供了多样的内容形态，使其中具有文化价值的部分没有被放弃。如《歌手》节目中，歌手们选歌和演唱背后的曲折故事就让受众能了解到更多的与音乐文化相关的信息。

第七章 电视文化类综艺季播节目的创作与文化表达

近年来，对文化题材进行综艺化融合展现的电视文化类综艺季播节目不仅深受电视受众的支持和喜爱，更是得到管理部门的赞赏。以《中国诗词大会》《经典咏流传》为代表的该类节目，不仅是传统文化创造性转化、创新性发展的重要成果，也是具有陶冶情操、启迪心智、引领风尚、传播知识等功能的电视作品，是能够代表新时代中国电视娱乐节目文化表达与价值建构典范的最主要的节目类型。

第一节 我国电视文化类综艺季播节目的概况

一、概念、类型与文化发展脉络

（一）概念

2013年以来，引起社会广泛热议的《中国汉字听写大会》《中国诗词大会》等节目促使"电视文化类综艺季播节目"的概念受到了业界与学界的关注。

正如文化具有多重范畴的界定，电视文化类节目中的文化也有着广义与狭义的概念之分。从广义而言，可以说所有的电视节目都是包含节目创作者智慧结晶的文化产品并拥有文化属性。从狭义来看，目前大众公认的电视文化类综艺节目的文化主要体现在题材内容层面，尤其是以中国传统艺术文化样式作为最常见的题材。此类节目以寓教于乐为主要目的，充分利用电视艺术与技术手段，主要以语言、文字、文学、艺术、历史、非物质文化遗产等文化形态以及文化现象为题材，以传播文化知识、继承历史文明、探讨人文思想、提高素养意识为主旨，同时符合现代理念、弘扬核心价值观和关注社会发展，内涵丰富而又品位雅致。

换句话说，当下以"文化+综艺"为核心的电视文化类综艺季播节目是立足于传递传统文化与时代精神的精髓，以文化为题材进行创意、文本、视听层面的开掘，借助综艺节目的形态及表现方式进行制作的季播电视节目。"文化"作为题材，具体以中国五千年优秀传统文化、社会主义核心价值观、国内外文明成果作为基础，从中找寻具有正能量、感染力，且能够温润心灵、启迪心智的内容选题。"综艺"作为形态，决定了节目要以人民群众喜闻乐见的形式进行制作，通过高超的电视制作手段、精美的电视舞美包装，以具有一定思维方式的模式设计、人物塑造、话语交流、故事表达来吸引受众。

综上，广义的电视文化类综艺季播节目涵盖多样化的综艺形式，为避免前后章节论述重复，在此故将研究对象定为其狭义的概念范畴，并以棚内录制形式为主要表现形式的电视文化类综艺季播节目。

（二）类型

在电视文化类综艺季播节目内部，可以根据题材、节目形态等进行细分，不同的细分类型也有着差异化的文化表达特点及功能。

1.按题材可分为语言与文学类、社会与历史类、艺术与非遗类

随着内容的不断拓展，电视文化类综艺季播节目可以从内容层面进行细分。就目前荧屏上具有火热影响力的节目类型而言，大概有三类较为突出。

（1）语言与文学类

作为本类节目中数量最多的细分类型，也是最先开创新时期文化题材电视节目热潮的典型。语言与文学是文化最直接的传承载体，可以通过由语言与

文学所形成的文化经典直接对文化元素、文化符号、文化意象、文化精神进行挖掘与利用。特别是语言与文学类节目因其题材熟悉而具有较为广泛的受众基础，较历史文化类更具普及性与可看性，受众不仅可以在期待视野中重温相关知识，也可以在节目参与者的带动下扩展未知的领域、提高鉴赏水平。目前较为常用的有汉字、文学著作、成语、古典诗词、谜语、诗歌、书信等。

（2）社会与历史类

随着节目创作的延伸和发展，越来越多的节目将关注点转向人们的生活领域，经常以真切而又平民化的笔触描摹时代背景下的普通人物，或在历史视域中寻找经典事件、挖掘传统文化形态，同时以贴近现实、尊重原生态的意识探寻传统民间习俗等。这类节目将呈现的范围锁定于人类共时性与历时性的日常社会生活，通过电视视听语言与差异化的策划思维将人们熟悉的生活实现陌生化与审美化，其所带有的时代感与情感性事件拉近了受众与历史的距离，而且不同的取材视角与读解视点也使受众超脱日常功利性而获得审美享受。主要表现为时代人文故事、社会集体记忆、传统民俗文化，具体涉及的有国学文化、地域文化、姓氏文化、学术文化、家族历史、国家历史、文物博览、传统美德、社会家风、时代精神、社会情感、时代人文、人物故事等。

（3）艺术与非遗类

这类节目主要取材于中华传统艺术、国外经典文艺样式以及被定义为非物质文化遗产的内容，并运用相关的文化解读提升受众的思想知识水平与审美鉴赏能力。因为题材本身就具有较强的文艺性和审美性，其中的精湛技艺、休闲文化、节庆仪式都深深吸引着受众，操作起来也相对容易，因此该类节目成为电视文化类综艺季播节目的重要类型。目前已有戏曲艺术、民歌艺术、民间非遗、民族音乐、传统服饰等题材出现在电视荧屏上。当下，面对社会经济结构调整与流行风向的转变，城市居民的心态从娱乐休闲转向文化体验，大众对于类似精工制造、大国工匠、非遗匠心的关注，也将促使更多相关题材的节目登上电视荧屏。

2.按形态可分为竞赛类、朗读类、表演类、真人秀类等

（1）竞赛类

以团队或个人的技能比拼或专项比赛为主要形式，力求通过竞赛模式特有的

过程紧张感、结果悬念感、个体间的矛盾冲突来激发受众的收视行为。如《中国诗词大会》、《中国民歌大会》（第二季）、《中国戏曲大会》等均采用"百人团"的选拔方式和"以一敌百"的对抗方式，增加了竞赛的趣味性和游戏性。

（2）朗读类

以人物进行文学朗读作为主要表现方式，选择与主题相关的名著、书信、日记等读本进行场景化朗读，以文学创作的背景故事细节展现读本内含的情感，以朗读人物的经历联结读本富有的思想。如《朗读者》《信·中国》《见字如面》《风语日记》等节目就是以舞台化的包装与情绪化的表演构建朗读行为，最终以有声的语言与无声的文字间的融合直抵受众的内心。

（3）表演类

以剧场舞台的文艺表演或角色化扮演为主要表现形式，通过多样的文艺样式、高超的专业技艺、精湛的表演水准获得受众的认可，突破受众对于文化艺术的固有认知。如《国家宝藏》《经典咏流传》等节目就是力求将曲高和寡的文化与艺术通过通俗化的舞台表演方式传达给受众。

（4）真人秀类

以真实记录的形式记录特定文化情境中的人物行动，由此形成有关一定文化观念、现象、物件、事件的认识，如《传承中国》《非凡匠心》等。不过，这一类型在本章暂不予重点讨论。

实际上，一些文化类综艺季播节目会根据自身表达的需要来采用尽可能有特色的形式，有时还会融合多种形式进行表现。

（三）文化发展脉络

从20世纪80年代的《北京市中学生知识竞赛》到90年代以旅游文化为内容的《正大综艺》，再到进入21世纪的《读书时间》《子午书简》以及引发文化热潮的《百家讲坛》，以上这些具有代表性的文化栏目都凭借其所具有的文化特质、文化精神、文化风格直接成为2013年兴起的电视文化类综艺季播节目的前身，并为此类节目的创作和表达提供了基础与经验。

1.开端与发展阶段

2011年国家广播电影电视总局发布的《关于进一步加强电视上星综合频

道节目管理的意见》号召要丰富节目类型、坚持自主创新、抵制过度娱乐等，一部分电视制作机构以语言与文学为切入点，通过形式创新与模式借鉴的方式，进行原创题材的电视文化类综艺季播节目研发，这标志着文化类节目在新时期的兴起。

例如，2013年河南卫视与爱奇艺联合推出的《汉字英雄》《成语英雄》，中央电视台与国家语言文字工作委员会制作的《中国汉字听写大会》，河北卫视制作的《中华好诗词》，等等。这些获得高度关注的节目均是以字词、诗句为素材进行竞技比拼，结合了具有广泛受众基础的语言与文字选题，以富有悬念感与刺激性的竞赛模式契合了现代受众的认知心理、知识结构和收视需求，使文化题材迎来新的生机。2014年，中央电视台的《中国谜语大会》《中国成语大会》、黑龙江卫视的《最爱中国字》也延用百姓喜闻乐见的方式呈现中国文字博大精深的内涵。2015年，陕西卫视的《唐诗风云会》以唐诗知识竞答为内容，四川卫视的《诗歌之王》（第一季）以诗人与歌手组成的"诗歌战队"完成音乐竞演，回归诗歌的吟唱本源。

国家新闻出版广电总局还在2014年下发了《关于积极开办原创文化节目弘扬和传承优秀传统文化的通知》，号召卫视频道深入挖掘传统文化资源，学习借鉴《中国汉字听写大会》等节目的有益经验，为该类节目的发展提供强大的政策引导。不过，还是因其自身观赏性的相对缺失，存在主题固化、节奏缓慢、桥段重复、环节单一、嘉宾虚设、悬念空缺等问题[①]，眼看着此类节目难以为继。

随后，在国家新闻出版广电总局发布的《关于做好2014年电视上星综合频道节目编排和备案工作的通知》的背景下，电视媒体又纷纷继续对文化题材进行探索。于是，通过多元题材的内容开拓与形式延展，节目观赏性不足的问题得到了一定程度的解决，使文化类节目进入承继经验、下启繁荣的发展期。例如，山东卫视很快制作了基于史学、美学、人类学的综艺脱口秀《中国面孔》，安徽卫视、山西卫视分别推出的《中华百家姓》《你贵姓》以棚内综艺的模式探究姓氏的踪迹与传奇，中央电视台科教频道（CCTV-10）在

---

① 刘俊.融合时代文化类综艺节目的发展纵览与养成之道［J］.电视研究，2018（2）：17-19.

2016年初研发的《中国诗词大会》以"赏中华诗词、寻文化基因、品生活之美"为宗旨，以较为新颖的赛程关系与竞赛形式提升了文学题材电视化表达的观赏性。在艺术与非遗题材方面，北京卫视基于"文化自信，主流价值"的指导思想，在2016年9月推出传统文化展示真人秀《传承者》《传承者之中国意象》；中央电视台在2016年国庆期间推出的《中国民歌大会》（第一季）以中国民族民间原生态歌曲为内容主体，以精美大气的视听呈现向受众展示了中国民歌艺术的魅力。

2. 繁荣阶段

2016年6月，国家新闻出版广电总局又下发《关于大力推动广播电视节目自主创新工作的通知》，强调电视台要制播具有中华文化基因和中国特色、中国风格、中国气派的自主创新节目，无疑为电视文化类综艺季播节目的繁荣局面提供了更强劲的政策保障。

2017年，以中央电视台为代表的主流媒体积极响应号召，将科教频道制作的《中国诗词大会》（第二季）安排到综合频道进行播出，以春节假期连续播放的特殊编排扩大节目的影响力；《朗读者》一经推出也收获受众好评；黑龙江卫视的《见字如面》也产生了一定的影响力。

在这一阶段，中央电视台通过《中国诗词大会》《中国民歌大会》等"大会"系列以及《国家宝藏》《经典咏流传》等节目实现了传统文化的多元综艺化创制，东方卫视以《诗书中华》《喝彩中华》为代表的"中华"系列则促进了传统文化的现代化传播，以及山东卫视的《国学小名士》、安徽卫视的《耳畔中国》、四川卫视的《诗歌之王》（第二季）、广东卫视与山西卫视联手打造的《国乐大典》等。各省级卫视不断开拓传统文化的表现方式与细分领域，使电视文化类综艺季播节目从相对边缘的补充类型转变为荧屏综艺的重要样态。

总体来看，电视媒体通过综艺化手段、流程化制作、融媒化推广、季播式设计和播出，以相对较大的投入对传统文化题材进行多样化发掘，资本的支持、资源的汇聚也使节目在制作水准、创意发掘、主题开拓、叙事手段等方面有了极大提升，使这类节目成为当今吸引受众进行娱乐审美与文化体验的重要典范。

二、创作特征与面临的问题

（一）创作特征

电视文化类综艺季播节目以文化品位及文化内涵作为核心竞争力，为受众提供文化知识、文化启迪，尤其是要产生引领的作用。于是，相较于更富有直接性、短时性感官刺激的其他类电视娱乐节目而言，这类节目更注重对受众"清流入心"般持续、长期的影响，以文化及其价值建立起对节目的信任、忠诚度。回望过去，一些"叫好又叫座"的电视文化类综艺季播节目会在以下几个方面做得较好。

1.对崇高价值、梦想与道德的传达

电视文化类综艺季播节目所表达的文化价值能够对受众起到潜移默化与深远持久的影响，首先突出表现为对崇高价值、梦想追求及中国道德的传达与守护，以此实现"有意思"的同时达到"有意义"的境界。

例如，节目通常围绕中华优秀传统文化、革命文化与社会主义先进文化进行挖掘，选择具有文化内涵与意蕴的题材并设计具体的主题，力求通过电视手段滋养当代受众。如《国家宝藏》《上新了·故宫》等以历史文化为展现对象的节目，依托文物、建筑等实体，同时探寻背后的故事，以弘扬中华民族历久弥新的爱国精神与时代精神。

在文本选择上，《中国诗词大会》涉及的诗词涵盖豪放、婉约、田园、边塞等类别，所吟咏的内容均与爱国、勤劳等中华优秀传统文化的核心主题相关，通过节目可以将优秀传统文化与当代的社会主义核心价值观相联系；《中国成语大会》则通过"精忠报国""童叟无欺""守正不阿"等挖掘成语故事，也彰显了爱国、诚信、公正的价值追求与道德素养。

在人物选择上，节目一般会选择小人物折射大时代或是杰出人士回忆峥嵘岁月，以此彰显中国人在时代浪潮中的梦想征程与奋斗历程。最为典型的是《朗读者》，每一个人都带来自己的人生故事和感悟。再如寻根节目《中华百家姓》，邀请同姓族人在现场分享自己或先辈的故事，以展现我国源远流长的姓氏文化。《传承者》则邀请众多非遗传承人，在展演节目的同时分享其传承经历，通过节目的叙事将个人梦想与中国梦相连通。

2. 内容策划：故事、情感与技艺兼顾

电视文化类综艺季播节目在内容策划层面不仅紧抓文化核心，而且以故事性、情感性与技艺性为具体手段，力求以真实感人的个体生命经历和事件、丰富的情感表达、精致的语言形式反映深厚的人文内涵和多样的文化意趣，引发普通电视受众的收视兴趣。如《中国诗词大会》（第二季），通过饱读诗书的复旦大学附属中学才女武亦姝、乐观坚强的患癌农妇白茹云等选手的多样化呈现，以人物身份与技艺的反差、情节曲折的情感故事将全民崇尚诗词的理念和现实传达给电视受众。而不分老幼、不论行业的全民诗词热也展示了电视娱乐节目强大的社会文化教育功能，实现了节目策划和创作的目标。

3. 视听呈现：符号化、时尚化与仪式化

就文学作品的视觉呈现来说，正因为文字读本内涵丰富、极具想象空间，以符号化的手段打造文化视觉意象、具象文化内涵，即在节目的标志、片头、舞台美术等视觉部分融入文化名作的意象元素，成为这类节目的必然选择。例如，《中国诗词大会》多季的片头分别以诗词流派、四季景色、山河湖海等典型题材为线索，设计竹林、村落的水墨风格或春色满园、盛夏荷塘、秋光山水、江乡雪景等国画风格的画面，配以相应主题的经典名句来营造典型的诗词意象；《朗读者》的舞台设计结合书房与剧院的形式，在表达节目读书特色的同时兼具其作为展示朗读者人生起伏的戏剧场的功能。

以时尚化的表达实现传统文化的跨界互动，将不同类别的文化艺术领域进行有机结合，更是这类节目创新的有效途径。例如，《诗歌之王》（第一季）将诗文与流行音乐相结合，以诗歌作为竞演的主要考查内容，同时兼容歌曲竞赛模式，不仅节目形态新颖，而且将听觉效果进行了极大丰富；《经典咏流传》也是将古典诗词与流行歌曲相结合，还利用了真人秀的展演模式，为古诗词文化找到了竞赛模式之外的创新方向。

以仪式化的表达打造文化意蕴的行为叙事，节目往往通过重复性、表演性、虚拟性的流程设计与特定场景塑造场域氛围。例如，《中国诗词大会》《中国民歌大会》等节目在开场时，会以相对固定的光束、音效配合主持人从舞台深处走来，构成节目庄重的仪式感；《传承者之中国意象》将演播室打造

成剧院式舞台，强化受众与演出者的观演关系，为艺术表演奠定了殿堂级的环境感受，从而使表演更具崇高感。

4.深入建构人物特质与文化表达的关系

电视文化类综艺季播节目之所以在近年来获得极大关注，绝不仅仅是因为其对文化内容的直接展现，而是通过个体命运传递当代真实社会生活中人们在文化激励下的奋进和不懈努力，由此实现文化内容与人性真善美的统一，即更加注重对参与者特质的挖掘与呈现，强化对人物精神深度、经历厚度的探索，这才真正体现了文化的力量及价值。

在以《朗读者》《经典咏流传》为代表的非竞赛类节目中，导演组将参演者的故事与节目所呈现的文化表演内容相结合，力求人物故事与读本或歌曲产生互文效应，尽可能延展、生发出更深厚的文化内涵及价值。例如，清代诗人袁枚的一首《苔》被支教老师谱曲并带领大山里的孩子们一起演唱，"苔花如米小，也学牡丹开"，加上纯净的声音和眼神，远方孩子不屈的追求打动了受众，也更充分表现出传统文化理念在这个时代的意义。

正因为参演人物直接影响着节目的文化表达，不少创作团队专门设立了选手导演或人物导演来负责选角以及人物特质的挖掘与呈现。在以《中国诗词大会》《中国民歌大会》为代表的竞赛类节目中，选手直接作为表现中华文明、传承经典文化的载体，节目通过他们对文化内容的个性化读解和演绎来实现文化的贴近性和奇观性，同时百人团的普通人故事也作为重要的观赏点，最终差异化、极致化的人物命运获取了受众集体的共鸣，以痛点、泪点、笑点一起来引发受众的关注与讨论。

（二）面临的问题

目前，电视文化类综艺季播节目以其鲜明的文化特征占据了电视娱乐领域的重要地位，呈现出一派繁荣的势态，但实际上也的确出现了一哄而上、面貌和题材相似的状况，未来还需要解决一系列问题。

1.选题与题材的匮乏趋势

近年的星光奖、白玉兰奖等及国家广播电视总局创新创优节目都聚焦电视文化类综艺季播节目，《国家宝藏》《经典咏流传》等节目的火爆也加剧了市场跟风制作的同质化现状。如围绕书信开办的节目就有《见字如面》《朗读者》《信·中国》《风语日记》《跨越时空的回信》等，尽管以上节目从主题设计、人物选择、时代特色等方面力求翻新，但仍无法改变受众对同题材节目观赏的审美疲劳。基于政策推进、资本逐利、平台模仿等现实情况，文化题材节目在未来一段时间还将继续规模化制作，但题材的过度开发与匮乏态势已显露无遗，不是文化本身题材少，而是如何开拓新颖、适合电视荧屏表现且综艺娱乐化的文化题材。如何在现有题材"珠玉在前"的基础上挖掘差异化的选题或视角，成为当前节目实现变局的重要着力点。

2.娱乐浪潮席卷下的文化失语

当节目过于强调综艺娱乐的特质，就容易失去文化的核心特色。毋庸讳言，众多电视文化类综艺季播节目仍要以娱乐性为外壳进行文化价值的输出，娱乐性超越文化性的失衡状况也很常见，主要体现在节目对竞技比赛结果、明星话题传播的重视，诸多如擂主争霸、选手闯关、终极席位争夺等节目环节的核心都在强化个体的胜利，核心的文化价值则被消解；一些节目邀请娱乐明星进行的是戏谑化的知识竞答或文化体验，其内容价值被消费主义的众声喧哗所掩盖。换句话说，竞技比赛、明星话题的确富有吸引受众的悬念性与期待感，但对其过多观照则必定会弱化文化的意义。

3.制作整体缺乏观赏性和审美体验

为了符合大环境，一些制作方会开掘以往难以进行电视化、综艺化的文化题材领域，这当然容易使节目具有一定的创新性和思想性，但缺少足够的资金支持与资源投入时，冗长的嘉宾点评、"掉书袋"式的人物风采展示、粗糙的视听设计与制作，都成为快速完成节目的敷衍方式，这无益于节目的文化价值建构，也浪费了题材。就现状来看，已经有不少节目缺乏对市场价值与受众观赏需求的考量，过度追求曲高和寡的文化呈现，导致内容表达僵硬、死板、枯燥，交流之间充满说教气息，于是就无法实现文化价值"春风化雨""润物无声"的传播，甚至有的节目制作水准低下，选手在昏暗的场景里答题，整体视觉、听觉效果差，反而给文化内容的传达造成不良效果。

4.浅表化的呈现

部分这类节目虽然主观上以人类文明传递与民族文化多样化传承为主

旨，但在呈现中仍然只局限于知识点的考查，以至于节目中频频出现"字典哥""字典妹""笔画达人"等选手，把记忆是否精确作为考核的关键点，无疑是对文化的肤浅理解。如在某节目的总决赛中，三位选手轮流接龙比拼背诵白居易的《长恨歌》，以背诵精准度作为角逐前两名的主要标准，这种设计不仅无趣，而且缺乏观赏性。

5. 资本干预下的商业入侵

随着文化题材的市场接受度提升，电视文化类综艺季播节目也获得了来自汽车、医药、金融产品、饮品、手机、家电等行业的赞助，但往往其广告收入量级难与其他类娱乐节目相提并论，也在一定程度上影响了制作水平，所以这类节目经常需要平台的政策倾斜。同时，当资本逐渐成为控制节目制作的要素时，必然会影响节目的文化气质与格调，即与节目气质、平台风格差异过大的广告品牌以及过多的商业干预与操控会破坏节目的文化清流属性。目前，节目已经越来越多地成为商业性的展示平台，尤其是地方平台的节目，巨大的标识经常成为重要视觉元素，商业与文化的冲突很容易导致受众的反感，尤其是知音型受众更会产生抵触情绪。

第二节　电视文化类综艺季播节目的文化表达与传播策略

一、文化表达策略

（一）对题材的持续开拓与垂直深耕

基于品牌效应、以相对固定的模式进行多样化题材节目的创制，并凭借"综N代"的持续季播制作与文化题材的系列开发成为电视文化类综艺季播节目发展的主要方向，而其在迭代开发过程中还应着手推进细分题材制作转向，以摆脱因连续多季制作而产生的审美疲劳。而且，基于文化题材的品牌系列化节目研发也可以为节目创作提供新的视角，包括同一模式下多种类文化题材的开发、同一题材内不同模式的设计等。

1.题材的时代化、系列化、专业化开拓

以题材延展为基本依托策略，这是电视文化类综艺季播节目创作者最常规的创新途径，即将传统样式进行具有时代意义的解读和诠释，让传统文化在一代代受众的接受中获得新的生命力。

目前，电视文化类综艺季播节目对文学与艺术题材的时代化开掘与融合已经取得了一定成果，选题范围涉及古今中外，主要偏向传统文化与精英文化，即本土性、地域性的传统文化为电视节目注入了民族文化的积淀，多主题、宽领域、广视野的境内外精英文化也为电视节目提供了人文涵养。未来，这类节目还应该在文化选题多样化方面持续开拓"蓝海"领域，如可以将所反映的文化类别由传统的语言、文学、音乐、舞蹈、戏曲等艺术层面拓展到包含武术、杂技、书画、文物、曲艺、非遗、美食、服饰、建筑、精神、思想、道德、价值等在内的文化和泛文化题材，以此涵盖并传播古今中外的优秀人类文明成果。

在多样化选题的基础上，电视文化类综艺季播节目还应该通过视野视点的横向融合与纵向挖掘实现文化题材的当代化解读与文艺内涵的时代化理解，即继续立足于寻找当代价值的核心主题，通过将多种艺术形式的融合、多元文化理念的跨界、多样人物故事的结合表达与时代精神的契合点，从而实现价值引领、展现中国梦想和弘扬民族道德。

同时，强调深度挖掘也已经成为当前和未来电视文化类综艺季播节目的重要创作视点，这样的精品节目会更加充分地表现国家和民族的文化自信，并不再刻意将文化题材进行符号化点缀与碎片化处理，而是突出文化本体，更讲求系统性和对应具有文化基础的受众，这样节目品质更高，也更利于实现讲好中国故事、传播好中国声音的目标。如四川卫视的《诗歌之王》，第一季节目的内容呈现着眼于将诗词曲赋与流行音乐相结合，带领受众从日常情感角度理解现代诗歌等精英文化；第二季节目在党中央积极实施中华经典诵读工程的背景下，将诵读中国文学经典作为核心题材进行深度挖掘，以古典诗歌、现当代文学的优秀文化成果作为依托，呈现特定时代的人文价值，为题材提供进一步开掘的空间与可能性。同时，以导师带领选手的朗诵竞赛为形式，体察平凡人情感生活中的思想与故事。节目中还特别设计不同流派导师的示范性诵读，带领选手探寻传统文化中语言及声音对意境的表达技能，展现了人们日常自以为最了解的朗诵的专业深度，为爱好者提供研习范本。

２.基于受众的内容垂直深耕

借助垂直领域的内容深耕、细分受众来定位，实现"小而美"的文化题材开发，同时通过通俗化的读解吸引社会大众的关注，也成为电视文化类综艺季播节目最快见效的创新途径。

（１）应对受众细分的策划

目前，绝大多数这类电视节目对应的是最大数量的受众群，即以中老年为核心的、文化程度不高的受众，于是才会出现以知识记忆为重点的节目设计模式。未来要拓展至更多的受众圈层、提升知识层面和更时尚化，才会吸引有影响力的受众群。而且，对受众层面的拓展并不会排斥原有基本受众，实际上他们大多也喜欢更新颖、更年轻化、更有专业性、节奏更明快的节目。

《诗歌之王》第二季在策划之初就将具有一定规模的热爱诗文、敢于朗诵的爱好者群体作为核心细分受众，从普通大众之前未能感知到的层面入手，选择不同专业理念和风格的代表人物担任导师，再围绕其进行节目核心专业特色的打造，同时力求破除一般节目单向传达的形式，鼓励普通受众跟随导师与选手一同研究、学习和成长。其中，还设计了请各位导师带来他们在专业领域的好友，搭建起促成众多流派的朗诵大师之间、大师与优秀选手之间互动交流的平台，并在讨教比拼的过程中带动屏幕前的朗诵爱好者一起弘扬诵读文化、践行传诵使命，还更进一步提升了专业表达水平。

（２）基于有利于最广泛传播的策略

在满足细分受众核心需求的基础上，电视文化类综艺季播节目还必定要考虑如何扩大社会效益与经济效益。于是，《诗歌之王》第二季充分考虑到朗诵题材的大众基础，并设计以"音诗画"境界的视听呈现、竞技性赛制设计、多元风格的核心导师碰撞等方式进行收视吸引。而且，在筹备初期就以选手选拔为核心任务，从百余名报名者中选择最具有吸引力的种子选手，划分为潜力股型、专业型、故事型、个性型等类型进行人格挖掘与故事呈现，选手年龄跨度从六岁儿童到七旬老人，来自各行各业。节目还结合朗诵内容，力求实现内容与受众的情感共鸣、内在心理参与及行为互动。最后的获胜者是曾经的厨师，于是一群普通人的圆梦和拼搏使节目获得了良好的社会影响力。

（二）努力彰显社会文化价值与审美价值

鉴于当下很多流行的娱乐节目宣扬个人至上与及时行乐，逐渐销蚀了受众的内心向往与谦和礼让，缺少人类精神世界的浪漫含蓄，优秀的电视文化类综艺季播节目能够凭借其内容题材的文化属性和社会价值起到正向引领的作用，未来还需坚守并强调以通过视听手段对文化元素的建构来引发受众的审美接受与文化消费，彰显时代的审美趣味，引领新时代的审美风尚。

1.重视社会和文化价值的电视化呈现

电视文化类综艺季播节目价值内涵的电视化体现，需要通过以小见大、由浅入深的方式引领受众思考，并强调思想情感的去伪存真。如《朗读者》在具体策划时就对所选择的人物有非常具体的要求，即要集情感性、思想性、趣味性、信息性为一体，这在第二季对首位嘉宾薛其坤的表现中就进行了多方印证。

嘉宾时任中国科学院院士、清华大学副校长，曾经是从小梦想成为科学家的农村孩子，还经历了两次考研失败。节目将嘉宾在日本艰苦的读博、科研经历作为呈现重点，具体表现了"坚持不懈方得初心"的意义，让受众产生了感同身受的情绪，也传达了坚定理想、百折不挠的奋斗精神。嘉宾还明确表示要将刻苦科研的精神传教于学生，这也是向社会大众传达科学强国、教育强国、人才强国的思想价值观念。而后，无论嘉宾形容自己是"丑小鸭变成小天鹅"，还是讲导师请自己吃饭的故事时反问主持人是否吃过生鱼片，都增强了故事的趣味性，不仅体现了人物的感染力，还令受众更乐于接受。同时，嘉宾还为受众提供了独特的物理学科信息——其所攻克的量子反常霍尔效应，这不仅是极具专业性的知识点，也有助于表现节目的特色和高端定位。

2.审美价值的多角度体现

电视文化类综艺季播节目能够作为典型的文化产品获取经济价值，往往与其作为艺术作品所特有的审美价值有直接关系，即审美价值能够为受众直接带来美的享受与体验，带来精神关怀和情感共鸣，最终也才能聚集关注。在具体创作中则需要从多角度进行体现。

首先是要充分表现文本的美。无论是文学作品还是非遗类、文物，都是文化类综艺季播节目电视化呈现的核心内容，需要进行精心挑选或深入诠释，让受众真正领悟和感受到美的所在。例如，对诗词等文学作品的表现应该体现出充沛情感对心灵的冲击和吟诵的音韵美，非遗类、文物等要传达出其形色、音律的精美和制作技艺的精深，如果没有这些美，也就没有流传的价值。而且，这类节目特别注重文学性的传达，不仅表现在一些诵读文本内容的选择上，也体现在节目的文学台本中，如串词、人物对话等语言部分。如《朗读者》中，节目创作者不仅精选朗读段落和朗读者，连开场白、串联词等也反复推敲，制作人兼主持人董卿往往亲自写开场白，寥寥数语，绝没有枯燥的说教劝善与辞藻卖弄，使得节目的精华和格调在开场的一瞬间就得以凝聚并呈现，这也是该节目备受称赞之处。

其次是要传达出相关人物的美，如展示者、传承者与表演者在生活中的顽强拼搏、努力钻研、技能高超，还有主持人与学者的博学、表达生动和温文尔雅，都会极大增加节目的审美价值。

在节目形式感和制作层面，如场景、色调、构图、机位运动、剪辑节奏、花字等，不仅要能够与文本协调，还应该能够在总体上表现出清新高雅又明快大气的格调，这不仅是为了诠释"清流"的画风，而且是为了提升文本对受众的吸引力，不是浓重色块的堆砌，也不是无主题的五彩缤纷，而是依照各自类型、性质和核心模式进行现场空间的营造。

事实上，目前优秀的电视文化类综艺季播节目已经进入大制作阶段。为了良好的视觉效果，多机位、摇臂、轨道都很常见，室外航拍或延时摄影等也被熟练运用，灯光也很注重突出和美化人物，而增强现实技术、虚拟立体全息投影、可移动冰屏等也常围绕内容而达成特殊效果。音效方面，现场声音录制质量极大提升，音乐也有更多的原创，或清雅或恢宏，已经超越了以往配乐的层面；音乐主题节目更有一流音乐家的创作，后期还有整体修音。毋庸讳言，视听表达水准的极大提升是当今电视文化类综艺季播节目脱颖而出的重要原因。如《朗读者》采用高端欧美书房和剧场的风格，整体色调温暖而协调，显得高雅大气、隆重辉煌；《中国诗词大会》《诗书中华》等回归中国传统之美，以"海上升明月""曲水流觞"等著名诗词意境作为场景的核心概念，探索了中国古典美学境界的表达。这些不仅让受众得到审美的享受，而且使其美学境界也得到了提升。

（三）叙事紧贴受众认知

电视文化类综艺季播节目在当今的崛起和繁盛无疑也因其采用了接地气、重民意的日常化审美叙事策略。但贴近受众绝不仅仅是加入访谈、讲解元素，即借人物口语化、平民化、大众化的解读来解决内容"曲高和寡"的问题，未来还需要不断构建和表达生活与情感的真实感，对社会发生的事件或重要话题做出积极的反映，并以人物和故事的代入感、情感情绪的同频共振与人文关怀来贴合受众的心理。

1. 契合社会文化心理

电视文化类综艺季播节目能够引起全民关注的深层原因在于其能以文化怀旧的共鸣与情感感染力对受众的社会文化心理产生冲击。正如2014年9月11日在前往塔吉克斯坦专机中，习近平总书记说道："古诗文经典已融入中华民族的血脉，成了我们的基因。我们现在一说话就蹦出来的那些东西，都是小时候记下的。"语言与文学题材节目引人入胜的原因不仅仅在于节目模式的新颖，更在于高度简练的语言文学所蕴含的普遍性知识及智慧、民族精神、性格和道德文化基因。所有社会历史题材也会通过展现仪式场景中的人文情怀、时代人物背后的生命意识、历史事件之下的传统精神等，以契合大众的传统文化积淀、民族审美心理、时代情绪共振等深层集体心理。

同时，节目还可以从反差和对比着手，依靠精英文化的大众化、传统文化的现代化、大众性下的个性化表达等叙事策略吸引受众的目光并引发热议。

2. 以受众的基本认知为基础

电视文化类综艺季播节目的内容叙事还需要采用更具象、更富有视听特征、更易于受众理解的方式来表达。如《国家宝藏》中的微型历史剧在策划创作阶段就曾为符合受众认知的情理而多次进行颠覆性调整与修改。

例如，辽宁省博物馆馆藏鎏金木芯马镫的戏剧文本在录制前修改多达11版，创作者在资料调研时发现普通受众对这件国宝可能很陌生，而且国宝自身的特征也不够直观，于是将其策划短剧的方向转为借用同时代著名历史人物及其故事的方式展开叙述。古代名人与文物可能没有直接联系，但其所处时代会使用类似物品[①]，于是节目以北魏时期的女英雄花木兰为主角，以其脚踏双马镫破敌制胜为主体情节进行编纂。

剧本初创时曾讲述身为将军的花木兰想用马镫增强骑兵的稳定性与战斗力以打败柔然铁骑，但此时御前将军的身份不仅与受众普遍知晓的《木兰辞》中的花木兰身份不符，而且身居高位如有天助的奇思妙想也难以满足受众对故事情理想象的需求。于是，剧本进行了重构：将花木兰设定为一名小兵，其捡拾战场上的马镫而非长矛利剑的行为激起队长的不满，而后花木兰向队长展现技巧比蛮力更重要的道理，并因此得到将军的赏识，最后故事的落点是花木兰凭借马镫以少胜多。显然，此版本更加令人信服，在强化花木兰聪慧大胆的同时揭示了马镫的意义，使宝藏的价值更加明确。

（四）不断创新文化表达

1.努力研发节目新模式

近年来，节目模式的创新无疑对电视文化类综艺季播节目的再兴起到了直接推动作用，而且基于文化本体的内敛特性，未来需要不断对此进行探索。

（1）依托于内容的专业和个性建立节目基本模式

电视文化类综艺季播节目往往以具有专业性、专题化的文化细分题材为主要开发方向，于是节目模式必须是从内容的专业和个性特征出发，通过适当的制作手段，为题材的深度挖掘与后续延伸找到最适合的表现形式，并以此满足电视受众对文学艺术等专业领域的文化体验。

首先是需要基于具体文化题材的特质，做到最彻底的发挥、维护和展现，

---

① 汤浩.寓教于乐的艺术表达：《国家宝藏》栏目历史题材戏剧的创意策划［J］.电视研究，2018（2）：64-66.

即扬其长。例如，民族或民间原生态音乐题材的节目必定更有展演的意味，可以借用歌曲在生活中表演的真实场面调度、包含民族图腾和特有图饰的舞美设计、以景观渲染气氛的大屏呈现等方式，还原或再造风土人情的视觉景观、原生态的音乐景观，而曲目本身所包含的内在情境也能为受众带来印象深刻而独特的审美体验；而诵读内容的节目可以强调对声音质感的展现与情感的凸显，以诵读内容的清晰、准确、动人作为重要评判标尺。此外，这些节目还需要高水准的声音设备和声音剪辑师。

其次要规避对内容的伤害和破坏，避免无意义的环节或手段，即避其短。我们常在节目中见到一些伤害文化内容的设计，如表现魔术训练的过程会造成对其解密，从而会伤害整个行业；对舞蹈、杂技、戏曲、武打等极大耗费体力的艺术样式来说，如果过度崇尚技能，就容易造成演员的身体损伤；有的歌唱类节目采取还音的手段，使节目丧失最基本的真实性和可信度。而且，节目拍摄是否"一镜到底"，对受众并没有太大意义。所以，对原生态音乐内容来说，还要基于歌手的状况设计能够让他们自由发挥的空间，而不是像学院派歌手那样能根据曲谱演唱和使用伴奏带，而且各民族音乐差异较大，不同曲目和唱法不宜争相竞赛。就诵读节目来说，每段篇目不宜太长，以规避其缺乏视觉形象不利于电视表现、受众听觉耐受力相对弱、文学性被电视的具象削弱的特质。

（2）节目元素的陌生化

过去文化类题材的电视节目之所以多年无人问津，就是因为表现刻板和形式雷同。陌生化是打破大众刻板印象的有效手段。

陌生化的创作方法来源于俄国形式主义代表人物什克洛夫斯基，他提出"艺术的手法是事物的'反常化'手法，是复杂化形式的手法，它增加了感受的难度和时延"[①]。也就是说，强调艺术作品应该打破大众习以为常的经验模式，减少自动化程度、破坏事件程式化因素，以此获得陌生的感受。在近年的创作实践中，电视文化类综艺季播节目以此不断获得灵感。

首先是题材的陌生化表达。如《国家宝藏》《上新了·故宫》等选择了综

---

① 什克洛夫斯基，等.俄国形式主义文论选［M］.方珊，等译.北京：生活·读书·新知三联书店，1989：6.

艺的基调，并包容纪实和戏剧的形态、引入嘉宾的真实体验，带领受众走进遥远的历史时空，探寻文化印记和文博价值，真切感受历史人物的内心世界，从而使文博类题材获得新生。

其次是人物塑造的陌生化，具体落实为对名人的"祛魅"与对普通大众的"造神"。"祛魅"源于马克斯·韦伯的"世界的祛魅"，可引申为对非理性之魅力和神圣感，特别是对"克力斯玛"（个人魅力）神秘光环的祛除。[①]"造神"与"祛魅"相对应，意指普通大众通过"加冕"仪式成为英雄人物的过程。尤其是"造神"，更能获取受众的关注，并具有正向激励的社会意义。如《朗读者》通过访谈展示了数位大家、名人乃至大师在生活中的不凡际遇与真情实感；而《中国诗词大会》里的农妇白茹云从诗词中获取战胜病魔的力量、高中生武亦姝过五关斩六将等，都凸显了超凡的人生价值，深度满足了受众走向成功、实现理想的期待。

最后是节目环节的陌生化。环节元素是构成节目表现形式的主体，在电视文化类综艺季播节目中主要指赛制规则、表现手段等。例如，《中国诗词大会》受到电脑开机时显示开机速度比多少人快、一些游戏结束时显示用户击败了多少人的启发，采用了"击败体"式的竞赛规则，选择以击败人数作为选手获得分数的方式，而不是惯常的为题目赋予分值，这种更具有随机性的机制成功建立了百人团选手与挑战者的赛程关系；《经典咏流传》有效放大古典诗歌"以唱代诵"的文化传统习惯，不仅激活了传统诗词融入流行音乐的传播活力，而且实现了节目模式的创新。

2.精心建立情感参与的场域

"传播的仪式观"是由美国学者詹姆斯·W.凯瑞基于人类文化传承角度所提出的传播理论，即相较于在地域范围内以共时性模式拓展信息的"传播的传递观"而言，"传播的仪式观"更加强调社会大众在"共同的场域"中以历时性模式通过集体或共同的身份进行体验情感。[②]基于此，学界还将场域作为仪式传播研究的理论支点进行概念延展，并提出"仪式传播的场域，不是

---

① 王泽应.祛魅的意义与危机：马克斯·韦伯祛魅观及其影响探论［J］.湖南社会科学，2009（4）：1-8.

② 凯瑞.作为文化的传播［M］.丁未，译.北京：华夏出版社，2005：7.

（布尔迪厄认为的）一个争斗或博弈的游戏场，而是具有某种传播氛围的特定时空与心境"①。这对电视文化类综艺季播节目的创作来说起到了至关重要的作用。

在此借用社会学的"场域"概念，尤其是其并非单指物理的时空，也包括他人的行为以及与此相连的许多因素。相较其他类综艺节目，电视文化类综艺季播节目需要更注重通过仪式化的节目时空建立和精神信仰的传播来建构集体记忆、引发情感共鸣、凝聚群体力量、维系社会秩序，以促进节目对人类生存状态和精神处境的关切和思考，最终达成对人类心灵的慰藉和启迪。从参与者个体的角度来看，具体可从以下三个层面入手。

（1）物我场域：用场景连接心理情绪

物我场域也被称为"营造场域"，"是参与者为仪式传播所营造的、承载着仪式意义的特定时空和某些场景附属物"。②这不完全等同于强调外在符号的舞美设计，而是创作者借助心理情绪连同物质场景进行该场域的营造，可通过具有内涵特征的景片、LED大屏、地面投影等奠定静态舞台的场景设计，同时配合灯光音效与舞台机械、特技等手段，尤其是要有主持人、嘉宾等引导实现参与者在场域中与具有仪式象征性的时空环境及附属物产生沉浸性的情感交流，使节目成为艺术品并即时实现仪式感的膜拜价值。具体还要落实为人物出场仪式、制式语、表达节目内涵的舞台设计与空间塑造等。

如《朗读者》第二季开场，伴随着纱幕投影的虚拟时钟、开放的花朵蔓延、舞台正上方繁星般的灯光，全场灯光渐渐聚焦于舞台中间的门，主持人在标志性音乐中从门内走到舞台中部。而朗读者从书房起身走向通向舞台的门，门外灯亮后镜头跳至观众角度，主持人和嘉宾在掌声和音乐声中走下台阶……场景努力营造出的"光韵"，即"在一定距离之外但感觉上如此贴近之物的独一无二的显现"③，以此引导受众沉入其中，继而进行凝神观照与沉浸式

① 张方敏.仪式传播场域论纲：对传播仪式观研究支点的探索［J］.当代传播，2015（5）：18-20，49.

② 张方敏.仪式传播场域论纲：对传播仪式观研究支点的探索［J］.当代传播，2015（5）：18-20，49.

③ 本雅明.机械复制时代的艺术作品［M］.王才勇，译.北京：中国城市出版社，2002：13.

的情感交流。

（2）人我场域：让人物产生共同感受

人我场域也被称为"体验场域"，是个体与他人共享仪式、共同体验的场域，每个参与者都能感到自己和他人有着相同的体验、强烈的同在感。[①]对于电视文化类综艺季播节目而言，就是要强调人物与情境的关系，以具有感染力的鲜明事实或人物引起主持人、嘉宾、选手、观众等所有参与者的共同感受与审美体验。如《中国诗词大会》第二季选手白茹云来自河北农村，节目的舞台情境与其质朴气质形成了鲜明的反差，而在其讲述自己患癌医治并与诗词结缘的故事后，这种反差也就转为节目对农妇坚韧毅力的赞许与诗词激励大众勇敢前行的精神弘扬，最终还实现了现场参与者和受众的情感体验共享。

（3）自我场域：个人化的体验反思

自我场域也被称为"反思场域"，是参与者对内容进行反思，即根据自己的理解以及与他人交流共享的体验来加深自己对仪式意义的认识。[②]不同于物我场域的大众性与人我场域的人际性，自我场域更偏向内向体验，要经过自我认识达成自我觉醒。电视文化类综艺季播节目所追寻的目标不仅是文化经验、审美趣味的情感传递，而且是更自我场域的体验反思以完成思想性的建立和传达。于是，该类节目经常运用带有情感烈度的嘉宾故事引发受众对于人生的思考，并体现在节目播出后的话题讨论中。如《朗读者》第一季嘉宾余秀华以极不清晰的口齿艰难地朗读了自己的诗作《给你》，一字一顿的苦涩声韵无疑是不完美的朗诵，但也正向大众传达了绝望而无所畏惧的爱情观，顿时引起微博、微信等社交媒体上的热议，大众对残缺迟钝的肉体与倔强丰满的灵魂关系产生了思考，并纷纷表达惊奇和赞叹。

二、传播策略

在融媒体背景下，电视文化类综艺季播节目的传播也要符合电视媒体传

---

① 张方敏.仪式传播场域论纲：对传播仪式观研究支点的探索［J］.当代传播，2015（5）：18-20，49.

② 张方敏.仪式传播场域论纲：对传播仪式观研究支点的探索［J］.当代传播，2015（5）：18-20，49.

播的总体趋势，重视跨屏和场景分发以及话题互动，但还有更独特的传播特点，即更显示了范围经济的效应，要结合产业链条的拓展来进行传播。

（一）品牌的系列化创制

具备现象级特质的电视文化类综艺季播节目应持续完善"综N代"创制，依靠强大的社会影响力与品牌效益以及多代收视的叠加效应，促成新的收视热潮，并扩大传播范围。同时，相应品牌的系列化传播也能制造良好的效应，如中央电视台的"大会"系列持续引发相对较高的关注。

事实上，在激烈的品牌竞争过程中，这类节目还凭借其收视热度及政策导向优势持续进行内容资源的横向精品打造，并实现了素材增值与品牌建设。如基于相应内容资源，制作节目碎片或者以纪录、专题为主要形式的相关内容分发到不同端口。

同时，受到广泛关注的内容资源也不断被其他内容样式的节目借鉴或吸纳，如一些选手、作品会被引入中央电视台或地方台的大型晚会、特别节目中，实现了诸多大型特别节目与季播节目的双向互动传播，这必定也进一步提升了品牌影响力与受众的认同感。

（二）产业化与传播结合的探索

电视文化类综艺季播节目具有较高的引导力、影响力和公信力，因此具备更高的传播优势。其很早就尝试对文化品牌的产业化纵向探索，如出版原读本、相关知识教育书籍、音像制品等。目前更要在融媒体的语境下积极开拓跨媒介的内容叙事和传播，并成为汇聚社会资源与商业资源的整合平台。不仅要跨屏播出，还可以结合VR将纸质文本与视听文本进行融合，引流视频观看等。同时，还要进一步推进书籍跨文化领域的出版流通，诸如展开版权合作、翻译多语种版本，配合节目内容版权售卖及模式输出，一些具有强知识教育性的内容可以直接延伸至教育行业等，可以线上应用、推广等方式进行受众导流，从而实现节目价值的多端触达。

作为产业的一环，节目还可以"电视+电商"的模式进行运营。如文创题材节目可以尝试与电子商务、电商直播进行合作来打造"边看边买"模式，也可以通过挖掘特定的文化产业与产品实现品牌定做，最终达成消费性传播。

（三）多方打造全民参与的实体活动

通过大型活动来实现品牌形象的塑造与传播，本是电视媒体品牌营销的重要方式。而口碑甚高的电视文化类综艺季播节目更具有打造全民参与的文化活动的优势。如以《朗读者》为代表的文学题材节目努力营造"书香中国"的浓厚氛围，通过文本的情感激励、朗读亭的设置点燃了大众心中的阅读热情，更是吸引了许多人参与到"全民阅读"的活动中来。朗读亭既是节目的一种宣推方式，又是一种让爱好者抒发情怀的去处，为节目带来良好的口碑。

未来，这类节目可将内容延伸到更多的线下实体活动中，形成内容与活动的深入呼应与互动，特别是可深入城市居民、义务教育阶段学生、博物馆及书店文化群体、高校学生中，举办近距离的实景体验、文艺展演、文化讲座、嘉宾分享、开播看片会等。同时，一些具有社会意义与文化价值的大型活动可以通过电视化包装成为节目的特别内容与衍生节目，既可以更推动文化活动的全民化，也能为该类节目的可持续性制作提供受众基础。

（四）契合青年受众的兴趣点

媒介融合背景下的电视文化综艺节目要想获得真正发展，必须不断增强对青年群体跨屏收视的吸引力，这不仅是新的时期进行传统文化弘扬与传承、社会主义核心价值观培育与践行的重要任务，也是电视文化类综艺季播节目的重大价值和责任。

可以通过年轻化包装的方式与该类群体的社会情感与内在潜意识相契合，以引发其关注与收视行为，同时推动优秀文化内容与青年一代进行有效对接。实际上，年轻化包装策略的核心是要用娱乐手段推动青年文化与传统文化、主流文化的协调，这并不意味着泛娱乐化趋向对文化的裹挟。创作者需要认识到娱乐是现代社会大众的基本心理需要，现代社会的世俗化趋势已经使"乐"有了独立的价值与意义。[①]此娱乐并非过度娱乐化，而是要减少直白的说教灌输与生硬的概念传达，以审美化的效果、青春化的时尚气息实现文

---

① 　陶东风.世俗化时代文艺的消遣娱乐性［J］.文艺争鸣，1996（3）：13-16.

化的现代化传达。文化类节目不是严肃的上课，而应该让受众在轻松愉快的氛围中获取知识，生动活泼、时尚包容、共享美好，这也是现代教育的发展方向。

（1）适当运用名人效应

邀请名人参与已是市场化运作及传播中的常见策略，而电视文化类综艺季播节目的名人效应不仅看重新媒体时代的流量指标，而且注重名人的文化气质与亲身体验，并以通俗的面貌进行文化的弘扬，让节目内容在青年群体中广泛传播。所选嘉宾要具有社会影响力和专业满意度，其身份及经历、定位也必须适合节目的主题设定，契合节目经典化、文化性的基调。而且无论学历高低，参与的嘉宾都要具有较为厚重的故事性、文化底蕴、文化情怀和人生理想，这样对受众才能有引导力和说服力。

（2）注重时尚性

时尚意味着社会审美诉求与文化取向的前沿地带，它在很大部分上是年轻人的审美取向。如近年出现的"网感"概念就指因互联网发展而不断形成的、能反映流行趋向的、能吸引青年关注和广泛认同的认知、行为方式和价值观。

电视文化类综艺季播节目的网感塑造主要体现在人物选择、语言及叙事方式、科技手段的应用等方面。首先是要通过具有一定热点的参与者展现其性格的独特性或代表性，可以个性化且活泼、暖萌的语言风格带动或调节节目气氛。其次是节目通过叙事方式的转变来呈现创意并营造反差，如在表演片段或是访谈沟通中体现后现代解构色彩、流行语言和概念。同时，节目还可应用最新科技手段来彰显创新和紧跟潮流，如舞美设计将科技与文化韵味进行结合，用即时在线虚拟技术、立体投影技术等营造华美效果，用天轨吊装和移动道具设备、冰屏柱等现代舞台装置变换场景，而且明快、柔和、协调、清新的视觉效果能更吸引年轻受众的注意力。

第八章　电视晚会的创作与文化表达

第一节　我国电视晚会的概况

一、概念、类型与文化发展脉络

（一）概念

晚会，顾名思义，本是指在晚上举行的、有现场观众观看的文艺表演的聚会。就电视晚会而言，其观众的聚集性更是超越了现场演出的规模，是延伸至屏幕外跨越时空的聚集。

事实上，现场收看与屏幕收看的观看感受会有一定差别，由于观看距离较远，现场观众无法如电视观众般细致地捕捉到演出中的细节，却能在现场热烈的气氛中获得审美享受；而通过电视屏幕收看的临场感和震撼感会相对较弱，但随着电视制播理念及技术的不断发展，电视观众获得的沉浸感也在不断提升。另外，在一些特殊情况下，也出现了不带现场观众的晚会，如一些主题性的晚会、疫情期间的晚会等。

为了获得良好的观赏效果，绝大多数演出会在晚上举办和录制，但同时出现了一些在白天举办或录制的演出活动，因为在内容构成元素和形态上都具有较高的相似性，也沿用了"晚会"或"特别节目"的称谓。由于电视晚会经常在节假日举办，于是一些以节日为题的、非同一现场的、包含了多个文艺节目的节目也被称为"晚会"了。

就"电视晚会"这一概念来说，应该具有电视的特质，即创作者要遵守电视艺术的规律，具有电视化的理念。首先，由于电视录制技术的局限，其视觉效果必然是灯火通明的。其次，电视晚会可以直播，也可以经过后期剪辑再播出，而且能做到多个时空的跨越和转换，即拥有多个演播现场或插播其他时空的画面。同时，由于电视晚会的传播媒介是大众媒体，所以必须考虑公众的审美需求和艺术喜好，于是其内容往往具有多样性、综合性。

（二）类型

电视晚会的体量庞杂、形式多样，分类方法也各有侧重，如按播出状态划分，可以分为直播型晚会和录播型晚会；按照播出时间划分，可以分为栏目型晚会和节庆型晚会。获得普遍公认的方式是以所涵盖文艺样式的多寡进行划分，分为电视综艺晚会和电视专业晚会。后来紧紧围绕特定主题的晚会越来越多，又延伸出了专题晚会。为更好地贴近实操从而指导实践，这里主要采用电视综艺晚会、电视专业晚会以及电视专题晚会的划分方式。

1.电视综艺晚会

综艺晚会是最常见的也是数量最大的晚会形态，其"综艺"在于一台晚会中包含了多种文艺样式。各台的春节联欢晚会等时间较长的节庆晚会就是典型的电视综艺晚会。该类晚会具有三个重要特性：一是内容的多样性，将歌曲、舞蹈、相声、杂技、魔术、小品等多样的艺术形式通过有效的编排与串联融会贯通，为受众带来活泼的观演氛围和震撼的视觉效果。二是受众的广泛性，因其可以满足多样化的收视需求，特别适合长时间、家庭聚集式观看。三是具有一定的创作规模与制作难度，需要同时协调大量的演出、制作人员和素材，尤其直播更需要高水准的团队进行创作。

在市场化的趋势下，综艺晚会的娱乐功能得到极大延伸，更重视表现欢聚、庆祝乃至一种集体的狂欢。于是，政府和媒体也充分利用这一点来制造巨大商机或引发轰动效应。从具体表现看，当市场化程度越深，晚会的视觉效果就越华丽、变化越多，明星也越多，也可能主题就越难以集中和深刻。而且场面越大，晚会的性质就越偏向歌会。

2.电视专业晚会

与综艺晚会相比，专业晚会涵盖的艺术样式相对较少，如以歌曲演唱为主的歌会、以文本朗诵为主的诗会、以戏曲表演为主的戏曲晚会等，其创作目标是满足对某种艺术样式深度喜好的知音型受众的审美需求。正因为艺术样式比较单一，这类晚会的主题表达往往会具有一定的特质，如朗诵相对高雅、慷慨激昂、引人深思的话语在反映家国之情与伟大人物方面有着天然的优势；歌舞更能营造热烈的现场气氛和视觉效果；相声、小品能增添欢乐的色彩。在诸多专业晚会中，歌会因其气氛热烈、更具时尚气质，且更容易邀请明星参与、受众接受门槛较低，故相对具有较高的市场价值，也成为各台跨年晚会的首选形态。不过，近年来由于跨年歌会的扎堆造成了受众的审美疲劳，一些平台也另辟蹊径地打造出知识跨年、文化跨年等概念与形式，其本质也属于专业晚会，即将演讲、脱口秀等形式作为一种语言艺术表达来进行电视化呈现。

3.电视专题晚会

晚会的形态与主题表达有最直接关系的是专题晚会。专题即独特、专门的主题，所以专题晚会有时也被称为"主题晚会"。

专题晚会并非完全独立于综艺晚会和专业晚会之外，而是与二者时有交叉。其特殊性在于，如一些晚会的主题十分重大、特殊，甚至为某个突发性的、覆盖全社会的事件而创作，这就让艺术属性不再是晚会的绝对主体，而是成为衬托和点缀纪实、调剂节奏和吸引视线的存在。因此，若完全按照艺术形式的多寡来将其划分为综艺晚会或专业晚会，就不足以概括其类型特征。正如专门维护消费者权益的"3·15晚会"，受众大多并未将目光集中于文艺表演，而更在意节目揭露的违法商家和相应的维权途径。

在综艺晚会较多的创作环境中，专题晚会可以凭借深刻的思想性和独特的功能性取胜，同时通过对主题的精准设置和明确表达来获得大众关注。由于可能具有较强的纪实性，专题晚会的气氛一般不如综艺晚会那样热烈，艺术的专业性也难以超越单纯的专业节目，因此更需要在主题思想的表达上精雕细琢以强化独特性。

在专题晚会的范畴内，根据创作手法及功能也有不同的类型细分，比较常见的有行业晚会、颁奖晚会和纪念型的专题晚会。

行业晚会一般聚焦于行业介绍与成就、典型人物事迹等，如"双拥"晚会、公安部晚会、航天晚会、教育或医学界的晚会等。这类晚会的创作需要兼顾行业特点和普通大众的观赏需求，具有一定的行业宣传功能。在这样的诉求下，现场采访、短片等方式往往会成为创作者的首选，以此来展现重点人物和事件，同时文艺表演也紧紧围绕行业特色进行设计，相对来说纪实性较强。近年来随着产业化程度不断加深，一些行业的商业广告类晚会兴起，如《天猫双11狂欢夜》等，其往往具有很强的娱乐性，主题就是实现商家的售卖诉求，推动受众的追随式消费，因此投资者会为追求高收视率而不惜代价。

颁奖晚会数量比较大，主要以颁奖进程为贯穿线索，文艺表演一般用来调节气氛与节奏并完成特定功能，如致敬、回顾、升华主题等。一般来说，这类晚会的核心内容由主持人、颁奖嘉宾及获奖人完成，其结构还会受到其相关的比赛赛制的影响。在直播的颁奖晚会中，文艺节目还往往具有控时功能性，如配合评选和颁奖流程，为选手比赛留出准备时间或是为计票留出时间等。

纪念型的专题晚会主要以纪念历史上具有重大意义的事件和人物为主题，往往具有鲜明而深刻的主题性、思想性，文艺表演全都围绕重大历史事件或传统文化事件编排，形式可以包括戏剧表演、歌舞、朗诵等，整体风格较为严肃崇高，能够集中地展现家国情怀，铸牢中华民族共同体意识，具有代表性的节目如《奋斗吧中华儿女》《英雄儿女——纪念中国人民志愿军抗美援朝出国作战70周年文艺晚会》等。

这类晚会也有相对平和的主题，正如河南台打造的"中国节日"系列，较为专注地表现了中国中原一带传统文化节日的古代生活场景，并串联起古代题材的歌舞节目，整体纯粹、明快而又直接，以独特的面貌形成系列"炸点"，最终引来全国受众的关注。

（三）文化发展脉络

1.开端与成熟阶段

在还没有电视的时候，晚会就是一种深受人民群众喜欢的文艺演出样式。

例如，1956年中央新闻纪录电影制片厂张骏祥导演的《春节大联欢》就是围绕春节晚会展开，参加该晚会的有著名作家、表演艺术家、英雄劳模，如老舍、巴金、周立波、杜鹏程、孙谦、陈其通、袁雪芬、梅兰芳、侯宝林、钱学森、华罗庚、郭沫若、荣毅仁、乐松生、郭兰英、张瑞芳、白杨、赵丹等。不过和后来电视直播模式的春晚的创作思维不一样，影片整体内容以一台春节晚会的举办作为"剧情"，其中晚会的文艺节目主要应对了当时社会主流群体的文化需求，既有脱胎于中国传统舞台文艺表演的音乐、舞蹈、戏曲、曲艺，也有主要是苏联影响下的外来的作品或样式如一些歌曲、小品等，其演出外的部分也是表演，如侯宝林匆忙赶赴晚会现场的情景也是影片的有趣"情节"和节目。

电视中播出的晚会最早也是转播社会上的创作。如1958年6月北京电视台（中央电视台前身）进行了第一次剧场文艺实况转播——残疾军人的文艺演出，从此现场实况直播逐渐普遍。电视上第一次举办综艺晚会是1960年的春节，包括诗朗诵、相声、歌舞等多种节目形式，到1963年时春节联欢晚会已长达四小时了。

1961年播出的专业晚会《笑的晚会》以笑为主题，以传统曲艺中的相声为核心，深受观众欢迎。于是后来又加入了戏剧片段、小品等形式。不过后续的两台引来观众来信严厉批评，反映了当时不同阶层文化理念的激烈冲突。

"文化大革命"期间的晚会不多，内容集中于对应现实斗争、破除传统文化的影响，充分表达文化的"革命性"创新等。同时，为了彻底落实毛泽东在延安文艺座谈会上提出的"为政治服务、为工农兵服务"要求[①]，观众更容易理解和接受的诗歌朗诵会转播量加大。

随着"文化大革命"结束，春节晚会也得以复播，传统文化内容逐渐复归，如1978年的春节联欢晚会中就出现了猜谜、戏曲等与传统文化直接相关的节目。因为演播室面积的限制，此时的极少数观众都是英雄、劳模、少数

---

① 1942年5月，毛泽东亲自主持了由文艺工作者和中央各部门负责人参加的延安文艺座谈会，并就"文艺工作和一般革命工作的关系"与"文艺为什么人服务和如何服务"作了讲话，形成文艺要"为（无产阶级）政治服务""为工农兵服务"的"二为"方针，从而在很长一段时间成为中国共产党对文艺工作的指导思想。

民族等代表，节目整体内容面向工农兵等主流民众的需求。

1983年的央视春晚是目前春晚模式的首届，它标志着我国电视文艺综艺时代的开始，也是电视综艺晚会这一样式辉煌阶段的开端。此后，创作者们进行不懈探索，极大丰富和发展电视晚会的内容和样式，不仅让传统文化艺术得到恢复和提倡，而且是在"二为"方针指导下进行文化的大众化、时尚化和现代化，如春晚场景从开始的茶座式到后来的体育场馆甚至插播外地场景，演员也来自全国各地，都是实实在在地力求兼顾各地区、多层面的受众。正因如此，其内容既要表现中华民族和文化传统，又要反映时代的进步和主流意识形态，同时为了表达国家的统一意识，港台地区的文化艺术也得到前所未有的表现空间，呈现出文化的开放和包容状态。而且，每一台春晚都必须呈现吉祥、欢聚、喜庆、充满希望的基调和面貌，这是春节的民俗文化属性所决定的，也是受众对未来生活充满美好期待的具体表达。

毫无疑问的是，随后春晚所呈现的节目都成为社会文艺创作的风向标，引领了全社会的文化发展趋势，让所有文艺创作的终极目标都指向电视播出。

2.繁荣阶段

1990年，电视晚会进入体量和文化的大繁荣时期，每逢节庆或重大事件节点，晚会必然成为最具有欢庆意味的选择，成为大众文艺最恰当的汇聚载体。同时，晚会创作的专业化也得到大大提升，无论是具体节目的编创，还是在技术支持下的电视化视听效果打造，都达到了全新的高度，不仅受众接受度极高，还直接引领了社会文艺创作，让中国整体的文化艺术表达融入了电视化思维。

1998年的央视春晚取得了空前的成功，不但有极高的艺术水准，也体现出多元的文化景观，如那英和王菲演唱的《相约一九九八》，刘德华、张信哲、毛宁演唱的《大中国》等均体现了大众流行音乐的魅力；李光羲、李谷一、张也演唱的《走进新时代》、赵忠祥朗诵的毛主席诗词《卜算子·咏梅》既是主旋律的表现，又是歌颂了几代领导人的功绩；瞿颖和周洁等表演的《缤纷四季》服装秀等融合了外来文化；少数民族歌舞《万鼓催春》等让观众看到了民族艺术的繁花似锦；三大段戏曲荟萃表现了中国传统文化艺术的博大精深……这样一台文化内涵丰富、视觉效果令人惊奇的晚会，展示了当代综艺晚会创作的专业化水平。

1999年秋，南宁国际民歌艺术节开幕式晚会《大地飞歌》首次亮相，会聚了国内外的顶级民歌演唱者，搭建了堪称当时国内最大的4800余平方米的舞台，以动听的歌声、华美的歌舞演绎了国际化的"新"民歌理念，打造出广西的著名文化品牌，开启了业界对广场晚会的探索。2000年1月27日《同一首歌》在中央电视台开播，这个将晚会栏目化的节目带着通俗歌曲和流行明星到全国各地开演唱会，使晚会成为"万人大合唱"的样式——广场歌会，因受到大众热捧而成为电视晚会产业化的典型样式。

之后，央视春晚也悄然产生了一些变化，广告大户取代以往的英雄劳模和少数民族代表坐在了观众席的前排，整体的审美和文化品位也越来越趋向于大众化，文化的商品属性和消费性逐渐成为电视晚会的文化特性，晚会也成为大众狂欢的文化空间。

3.发展与分化

自2003年起，晚会的规模不断收缩，从大繁荣逐渐过渡为平稳发展的状况。也正因为体量和数量的限制，晚会室内与室外形态进一步分化，综艺与专题的思路分化也愈加鲜明，内在文化表达也因为形态的分化而各有侧重。

如中央电视台在2003年推出的《魅力西部》晚会将浓郁的各民族风情与文艺表演结合起来，把真正的民间艺人、民族歌王请到现场，对多首广为传唱的传统民歌在编配、演唱等方面进行时尚化、国际化的改造和提升，使晚会大气、热情、清新又动人。

2005年中央电视台的《"江城月·中华情"中秋双语晚会》成为户外景观晚会的代表，晚会面向全球华人，聚集海内外华人歌手，尤其是月与水的意象交相辉映，展现了"团圆""思念"等极富中国传统文化内涵的情感。

同年，湖南卫视延续《超级女声》的超高人气在深圳举办了跨年晚会，以时尚年轻的歌手云集的场面和绚丽流行的风格获得青年受众的喜爱，开发了电视流行文化的典型样式，后来也引发各大电视平台借跨年争相向年轻受众展现时尚文化。

2007年第二届中国中部投资贸易博览会文艺晚会则以高端视听科技为支撑，搭建了当时国内最恢宏的舞台，可谓广场歌会视听效果的登峰造极之作，显示了现代电视媒体的视听奇观。

2010年北京卫视打造了"春晚播出带",其中推出的第一届环球春晚打出"牵手世界,欢动五洲"的口号,邀请中外明星同台献艺,既展现本土文化,也以较多篇幅汇聚异域文化和艺术,而且更照顾大众视角和年轻人的品位。2011年的"春晚播出带"更首次推出网络春晚,分别以"潮人""经典""传奇""欢乐""梦想"为五场晚会的主题,通过邀请网络传奇人物、演唱网络"神曲"等,让明星和普通人同台献艺,由此触发了"网感"的融入及网络文化的表达。

2013年,电视晚会骤然"降温"。一方面是由于2012年中共中央政治局召开会议并审议的《关于改进工作作风、密切联系群众的八项规定》,另一方面则受同年1月31日国家新闻出版广电总局发布的《关于节俭安全办节目的通知》影响。同年8月13日,中宣部、财政部、文化部、审计署、国家新闻出版广电总局联合发出通知,要求制止豪华铺张、提倡节俭办晚会。此后,各级电视台都缩减了自办晚会的数量。

2015年11月10日,《天猫双11狂欢夜》以台网联播的方式登陆湖南卫视、芒果TV和优酷土豆。自此,商业广告类晚会开始频繁出现在观众的视野中。之前,电视上也曾出现过行业晚会,但基本上是从主题晚会的思路歌颂行业英雄的奉献以及成就,诸如《同一首歌》《中华情》《欢乐中国行》之类的晚会对商家宣传也是相对含蓄的。而"天猫盛典""OPPO盛典"这样的纯商业宣传晚会在电视中明确存在并直接用流量明星吸睛,表明了消费文化在当今的盛行,这类晚会也因为投入充分而把创作重点放在视听奇观的创新和打造上。

2017年,党的十九大报告明确指出要推动中华优秀传统文化创造性转化、创新性发展,之后的春晚等大型节庆晚会更加注重对文化的深度挖掘和展现。2018年央视春晚彰显了国家媒体对文化的全面感知、把握和表达能力,如其中对传统文化的表达就落实在多个节目和多个层面,特别是打造了"国宝回归"特别环节,让受众在绮丽的山水中静观古代丝绸之路的繁华壮美;分会场之一设立在孔子的故乡山东曲阜,意在宣传我国古代最重要的儒家文化;还有一个分会场设立在黔东南肇兴侗寨,呈现了华美的少数民族节日盛宴和传统歌舞;而相声《我爱诗词》呼应了近年来的文化类综艺节目热潮,呼唤诗意的回归……这些设计思路在后续多年的春晚中延续。

2010年河南卫视的春晚《唐宫夜宴》引发受众对传统文化题材的关注，随后该台延伸其效应推出一系列以"奇妙"为名的节目，多以"唐宫小姐姐"及其前传为串联线索，融合网剧、动画等手法，将多个传统样式的歌舞、器乐表演等放到实景中拍摄，成就了独特的节庆晚会面貌。

二、创作特征与面临的问题

（一）创作特征

1.电视晚会的整体特征

（1）更适合打造喜庆、欢聚、隆重的主题氛围

喜庆是电视晚会与生俱来的特性，各种艺术表演多是出于表达欢乐、喜剧的目的，晚会因此往往用于表达热烈、欢聚、隆重、美好的主题和情绪，从而可以容纳多种艺术样式，使绝大多数受众都可以从中找到自己喜爱的内容，进而实现吸引全家、全民甚至全球受众的快乐聚集，并留下深刻的集体文化记忆。

不过，这并不意味着电视晚会不能表现悲苦和哀伤。在实践中，与灾害、疫情等有关的主题晚会也存在，但相对数量很少，而且往往是要发挥晚会的聚众效应（聚集明星和受众）。换句话说，晚会对于愤怒、悲伤的表达远远不如新闻纪实专题节目来得透彻。而喜庆的晚会中也有让受众热泪盈眶的片段，是出于主题表达的需要，也能起到加深印象和反衬的作用。如1985年央视春晚曾经有较多的悲情内容，就招致了激烈批评。尤其是一般的传统节庆晚会，创作的初衷就是要让受众在观看时以及观看后感到愉悦、吉祥和振奋，能在快乐的氛围中度过节假日。为了达到这个目的，小品、相声以及歌舞就逐步成为晚会的"三大支柱"，加上明星云集，晚会整体便具有高度娱乐性。

相较之下，晚会的总体风格使其不适合表现特别深刻、沉重而深情的内容，即便做了，宣传效果也不会太好。在具体操作上，一般的晚会在表达感情时往往设计的是动情点，如果现场出现号啕大哭的状况，就可能改变节目的基本属性。

（2）打造视听盛宴

晚会容易受到更多的关注，首先在于它不是日常性的节目，而是只有在特殊时刻存在的、相对稀有的节目，即便是栏目化的晚会，也一般是在周末黄金时段播出，自然应该比一般节目更隆重、华丽、热烈。其次由于对其进行了较高投入，明星云集，视听效果普遍较好，有较高的观赏性，从而收视回报也相对较高。

常有人质疑晚会的豪华，但晚会一旦朴素，内容与视觉效果自然会受到影响，其竞争力也随之下降。现实中，诸多收视强劲的晚会是需要相应的投入来支撑的，尤其是一些景观晚会，需要在舞台、灯光、置景上下大力气，因为视听美感是晚会表现的基本属性。而大明星的到场，也需要支付更多的出场费，因为他们是晚会收视号召力的重要来源。

（3）包容丰富的内容题材与艺术样式、手段

晚会本身就是多种艺术样式的集合体。早期的电视导演遵循"本体性"的创作理念，力求忠实完整地再现艺术本体，将舞台上的晚会尽可能完善地转播。后来，随着电视化意识的出现，电视晚会在内容题材和艺术样式的表达方面都有了较大的发展和变化。例如，歌舞、相声、小品等节目样式被更多运用，这些必然是能带来更多欢乐和更具有观赏效果的节目样式；节目的时空被拓展，如1989年央视春晚有大剧院和演播室两个时空，后来的央视春晚还有多个分会场，通过现场大屏幕实现跨地域联动。同时，电视创作者们不断创新表达手段，如可以通过舞美装置加上灯光的变化营造多种氛围，可以利用大屏幕制造不同时空，可以用音乐旋律起伏和变化来制造晚会节奏，还可以用采访与演唱结合的方式表述主题、达到共情效果。近年在新技术与艺术的互动下，无论是虚拟实时再现还是多种活动屏幕和特效的使用，都创造了极为新鲜和刺激的视听震撼。毋庸置疑，电视晚会是当今极富文化和艺术表达价值的节目样式。

（4）围绕主题表达进行内容架构

每一个晚会都有主题，这是内容和形式的依据，也是晚会举办的理由和要达成的目标。在主题的引导下，电视晚会需要用精细的结构设计包容丰富的内容题材和艺术形式，最终形成跌宕起伏、高潮迭起的整体。

电视晚会常见的结构有珍珠项链结构、版块式结构、平行并进结构和复合结构。珍珠项链结构的"珠"即具体的节目，一般以主持人串联为明线，也可以多条线交织（如1990年央视春晚采用三个队竞演的形式），将丰富的节目串联成一体。版块式结构则是围绕晚会的整体主题设计多个具有不同子主题的版块，每个版块相对独立但逻辑相通，有时也会通过字幕或报幕强化版块的形式感。平行并进结构多见于设立分会场的电视晚会，借鉴电影艺术中平行蒙太奇的手法，将不同时空的表演组合在一起，由此还可以造成隔空对话、多地共唱同一首歌的视听奇观。

对一些特大型电视晚会而言，单一的结构设计无法满足其主题表达层次丰富的需求，于是综合性地应用多种结构就成为创作者的必然之选，如央视春晚主要采用珍珠项链结构或版块式结构，但处理分会场时则采用平行并进结构。其实还可以有更多的结构方式，音乐舞蹈史诗类晚会就常采用编年史结构进行整体框架的搭建，如庆祝中国人民解放军建军90周年文艺晚会《在党的旗帜下》，创作者就以建军90年来不同的发展阶段作为结构划分的依据；还有剧情或故事式，如《英雄儿女——纪念中国人民志愿军抗美援朝出国作战70周年文艺晚会》就以菊花与强子夫妻的戏剧线来结构；等等。

（5）塑造具有电视特性的时空

电视晚会发扬了电视媒介本体的时空塑造特点，即可以组合不同时空的表演，这是与非电视化晚会的最根本的区别。

首先，电视晚会可以实现多个现场的共同演出，如央视春晚借助直播技术手段联通各分会场，各分会场代表不同的地域特色与文化意义，主会场与各分会场的节目在主题逻辑引导下顺序表演，时空衔接转换自如。再如中央电视台的《东西南北贺新春》就将东、西、南、北多个地方的节目进行录制，再通过后期组接为一体，在展现各地春节习俗的独特性的同时展现了华夏大地群众共庆新春的喜庆景象。

其次，晚会还经常借助现场屏幕或技术手段完成时空扩展，其中最常见的做法是用大屏幕直接呈现不同场景，以改变演播时空。近年来，虚拟实时再现技术更是发挥了巨大作用，如近年来江苏卫视的跨年晚会连续并普遍地使用虚拟技术，与晚会现场表演或呼应或独立，形成极富趣味的视觉效果。

电视晚会还可以在一个节目内进行时空转换，形成连贯的空间延伸。如多年前央视春晚就开创了电视化的歌舞节目，最典型的如1989年央视春晚的《版纳三色》《跳起来》等，成为晚会电视化的标志性节目。典型的用大屏幕制造时空的还有2007年央视春晚的《进城》。到2012年的央视春晚，已发展到运用多重手段打造360度场景，如舞蹈《雀之恋》的结尾是大屏幕为现场观众构建了美轮美奂的孔雀开屏，而《风吹麦浪》《龙的传人》等就是大型智控舞台结合虚拟实时再现等技术的综合运用了。河南卫视的《清明奇妙游》《端午奇妙游》中也常将同一个节目放在多个场景表演。

2.不同类型电视晚会的创作特征

（1）综艺晚会：综合运用多种内容和艺术样式

顾名思义，"综"是综艺晚会的创作核心，一方面表现为包容多样的内容与艺术形式，如春晚中就有歌曲、舞蹈、魔术、杂技、戏曲乃至非艺术样式的游戏等；另一方面可以通过综合与融汇衍生出歌伴舞、音诗画等独具特色的新型节目形态。

因为内容多样、主题丰富、氛围热烈，要吸引不同行业、性别、年龄的受众，所以综艺晚会创作者要考虑到多方需求。比如，春晚的编排就要照顾不同年龄的受众，因为孩子一般睡得较早，少儿节目要在晚上9点前出演；中老年观众比较喜爱的传统戏曲和曲艺节目也必须要占到一定比例；年轻受众追求潮流时尚，流行歌舞是吸引他们的重点节目。而针对不同地域的受众，春晚也要考虑各地特色样式以及演员的表现、北方的语言类节目因为类似普通话而更具有全国接受性等。哪怕在同类型节目里，创作者也要根据不同的审美追求设计表现形式。以歌曲类节目为例，每年选用的歌曲曲风、节奏类型丰富，需要根据不同歌曲的特色选择最合适的演唱者，同时在包装上体现出风格差异；而演唱者中既有德高望重的老艺术家，也有人气旺盛的流量歌手，还有不少明星"跨界"参与。在大众品位的聚合之下，综艺晚会的文化景观趋于多元，也随着社会文化的变化而时常更新，必定体现出不同时代的艺术发展和审美风潮。

正因为涵盖了丰富多样的形式与内容，综艺晚会可以满足长时间的表演需求，也可根据主题和目标兼具不同风格：如果想更贴近大众，节目设计可以更加活泼、增强互动性，甚至可以加入游戏；如果想格调相对高雅，则需要更多考虑结构的严谨、技艺的精深，可以更偏向音乐舞蹈史诗的风格。

（2）专业晚会：坚持专业化，兼顾大众化

专业晚会必定要满足热爱特定艺术样式的知音型受众，于是兼顾专业化表达和大众化呈现就成了专业晚会的创作重点，也是实践中的难点。

为了满足知音型受众的需求，创作者应该深入学习和了解相关艺术，从而以最精准的形式展现最专业的内容，创作出高质量的节目。为了大众化呈现，则要充分发挥视听优势，真实流畅且细腻生动地呈现出艺术的面貌，让即使是"看热闹"的受众也能从中获得艺术的震撼。

（3）专题晚会：纪实性与艺术性的结合

一般的专题晚会往往依托于时效性较强、社会影响较广的事件或时间节点，思想性和功能性较为突出，常具有较多的纪实元素。在创作中，纪实片段常与艺术表演进行结合，形成夹叙夹议、事情结合、相辅相成的构架或形态。因此，专题晚会多侧重纪实性与艺术性的结合，甚至在一定程度上，艺术性是作为补充、调剂、点缀而存在。对受众而言，重点在于能从艺术享受中得到思想的洗礼，而非单纯的视听刺激。

要把握纪实性与艺术性的均衡设计，关键在于对二者特点的把握和对晚会整体目标与节奏的掌控。纪实或叙事片段在主题的呈现和表达上有所擅长，内容信息量大，是节目的"因缘"，通常需要受众先了解；而文艺表演则情感浓烈、共鸣感强，具有较强的主题升华能力，还可以舒缓受众紧绷的情绪或为情绪提供释放点。因此，专题晚会需要将二者进行有机的调配，通过"因果"顺序把握整体节奏，让受众获得笑中带泪的思想洗礼或文化认同。

（4）颁奖晚会：更强的仪式感与悬念

通常来说，颁奖晚会有走红毯、颁奖嘉宾发言、获奖者登台、获奖者发表感言等流程，整体设计需要特别注重仪式感与殿堂感，以强调奖项的珍贵与获奖者的荣耀。为此，颁奖晚会一般需要规范化的流程设计与程式化的技术配合，如嘉宾登台音乐、获奖音乐、规定的感言时长、灯光的转换，甚至嘉宾上下场及走位、镜头跟拍等，都需要精心设计。

同时，由于颁奖具有悬念性，颁奖晚会应该通过流程设计与铺垫放大悬念性，激发出入围者及受众的极致情绪。尤其是竞赛与颁奖同场进行的晚会，为了达到较好的效果，主持人往往还会先公布入围者，再请上颁奖嘉宾；最重要的奖项放在最后，以延迟悬念来吸引受众。而且，不少颁奖晚会（如金鸡奖、金鹰节、全球华语音乐榜中榜等）会穿插相关的表演，以烘托出星光熠熠的殿堂感。

（5）行业晚会：把握好行业特性与文艺表演的关系

行业晚会的受众与专业晚会有一定相似之处，都可分为专业人士及普通大众。不同之处在于，行业晚会的创作者要从对行业的采访中挖掘真实事件及人物，并结合某种艺术样式进行展现。一方面，行业晚会的节目要重点选择与行业更为贴近的艺术形式，如现实中一些医院、学校乃至公安系统等推出了内容与行业息息相关的流行或说唱音乐的宣传品，接地气的文艺化表达更受大众喜爱。另一方面，行业内部再普通不过的日常工作有可能对普通受众而言充满趣味，于是创作者可以通过对真人真事的陌生化处理，做成展示行业特性的小品、相声等，作为核心节目以增强吸引力和感染力。

综上，晚会的导演需要懂得相应的专业知识，要有对艺术样式和表现手法的深度认知，才能在节目和各工种的配合中落实和表达好主题，同时要有领导力，才能统领一个由各方面专家和各工种组成的团队进行复杂而又系统的工作。

（二）面临的问题

随着演播技术的代际创新和创作理念的不断更迭，电视晚会已经有丰富的形态，不仅满足百姓的文化需求，而且折射着中国社会文化生活及审美的状况。但纵观全国每年过百台电视晚会，能称为精品的不多，给人留下深刻印象的更是屈指可数。

1.晚会创作理念不清晰，缺乏专业意识

对外行来说，晚会就是把唱唱跳跳的节目一个个摆上台，现场五彩缤纷、灯火通明，明星上上下下，制造出一片热闹喧嚣的效果。于是，很多人以为晚会的创作就是找明星和搭台子，甚至有的晚会导演把自己当成艺人统筹，即很少参与具体节目的创作和编排，而是不停打电话收集并邀请明星的现有

成型的节目，从而"拼"出一台晚会。实际上，节目的内容、形式、明星、上下场、舞美、音效、色彩等，每一个环节或细节都应该经过导演团队的精心设计和选择，都要表达一定的主题并产生具体意义，从而达到一定的目的。

2.大众狂欢导致文化内涵不足

创作者也应该清醒地认识到，只有文化内涵深刻、艺术追求高卓、社会责任感强的电视晚会才能获得良好的口碑和收视率。但遗憾的是，当下一些电视晚会恰恰成为文化内涵不足、过度追求娱乐化的典型。一方面，罔顾媒体的导向性，带着唯收视率论的心态，一味追求技术手段的奇观化和演员的流量化，导致晚会的主题空泛、结构混乱，节目跟风、品质低下。如一些晚会具体表演的节目由演员自行决定，创作者只根据人气的高低决定邀请名单，节目内容与主题毫无关联。另一方面，有的创作者缺乏对文化的深刻认识能力，如刻意采用"网络神曲""混搭"之类的手段，不顾文化的匹配和编配的协调，留下的更多只是猎奇且劣质的作品。大众化并非迎合低端大众和赶时髦，更不是无端热闹之后让人毫无印象，而是要在年轻化、时尚化的表达中保持精品化、审美化的追求。

3.视觉暴力倾向

近年来，部分晚会忽视了节目的内容品位和质量，将视觉冲击力作为提升收视率的主要手段，投入巨大、过度夸大和渲染画面效果的做法屡见不鲜，导致晚会变成绚丽的空壳。

在视觉暴力的文化语境中，受众沦为影像的附庸，舞美及视觉效果越来越被强化，甚至成为晚会创意中最重要的部分。有的晚会舞美搭建如同高大的实体建筑，表演者"陷入"其中；室外晚会景观化的追求也正走向"奇观化"，形成"顾此失彼"的创作症结；尤其是商业化晚会拥有较高投入，五彩缤纷的设计更是喧宾夺主，同类型的多台晚会实际是在比拼舞台效果。而实际上，那些为了追求恢宏效果将舞美布景设计得超高超大的晚会，播出画面的构图并不适合屏幕比例和人眼观赏的基本要求。

如果说对舞美视效的重视是为了定住受众的遥控器，而对其过度强调则会分散受众对表演者的关注，甚至忽视节目本体和内涵的呈现，最终导致内容和视觉两张皮。还有一些晚会受消费文化影响，以高精尖的技术作为宣传的噱头，误把"快感"当作"美感"，认为只有热烈、恢宏、斑斓的效果才是晚会的美，这实际上也是一种对专业意识的误解。

当前，许多创作者的理念还并不能与日渐丰富的技术手段相匹配，如我们常常看到一些电视晚会想要努力打破传统的框架式舞台结构，却没有成熟配套的视听语言设计，使得最终的播出版充斥着大全景，而表现人物动人细节的近景和特写则因为机位架设问题无法实现，节目沦为灯光秀；抑或是"人海战术"，满屏的伴舞（或直接称为行为演员），主要演员难以辨认……

此外，当前的晚会创作往往更注重视觉呈现而忽视声音创作，即行业整体对声音品质的要求过低，忽视声音的设计和制作；演唱现场放伴奏带甚至还音、动辄加入掌声和欢呼等人为音效随处可见，整体上的声音处理粗糙而随意。

4. 商业资本破坏艺术氛围

目前，电视晚会受经济利益驱使而违背艺术创作规律的现象也比较严重。早期的商业色彩多体现在晚会冠名、演出场景、奖品设置等，现在则延伸到了品牌信息的植入、舞美中无处不在的大商标、主持人反复口播、品牌代言人表演主要节目等，这就使得资本的力量日益凸显。

晚会本应该是充满文化艺术气息的节目类型，在受众心里具有较为崇高的地位，与资本化有着不可调和的矛盾。尤其是在一些国家级的大型公益型晚会中，广告对晚会的主题和公信力会造成致命伤害，不仅让受众被迫从审美的意境中抽离出来，难以体会艺术之美，而且导致受众对内容的戏谑和反感。

在实践中，晚会作为具有影响力的样式，无论是其高品质需要投入支撑，还是广告商看到其公信力和传播力有利于产品营销，软硬广告在晚会的兴旺时期就已经普遍存在。在娱乐性强的晚会中，适度而又巧妙地植入广告本也无可厚非，含蓄地表达商品宣传也算契合艺术的气质。但若在重大或教育题材晚会中满目商标、动辄抽红包，那么晚会必然沦为消费品，尤其是一旦相关产品出问题，电视媒介的公信力则将大打折扣甚至荡然无存。

尤其是自2015年起，一些商家将电视晚会作为场景营销的重要一环，商业（品牌）晚会随即兴起，实际上就是商家利用媒体的公信力和传播力、明星的影响力来引导受众的价值判断。某些"电商+晚会"更是融综艺游戏、明星表演、移动购物于一体的商业化营销的渗透，将受众从"观看者"身份转变为"消费者"身份。此类晚会的焦点必然是关注商业需求、注重沉浸式狂欢和娱乐化互动，对商业利益的需求大于对文化的引领。也正是因为主题的模糊和文化内涵的缺乏，这类晚会造就了更多的视觉暴力现象。

在市场经济背景下，电视晚会具有一定的商品性，但电视媒介在任何时候都不应该失去自身主流媒体的品格而沦为资本的附庸。一旦底线不守，为了商业利益臣服于资本，就将陷入"破窗效应"的恶性循环，越豪华越空洞，越低俗越扭曲，最终会对整个行业的信誉造成打击。

5.融媒体传播消解电视晚会的整体性

在融媒体的传播语境中，多平台、碎片化的思维贴合了用户习惯，但也在一定程度上消解了电视晚会的整体性。对电视晚会而言，碎片化意味着受众更容易看到单个节目甚至节目片段。就传播效果看，明星的个体和极为精彩的单体节目、引发争议的部分最能吸引受众。于是，为了播放量及话题度，晚会创作者不得不着眼于多样化的传播和明星堆砌，将精彩的片段输送给新媒体。但症结在于，对瞬间的打造并不一定有利于晚会整体性的表达，而可能是对晚会结构和主题内涵的忽视。换言之，当下的创作可能会因为顾及"点"而舍弃了"面"，节目与节目之间的关系、节目意义的有机逻辑、围绕主题进行的结构设计都被弱化乃至消解，这种为传播而生产的方式也搁置了文化和样式的多元性表达。实际上，仅凭部分单一的节目或片段，难以传播真正有深度的思想，最终也容易导致整台晚会的表达流于肤浅。

第二节　电视晚会的文化表达与传播策略

一、文化表达策略

一直以来，由于受众对电视晚会的形态非常熟悉，所以有没有创新成为固有且极为重要的评价标准。从电视晚会的发展历程来看，一代代电视人都在为内容和样式上的创新竭尽全力。相较于其他节目样式，从春晚、秋晚到跨年晚会，优秀的电视晚会从理念、节目内容样式到科技手段都一直走在行业最前列，从而总体上引领了社会文化的进步和发展。

未来要适应新时代要求并获得高质量发展，依然需要从文化入手，才能获取根本性和实质性的进步。

（一）进一步提升创作队伍的文化认知能力

实践中，有不少晚会采用了最先进的视听技术手段，也有大明星、大投入、大场面，但依然会被批评为缺乏新意。这在很大程度上源于创作者对节目元素文化认知的肤浅，放眼世界，我们在投入和技术创新领域都做得还很有限。晚会创新的重点应该放在文化内涵表达的与时俱进上，不能仅仅在形式和外观上下功夫。

首先，要做到对传统文化艺术的准确理解，要能发掘出其中的精华，甚至能够对其进行现代化改造。如对原生态民族歌舞、戏曲、曲艺等，尽管演出者大多文化程度不算高，但内容紧贴民族历史文化和生活，表演者技巧深厚、状态自然，这是文化表达的最高境界。而长期以来，我国艺术教育过于崇拜欧美，没有认清人种的天然差异和表演艺术的个性，无形中扼杀了本民族的表演方式，也妨碍了对优秀文化艺术传统的继承。以歌唱为例，在不切实际的所谓革新后，"民通"（民俗通俗）在表演中泛滥，一些真正有个性和极为精湛的民族唱法得不到发展甚至失传，长此以往也就形成老旧和千篇一律的面貌。实际上，优秀晚会中的传统节目都是在充分理解并尊重传统文化的基础上又经过现代化提升的，如1998年央视春晚中的三段戏曲荟萃，都是在极其尊重唱法、保留剧种和流派特性的基础上，根据晚会需求对编曲和表演呈现进行了时代化的编排，在节目串联上也有足够的铺垫，民族艺术的精美和宏大才得以展现，从而也彰显了文化自信。

其次，要放眼世界、胸怀宽广，并进一步应对年轻受众。当今网络的发达令年轻的知音型受众几乎能同步看到国际最高水准的晚会，创作团队应该不断主动提升自身的眼界及审美，并认真关注创作观念的更新和创新角度的变化。如2018年央视春晚的开场节目《万紫千红中国年》采用了满台红配金的设计，喜庆的舞者身着红色服装，从观众席到舞台布满大红灯笼，视频里朵朵大红花，魔术师变出红包……这些充满春节意味、具有中国特色的符号配上激越欢快的歌声，打造了欢天喜地、合家欢聚的过年景象，堪称顶配。但如果其他各类晚会也延伸这样的设计，或都是五彩斑斓，就会显得单调和落入俗套了。而且，过于浓烈的色彩搭配本来源于旷野乡村的表演，以便远处的观众也能感受到。进入城市化以后，尤其是家庭中电视机离观众很近，一些传统中的撞色搭配则变得过于刺激，对老年观众来说很亲切，但年轻观众显然更喜欢江苏卫视跨年晚会的色调。事实上，人们戏称的"西红柿鸡蛋"配色并非赞美，而是一种无奈。尤其是为了打造高雅的氛围和近距离观看人物表演时，就应该让色彩更协调。目前，国际上的优秀晚会案例更会强调用明暗来处理主次关系和层次。

对于如何深度吸引年轻受众，晚会更需要进行文化观念的提升，无论是小品还是歌舞，其中的催婚、愚孝、男尊女卑等都不是这个时代应有的观念。创作者要主动应对绝大部分受众文化素质提高的现实，鼓励每个人积极向善、有良好的修为、关爱老幼、为国家和家庭的安好而努力，这才是中国传统观念的时代化体现。

（二）系统而可视化地表现文化精髓

当然，并不是所有的晚会都以文化为表达核心，但有文化意蕴的晚会一定会有更多的看点和记忆点。创作者不仅要尽力表达，还要学会用电视手法有系统和逻辑地表达，真正让受众看得到、听得到、感受得到。

若论及中国传统文化精神的传达、传统文艺样式的传承及展现、文化创新等在综艺节目中的全面落实，央视春晚无疑是最高典范。在此以2018年央视春晚为例，其以"喜庆新时代、共筑中国梦"为主题，集合了多种艺术形式，力求展现党的十九大召开以来我国进入新时代的全新面貌，并展望美好未来。

本届春晚对文化的深入表达不仅在于节目主题选择、具体元素的运用，而且具体落实到演员的选择等方面。

1. 贯穿优秀传统文化的精神

晚会力求针对当今社会的状况来传播优秀的传统文化意识，即主流价值观。如歌曲《龙的传人》《中国》《我的春晚我的年》《天耀中华》，钢琴协奏曲《黄河颂》选段，小品《回家》《提意见》《为您服务》，相声《单车问答》，体育与舞蹈《波涛之上》等节目，还有介绍全国道德模范的环节，都体现了"爱国""孝敬""自强""诚实""敬业""廉洁"等中华传统美德，就连其间插入的公益广告也有着独特的导向作用，不仅彰显中国特色，而且传达了家国意识。

2. 充分运用鲜明的中国符号

开场节目《万紫千红中国年》就用多种内容形式展现着年味，如"中"字机械舞台，具有代表性的中国元素灯笼——灯笼杂技、灯笼无人机、舞蹈演员手中的道具灯笼、舞台中央18串巨大的立绳灯笼、虚拟技术生成的灯笼；魔术师变出满满一箱红包，变出一个"福"字；歌手送上自己家乡的特色食物，并用方言解释其中的寓意；簇拥着歌手和魔术师的演员戴着狗手偶，象征着狗年的到来。这样的设计在晚会中随处可见。少儿歌舞《旺旺年》融合了动物表演、杂技表演与少儿歌舞表演，一开始是活泼的小鸡叫醒正在睡觉的大狗，紧接着可爱的"少儿狗"涌上舞台，寓意鸡年与狗年的交替。而为了能更多地体现民俗风格，"少儿狗"的形象设计特意参考了民间泥塑。

在分会场的选择和设计中，泰山、曲阜的选择别具匠心，这里是孔孟文化的核心发源地带，晚会中千人击鼓齐诵《论语》，与泰山巍峨壮美的景色结合，可谓尽显中国优秀传统文化的恢宏气势。

3. 努力挖掘和展示传统民族艺术样式

晚会中有十几个节目与中国民族以及传统文化有着直接的关联，有的节目甚至直接是原生态节目的提升。如贵州黔东南的分会场设立在肇兴侗寨，从视觉上就自然显示出浓浓的民族特色与地域风情，侗族大歌动用万人一起开唱的场面十分震撼，接下来的当地民歌也营造出一片欢腾的气氛。

尤其是特别设计"国宝回归"——国宝级文物《丝路山水地图》在阔别祖国数十年后终于回家，象征着古代丝绸之路与一带一路的历史传承，张国立携手故宫博物院院长单霁翔与捐赠人许荣茂分享了它回归的感人故事。与之有机串联的舞蹈《丝路绽放》，其创作灵感正是来自敦煌壁画，表达了古代丝路的灿烂光芒。

武术节目《双雄会》则是对功夫这一中华文化的倾力展示，武当的清风子与少林的释延淀诠释出武当功夫的刚柔并济和少林功夫的刚强劲力。紧接着的戏曲节目《盛世梨园美》集合了京剧、豫剧、赣剧、越剧等多个戏曲种类的各行当名家，以快节奏的串烧形式展现中国传统戏曲繁盛而悠久的魅力。晚会结尾的舞蹈《中华手拉手》以少数民族传统舞蹈表现"中华民族一家亲，同心共筑中国梦"，携手迎接盛世的热烈景象。《亮花鞋》则是以四川阆中春节风俗为基础创作的纯民族舞蹈，演绎了一段诙谐、俏皮的民俗场景。

4. 表现文化的与时俱进与创新

晚会中分会场的选择则系统地体现了不同文化层面和社会时代性主题：贵州黔东南——少数民族，展现中国原生态民族文化的活力；山东泰安、曲阜——中国主流传统文化发源及聚集地，展现中国传统文化的深厚和磅礴气势；广东珠海——改革开放的崭新城市、科技创新的前沿，展示中国的时尚动感；海南三亚——国际旅游岛，展示绿色的环境和时尚而国际化的新丝绸之路的憧憬；等等。

歌曲《赞赞新时代》《我们的新时代》《幸福新起点》《再一次出发》，杂技与舞蹈《沙场砺兵》等，也都是力求融合时代精神，展现中国当今的新风貌。同时，无论是民间歌舞还是戏曲、武术，晚会对所有表现传统艺术内容的节目都进行了视听制作上的现代化提升。

5. 中外文化的多元融合

文化的自信首先会体现在与世界各地文化的平等交流和互动。舞蹈《欢乐的节日》邀请了来自一带一路沿线国家的演员共同参与，将杂技、舞蹈、技巧等进行巧妙结合与深度编排，"小白桦"舞蹈团带来俄罗斯民族舞蹈技巧，来自阿塞拜疆的尤兹依尔表演戏梯，英国的塔拉和瓦利德展示埃及转毯，还有中方演员进行皮吊、滚环、旱滑等杂技与技巧表演。其中，不同段落的衔接还采用了具有中国特色的靠旗与扇子的元素，结尾还有中外演员共跳红绸舞。结尾的歌曲《我爱你中国》，集结了多位中外歌唱演员，与场外身处异国他乡的华人华侨们一同用饱满的热情共同唱出了对中国深沉的爱，这不仅体现出浓浓的爱国情怀，也展现出中国不断提升的国际影响力和大国风范。

综上，2018年央视春晚正是通过对文化的多方位表达和提炼，为受众打造了具体而又生动、美好的当代中国的特色文化景观。

（三）进一步加强主题设计与结构编排意识

毋庸置疑，长视频是更能包容丰富信息、生动表达思想性的节目形式，但如何做到在长时间里吸引人，则要认真提炼主题并精心设制表达逻辑结构。当前，许多晚会被碎片化，正因为其结构本身可以被切碎，有的节目衔接和广告部分就是天然切口，还有具体节目和明星被多家平台重复使用也容易令受众流失。

主题是串起一个个节目的核心，每一个节目都应该与主题表达相关，并且形成严谨的逻辑框架，即晚会的结构框架根据主题的表达逻辑的需要和受众的需求进行搭建，整台晚会才能是一个整体。从2018年央视春晚的节目单里，我们就可以看到主题应该渗透到每个节目中，尤其要落实在动情点上。令人记忆犹新的还有1998年央视春晚，主题是"中华民族春节大团圆，万众一心奔向新世纪"，其中最为深刻的动情点出现在整个晚会的中间段落，先是期盼祖国统一的小品《一张邮票》，继而是歌曲《我爱你中国》，在受众的情绪积累达到一定程度后，纪实访谈《母亲河》通过特别设计——黄河小浪底水、日月潭水、长江三峡截流水在现场混合，将海内外受众的爱国之情汇聚，继而这份情感在流行歌曲《大中国》中得以释放，接下来的戏曲绝活将中国传统文化艺术精华进行了极为精彩的编排，也给之前的爱国情怀以有力的支撑。

主题来自晚会的目标、社会和受众时代性的需求，越是具有时效性，晚会就越有社会意义和影响力，如2020年中央广播电视总台推出的《奋斗的青春最美丽——2020年五·四青年节特别节目》表现了青年一代特别是"90后""00后"党员、医务工作者、人民解放军指战员、公安民警、基层社区工作人员、志愿者等在抗疫一线的感人事迹，由此引发热烈的社会反响。

没有主题的晚会犹如散沙，加强编排意识，就是要在主题统领下进行节目的有机衔接，保证电视晚会的整体性。当然，具体还需要明确晚会的类型和定位，大型晚会容量大，大多喜庆欢腾，主题层次相对丰富，于是应该让符合阶段性主题的节目构成版块，版块之间形成逻辑推进或平铺并行的关系，并依据不同版块的文化功能和风格设置动情点、高潮点；专题晚会主题集中，更注重主题的线性发展，要尽力挖掘典型事件、人物、场景和文艺表达的关系，如《英雄儿女——纪念中国人民志愿军抗美援朝出国作战70周年文艺晚会》以"英雄"为主题，用菊花与强子夫妻的戏剧线贯穿，打造了《序·回家》《出征》《铁血》《家国》《战魂》《团圆》《丰碑》七幕，并将文艺表演（如朗诵、歌曲、舞蹈、戏曲、交响乐等）融入戏剧场景中，以家国情、战友情、爱情、亲情深深打动了各年龄层和圈层的受众。

此外，加强结构编排意识还需要用好主持人。作为最直接的表达者，主持人可以通过自身的文化素养、表达能力紧密串联起文艺表演。创作者应该充分了解主持人的性格特征、专业特点和品德，给出最合适的表达内容，而不是简单地找个明星来，依赖他们的流量。

事实证明，如果线索清晰、主题鲜明，没有明星的晚会也依然能获得受众的热捧，如河南卫视的"中国节日"系列，依靠对传统节日意义的时代化诠释、与现实社会状况紧密结合和传统题材节目的唯美展现赢得了年轻人的喜爱。

（四）精细化表达

1.找准文化定位，应对核心目标受众

晚会若想最大化地发挥其价值，就必须找准文化定位，并以此实现节目的精准定位，通过满足并提升核心受众的审美需求实现文化价值的有效传播，这也是高品质发展的必由之路。

在之前的创作中，综艺晚会因为受众面广，为照顾到各个层面的受众，形成了节目及样式应对层次丰富、多元文化融合共存的景观。但需要明确的是，这并不代表创作者可以博而不精、浅尝辄止，或是简单堆砌、强行融合、鱼龙混杂，而是应该在深刻认知不同文化内涵的前提下找到最合适的表达方式和目标受众，以厚重的文化内涵、较高的专业品质来实现融合或创新。例如，2016年央视春晚中民间老艺人和谭维维合作演唱《华阴老腔一声喊》，正

因为华阴老腔在演唱上与现代摇滚有着一定的相似性，于是该曲包容了从传统到现代、从乡村到城市的满腔激情，成为收获年轻人关注的爆款节目。再如2021年中央广播电视总台网络春晚以"开新"为口号，让国乐与二次元、传统与摇滚、经典IP与街舞融合，其以独特的内容和言之有物、极其明快的节奏、富有活力的表演者，直奔年轻受众。最引发热议的是平均年龄74.5岁的清华大学上海校友会艺术团表演的歌曲《少年》，老人们热情奔放、童心盎然，充分展示出他们依然拥有令人惊叹的生命力，可谓令传统媒体平台及新媒体平台受众交口称赞。

实际上，由于受众分化严重，今天的晚会已经很难做到老少皆宜，因此一些晚会不妨尝试直接立足于特定文艺样式或文化族群的精神内涵来推进创作。如《bilibili晚会：二零一九最美的夜》，当晚收看直播的受众超过1亿，弹幕超过80万条。该晚会真正吸引年轻人收看并形成讨论热潮的原因并非仅仅在于流量明星与流行热点，更没有过多高科技手段的炫目，而是找准了文化定位——观照B站年轻人的文化身份，以对动漫、影视和游戏经典的演绎来表现他们的文化记忆，从而获得极强的情感共鸣。河南卫视也正是以"唐宫小姐姐"为重要元素奠定了"中国节日"系列晚会节目核心受众定位的基础，直指平凡而又积极进取的年轻人。

当然，电视晚会作为主流媒体，目标不该是迎合受众和商家，而是应该引导文艺的生产和消费，拒绝低俗的商业宣传和广告入侵，并承担传播正确价值导向和提高受众审美水准的责任。

2.全面提升制作水准

电视制作技术的革新无疑是电视晚会创新创优的重要途径，也为电视晚会的文化表达带来生命力。近年来，国内电视台的春晚和跨年晚会都努力采用目前世界上最先进的视听技术手段，一些具体节目也在探索和制造最新奇的视觉效果，如在喜迎党的十九大胜利召开特别节目《壮丽航程》中，舞蹈《礼赞》特别采用了3D视频技术，随着舞者的律动，浓烈的色彩形成云蒸霞蔚的气象喷涌而出，其构建的虚拟场景营造出雄浑壮丽而又新奇的观赏效果。

随着技术的进步，文化表达的理念和创作思路也会有新的突破，例如，VR会带来直播的新空间，帮助节目拓展受众的视觉层次；虚拟实时再现技术让特效突破道具和大屏幕的限制；5G技术高速度、低时延的特点让多地互动更为顺畅、便捷，能让神州共庆的场面实时直播；逐渐提升的分辨率也能为宏大的场面完善画面细节；等等。

技术的提升更需要创作理念的提升来匹配，即要突出精品、专业意识，不盲目追求技术奇观，而是统筹联动各制作要素如灯光、大屏、舞蹈编导、视觉包装、音频、引导摄影等为一体，不顾此失彼，同步策划和制作，而且所有的创新都要有利于紧紧围绕和突出人的表演。近年来，行业还兴起设置秀导职位，其需要对表演、内容以及所有工种都非常了解，要能针对节目特质进行个性化设计，而不能只是一个转播或录制层面的导演，但这样的专业人才相对匮乏，于是"套路化""模板化"表达的晚会依然不少。

除了要提升视觉效果，还需要重视听觉效果的打造。随着高质量电视机的普及和受众对声音品质要求的不断提升，优质的声音制作成为晚会品质提升的重要指标，即音质逼真细腻、方位准确立体的声音才能让受众获得身临其境的感受。实际上，国外的许多顶尖晚会的音乐制作质量极高，有的可以直接制作成音乐制品发行，而我们的不少晚会还在依赖还音，甚至掌声欢呼也是人为音效。因此，无论讲求歌曲的原创、编配，还是音效的真实感以及现场实力演唱，对打造中国电视艺术形象和"走出去"都具有重要意义。

二、传播策略

（一）找准定位，精准分发

由于互联网的飞速发展，电视晚会传播渠道的拓展势在必行。在之前的尝试中，电视晚会不断将精品内容投放到更多新媒介，如网络平台、微博、微信公众号、广播、报刊等。但从效果来看，电视晚会内容本身与一些媒介有着天然的矛盾，如广播可以承载语言类节目和歌曲类节目，但对舞蹈类节目和魔杂类节目则力有不逮；一些社交媒体常常自行删减节目时长，甚至重新剪辑、随意拼凑以高度集中晚会的精彩部分，这可能不利于晚会整体的表达，也必然让创作者忽视主题的系统性阐释和结构的完整性。

目前，一些电视台提出了"先网后台"的融合思路，这对时长较短的节目来说更容易实现。实际上，这不是简单的内容分发顺序变化，而是对内容创作思维的颠覆。面对融媒体传播的大趋势，长达60分钟、90分钟甚至更长的晚会创作需要冷静思考，更应该针对目标受众状况找准自身定位——做电视晚会还是网络晚会，而且要在保证晚会主体完整性和主题表达准确的基础上做到适度分发、精准分发。

不同的传播渠道对节目内容及视觉表达还会有一定的要求。电视端的晚会由于播放屏幕一般较大，因此画面可以相对开阔，内容层次可以更丰富，可以使用全景、远景以包容更多要素，内容密度和节奏也相对缓和，以更适合中老年的接受习惯，且电视端即时收看的受众数量一般会大于其他端口。而移动端如手机、平板等的播放介质则需要表演主体相对突出，节目内容密度更大、节奏更快，收看方式可以即时，更可以后续点播、倍速等。近年针对小屏端口还出现了直拍的方式，即镜头全程对准某一表演主体拍摄，这必然更能满足深度粉丝的要求。毋庸讳言，在喜好"快餐""碎片"的网络平台里，作为"大餐""盛宴"的晚会经常会遭受效果的减损。如果真确定"先网后台"，就需要在策划之初予以明确和落实。

如《奋斗的青春最美丽——2020年五·四青年节特别节目》，因处于新冠肺炎疫情期间，晚会在策划阶段就明确了节目定位——"书写青春战'疫'的华彩篇章、唱响奋斗不息的青春之歌"，且采取云录制、云连线的方式。因此，具体节目都主动呼应青年人的接受习惯和审美特点，除了主持串联，几乎所有文艺节目均采用手机拍摄，竖屏、横屏相结合，强化网感思维和时代印记，这对于宏大主题来说是一种全新的青春化表达，而其内容的时效性和创作手法的更新也让节目更具备新媒体传播的精准性。节目将疫情发生时热度较高的歌曲《武汉伢》进行重新填词、包装，推出"春天版"，单条短视频阅读量突破860万。截至2020年5月5日晚8时，微博话题总阅读量突破40亿，主话题#奋斗吧青春#阅读量达10.1亿，节目衍生话题总阅读量破17亿，还立刻引发了《人民日报》、新华社、《北京日报》、《南方日报》等主流媒体的强力推荐和热烈评论。晚会还联合央视频推出创意融媒体节目《奋斗吧！青春》"8+1"小时特别节目，持续、有效地为电视节目提升热度。不过，这样的成功经验不容易复制，因为该晚会具有内容和播出平台深度契合的特点，而绝大多数的电视晚会主要面对的是电视受众。

对于电视晚会的多平台内容分发，创作者必须在考量晚会自身定位的基础上，主动选择适合的片段，甚至要针对不同的平台量身定做内容，然后进行推送。还要看到，单个节目的传播热度并不一定能为整体晚会引流，甚至一些晚会在多媒体上被广泛传播的原因可能是其负面信息，最终还容易产生负面效果。

（二）多方位联动开发，矩阵传播

相对而言，电视晚会往往需要更大投入，重要的晚会还会集全台之力打造，在内容上就有多平台传播的资源优势，在媒体融合发展的当下，晚会的传播更有了矩阵的条件和优势，既可以以晚会为核心打造全媒体的衍生节目进行跨屏互动传播，也可以联动台内其他重点节目形成合力，打造重点品牌，还可以打造线下活动，形成晚会品牌的全产业链开发。

多年来，中央电视台打造了多档衍生电视节目为春晚造势聚力，其中许多也已成为品牌，如"我最喜爱的春节联欢晚会节目评选"活动，并将评选结果加入元宵晚会；2010年开播的《我要上春晚》《"喜到福到好运到"春晚倒计时》，2012年开播的《直通春晚》等就是其中的代表。近年来也顺势打造了互联网端的衍生内容，2019年春晚短视频制作多在微博等社交媒体平台投放，而且与抖音进行了一系列的合作，首先，春晚新媒体组与抖音共同制作了数个与春晚有关的预告、花絮、集锦、采访小视频等陆续投放；其次，在除夕夜当天，抖音推出"模仿秀"活动，让受众在手机屏幕中体会与春晚现场互动的感受，吸引他们打开电视或是通过手机观看春晚直播。同时，还与百度携手推出"抢红包"活动，从农历小年开始，手机用户就可以在百度App上集好运卡、抢团圆红包，而最大的红包在春晚期间依次登场，从而让被"抢红包"吸引而来的用户也被晚会的节目内容所吸引。

此外，央视春晚也很早就推出了纪念章等周边文创产品。如2020年与淘宝联合推出的"春碗"，该套装全球限量生产20000套，每套199元，含两只碗、两双金字福筷和一份美食图鉴，寓意中华儿女心连心、情相连，满载新春的祝福。该产品一经推出，立刻登上新浪微博热搜榜，也为春晚的文化传播起到了助力作用。

（三）打造精品，强化海外传播

当理性看待那些引发热议的国外优秀晚会时，我们可以发现正是因为其内容独特、质量足够高、手段新奇，才会被多种媒体跨越文化和地域传播与推广，而并非刻意进行碎片化处理、制造话题和网感等设计。换位思考，"内容为王"的精品意识才是晚会传播力的核心支撑，宣推渠道的拓展也只是起到助力的作用。

经过几十年的发展，中国的春晚已经是一个名副其实的文化精品，近年来更是具有国家级项目的意义，应该以特有的地位立足于世界。自2014年起，中国国际电视总公司以央视春晚的海外传播为重点工作，全面启动了《中国春晚》等系列节目的打造。该节目集合了电视晚会、纪录片、栏目、微专题节目等多种形式，并在翻译和包装上力争做到多地区覆盖，最终成功进入各大洲20多个国家的主要媒体和230个国家及地区的新媒体平台进行播出，让中国优秀文化"走出去"取得了较好的传播效果，极大有助于国家形象的树立。

一台晚会的国际化传播，需要创作者在一开始就具有开拓性的意识，即从内容设计和制作上打好利于传播的基础，不仅在品质上对应国际一流水准，而且要在内容上有切实的关联性，这不是加入几个外籍演员就可以达成的，而是要落实在文化及表达的领先性、包容性和可视性上。

现实中，无论是深入维护传统文化艺术面貌还是用新技术引领晚会创新，我们都做得还很不够。英国BBC（英国广播公司）对文化艺术资源的挖掘和维护一直是媒体典范，而美国"超级碗"（Super Bowl）中场秀更已成为新技术运用及创意的世界级标杆。而放眼国内，还有不少捉襟见肘的晚会，甚至在一些专业问题上还不及格。

未来，只有进一步提高国内晚会行业的整体水准，拓宽传播渠道，延伸传播方式，中国的晚会才能更多地走向世界并展示国家形象。

下 编

综艺节目的网络化转型
与发展

第九章 我国网络综艺节目的发展概况

第一节 网络综艺的概念和类型划分

一、概念

网络综艺节目作为近年来不断变化和高速发展的新兴事物，相关概念随着其形态的丰富而逐渐完善。

从广义上讲，所有以网络平台为主要播出渠道的娱乐类网络视听节目都可以被称为"网络综艺节目"，既包括受众自拍上传、社会多种制作机构制作、网络平台自制的内容，也包括网络平台上播出的电视综艺节目。

从狭义上讲，网络综艺节目应该带有鲜明的互联网基因，即运用互联网技术手段，具有独特网络视听艺术风格，以视频网站为主要播出渠道的娱乐节目形态。这类节目往往以网络视频平台、独立制作机构作为制作主体，以广大网民作为目标受众。网络视频平台掌握节目的版权、编播权，不受电视台播出安排的限制。因面向网络的创作、运营特性，行业内也常称其为"网络自制综艺"或"纯网综艺"。

在2015年网络综艺行业论坛上，"纯网综艺"概念被首次提出，认为互联网平台代表了新的价值观和传播手段，互联网自制节目已不再需要向传统电视平台输出。基于网络用户对新鲜价值观的需求，以及网络平台全新的内容生产方式和应用场景，互联网自制综艺已形成一套有别于电视平台的制作和传播逻辑。

迅速兴起的网络综艺节目在早期往往由于制作周期短、成本低、求量不求精，其互联网属性并没有广泛得到呈现，大量节目还是按照电视综艺节目的逻辑创作，只是在网络平台播出。还有一些原本出自电视的节目因为规避"限娱令"而挪到网络平台，也成为网络综艺的重要部分。随着节目网络意识的明确，一些头部网络综艺在极高投入和电视人入行的加持下，节目质量很快得到极大提高。

需要说明的是，因为整体行业专业性不足，目前网络综艺的概念比电视综艺的包容度更为宽泛，似乎一切非严肃题材的、非新闻类的、非剧类的，令人感受愉快的节目或视频都可称为"综艺"，甚至一些在传统电视领域被看作专题、纪实的内容都被纳入。

二、类型

网络综艺节目大致延续了电视对节目的分类方式，但出于政策导向和受众圈层的因素，其各类型规模没有完全与电视相应，而且因绝大部分非国有网络平台对利益的极度需求，部分综艺类型的发展会更加突出。

从形态上看，脱口秀和真人秀的数量占比最高。前者能在较少的成本和制作投入下最大化地引发受众的情感共鸣；后者借助网络平台初始期相对宽松的创作环境，尽可能挖掘吸引受众的看点。

从题材上看，目前主要有婚恋、亲子、文化、才艺竞秀、主题游戏、体育竞技等。相较于电视综艺节目更呈现出多样化、垂直细分等特点，覆盖了更多的亚文化领域。

总之，网络综艺节目基于新的播出平台和受众，以网络化特性逐步形成有别于电视综艺节目的样态。也由于各形态发展不均，于是在实践中经常以题材为主要的类型划分依据。

第二节 网络综艺的发展脉络

一、预备阶段：视频网站兴起（2004—2006年）

1997年，世界首家视频网站ShareYourWorld诞生，受当时网络技术所限，仅能提供视频上传、下载服务，无法在线观看。直到2005年，视频网站所需的各项技术条件终于基本成熟，美国视频网站YouTube诞生，成为全球首个流媒体平台（Video Streaming Platform），提供各类视频内容的在线观看以及用户上传自制视频的服务，迅速吸引大批用户直至风靡全球。紧跟这一潮流，国内的视频网站市场进入快速发展期。

我国首个视频网站是创立于2004年底的乐视网。随后在2005年，土豆网、56网、PPTV等网站相继诞生。2006年10月，Google（谷歌）公司以16.5亿美元的天价收购YouTube，极大地激励了国内的资本与创业者。2006年底优酷网上线，紧随其后的是视频网站用户数量的爆发式增长。据2008年中国互联网络信息中心发布的第21次《中国互联网络发展状况统计报告》统计，截至2007年底，约有1.6亿人在视频网站观看过影视节目内容，约占当时网民总量的76%。这一阶段，视频网站的节目内容主要来源于用户自制，即UGC（User Generated Content，译为用户创作的内容），或是用户自发传播影视剧、电视节目等。前者质量参差不齐，后者盗版猖狂乱象纷繁。

与此同时，老牌门户网站抓住机会发展视频业务，借助原有新闻业务的优势开发视频新闻资讯、大型活动转播与跟踪报道等内容。以搜狐为例，2006年3月，搜狐网取得了世界杯历史上首次在互联网平台播出赛事视频的授权，这是门户网站在视频领域走出的重要一步。2007年，搜狐又取得了首次网络视频同步直播央视春晚授权。在随后的2008—2009年，搜狐视频成为中国第一家播放正版高清长视频的综合视频网站，这与海外视频网站主打正版授权影视作品的发展阶段相差仅约一年。

此时，电视媒体的门户网站也紧跟视频业务的发展潮流。早在2006年10

月，中国香港凤凰网改版为凤凰新媒体，搭建电视内容网络传播的渠道，融合机构制作内容和用户制作内容，提供包括图文、视频在内的综合资讯信息服务，达到网台联动的效果，甚至提出"超媒体"概念，以全媒体战略实现不依附于电视台的目标。随后，2007年底，北京卫视建立北京宽频；2008年初，湖南卫视改版金鹰网；2009年底，由中央电视台主办的中国网络电视台（CNTV）上线，它是基于央视网建立的集成播控平台，也是当时我国规模最大的网络视频节目数据库，是一个全球化、多语种、多终端的节目分发体系。

在这一阶段，视频网站市场的迅速发展也孕育了一些制作简陋但具有探索意义的网络节目，节目形态多以访谈为主。搜狐视频推出的明星访谈节目《明星在线》便是其中具有较大影响力的代表，众多海内外知名演员都曾参与录制。实际上，访谈在传统媒体中经常带精英视角，但根植于视频网站的明星访谈节目又有别于传统专业媒体的精细制作，普遍反映出草根文化的部分特性。在网络文化内涵不断丰富、逐渐受到社会重视的背景下，这类网络视频成为网络综艺节目的早期雏形。

同时，大众文化的兴起也是网络综艺节目诞生的重要背景。伴随市场经济、市民文化的蓬勃发展，人民群众的娱乐消费需求和参与热情极大提高，事实上主流媒体也一直不能完全包容底层民众的文化表达。如《超级女声》能成为现象级的综艺作品，一定离不开大众文化的土壤，"无门槛"是对经典文艺表达的挑战，全民选秀火爆的背后是草根文化对传统精英文化的逆袭，从而引发广泛争议。互联网初创期内容匮乏，管理部门还没有监管经验，UGC方式可以极大降低运营成本，也可以最快捷实现盈利。于是，平民化特点与大众文化的兴盛不谋而合，使各种网络节目诞生之始就普遍具有草根文化的基因。

二、萌芽阶段：视频网站自制初探（2007—2013年）

2007年，美国国家广播全球公司联合福克斯创办hulu网，其没有采用之前各大网站普遍擅长的UGC模式，而是力推专业的媒体内容，主打正版影视作品的在线观看服务。美国老牌DVD租赁公司Netflix（美国奈飞公司）也在2007年转型开展流媒体业务，于2008年开展与有线电视公司的合作，将电视平台播放的电影、节目内容引入网络。PGC（Professional Generated Content，译为专业生产内容）模式初露端倪。

同时，国内视频网站开始尝试自制内容。2007年1月，搜狐视频推出的脱口秀《大鹏嘚吧嘚》成为国内首档网络综艺节目，特别立足于草根文化视角来观察、点评社会主流文化现象，主持人幽默犀利，选题热点大胆，一时引人注目。自此，网络平台主导自制的综艺节目逐渐丰富起来。

此时，针对网络视听节目的管控政策也开始出台。2007年底，国家广播电影电视总局和信息产业部联合发布了《互联网视听节目服务管理规定》，鉴于互联网视听节目服务所具有的大众传媒性质，对其实行许可制度，提高准入门槛并进行规范管理。此外，还明确了对著作权人合法权益的保护，要求互联网视听节目服务单位依法采取版权保护措施。随后，国家有关部门也一直对应开展周期性的专项整治行动。2009年3月底，《广电总局关于加强互联网视听节目内容管理的通知》进一步规定未取得发行、播映许可证的境内外电影、电视剧、动画片等一律不得在互联网上传播。在政策严控之下，各视频网站失去了大量热门内容资源，不得不另谋出路。

2009年开始，视频网站之间盗版侵权诉讼频出，版权割据竞争激烈，内容版权费用水涨船高，导致视频网站运营成本激增且陷入各平台同质化发展的困境。为了从这种尴尬局面中突围，采取自制策略，打造符合受众需求、带有网站特色的原创内容成为各视频网站发展的不二之选。

2010年1月，国务院首次明确提出推进我国"三网融合"的阶段性目标，主流媒体布局互联网电视产业成为大趋势。互联网与电视产业的相互融合借鉴改变着传媒生态与行业格局，同样影响着内容生产的方式。

2010年初，中国网络电视台综艺台推出《明星来了》，这是我国第一档网络综艺娱乐栏目，包含了明星访谈、游戏、粉丝互动等内容，吸引了众多网络受众。同年，各大视频网站相继宣布将自制内容作为发展的重心，多部自制剧不错的反响给市场带来了希望，随后多个视频网站拿出部分版权方面的预算转向自制剧、自制节目的开发。

2011年10月，《关于进一步加强电视上星综合频道节目管理的意见》中明确提出，对节目形态雷同、过多过滥的婚恋交友类、才艺竞秀类、情感故事类、游戏竞技类、综艺娱乐类、访谈脱口秀、真人秀等类型节目实行播出总量控制。政策出台后，各大上星卫视晚间黄金档娱乐节目数量减少了近三分之二，部分电视受众与广告商转向网络，无疑给网络综艺节目的发展带来契机。

2011—2013年，视频网站自制综艺节目从简易资讯类向棚内大制作转型。优酷在自制内容领域起步较早，采用UGC与PGC双管齐下的策略，注重挖掘和扶植创作人才；爱奇艺依托百度大数据，首创"互联网时代的专业出品内容"概念，与内容制作机构共分收益；起步稍晚的腾讯视频强调"iSEE精细化运营"，细分受众且耕耘新闻、体育、财经等专业领域；背靠湖南卫视的芒果TV采取对卫视资源二次开发的策略，甚至制作衍生节目反哺电视台；搜狐深耕喜剧剧目与精英文化类综艺节目，着重构建专业制作班底……在寻求差异化发展的同时，自制内容也帮助视频网站拓展营收手段，培育出新的制播生态。

总体来说，各个视频网站均在探索自身的内容战略，力图用平民化的视角展示对不同选题的诠释，体现出网络文化的民主化与多元化的特点。不过，节目整体成本无法与当时的电视综艺节目相比，制作也较为粗糙；大量节目内容质量良莠不齐，甚至肆无忌惮地抄袭；节目类型在努力拓展，但经常名不副实。

三、飞速发展阶段：网络意识清晰（2014—2016年）

2014年，由爱奇艺出品、米未传媒制作的中国首档说话达人秀《奇葩说》播出，凭借新颖的形式、话题、嘉宾阵容迅速走红，成为国内第一档现象级网络综艺。该节目创作意识鲜明，以知识青年的立场积极推动主流文化与青年亚文化、精英文化与大众文化间的互动交流，在一定范围内引发受众共鸣。腾讯视频也在同年推出了中国首档互联网调查节目《你正常吗》，紧扣互联网自由、个性化的特点，运用大数据技术调查网民对于社会热点话题的态度，出人意料的调查结果使节目颇具娱乐看点。根据《腾讯娱乐白皮书》统计，2014年网络自制综艺数量为47档，较2013年的29档稳步增加，且节目投资、制作水准、口碑和影响力明显上升，因而2014年被业内称为"网综元年"。

　　2015年，网络自制综艺数量达96档，类型主要集中在语言、音乐和户外体验类，且节目制作成本也显著上升。随着影响力不断提升，更有5档网络综艺反向输出卫视。

　　据《腾讯娱乐白皮书》数据显示，在2016年网络自制综艺数量上涨到111档（未计入衍生节目），影响力大幅提升（见图8）。节目跻身播放量前十榜单的至少需要6亿次播放量，比2015年翻了一倍。经过各视频平台的积极探索，网络综艺市场在短短两年多形成多方割据的动态竞争局面。从2015年的优爱腾三足鼎立，到2016年芒果TV席卷前十榜单四席，以爱奇艺、腾讯视频、优酷、芒果TV为首的网络视频生态体系逐渐形成。同时，各平台分别寻找各自特点，抢占优势领域，尽力开发独特的经营模式，逐渐形成品牌特色。

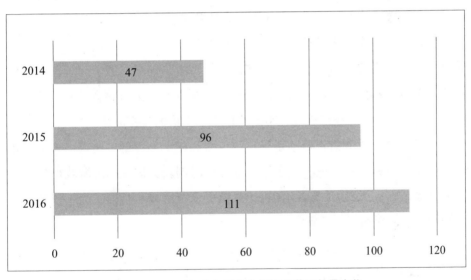

图8　2014—2016年网络自制综艺节目数量变化

　　2016年，芒果TV推出了推理类真人秀《明星大侦探》，播放成绩优异。优酷联合《天天向上》团队制作了脱口秀《火星情报局》，节目通过大数据来探索讨论网络热点话题。腾讯视频制作"拜托了"系列脱口秀节目，先是于2015年底制作了美食脱口秀《拜托了冰箱》，2016年继续推出第二季，更趁势制作了时尚脱口秀《拜托了衣橱》。爱奇艺携手知名主持人制作方言音乐节目《十三亿分贝》，更延续制作时尚互动真人秀《爱上超模》（第三季），欲通过不同节目选题覆盖更多受众。

这一阶段，各大平台的代表性节目都因点击量而延续多季，成为网络综艺的"综N代"。许多优秀的电视台制片人、编导团队、主持人加盟网络综艺，全面提高了节目质量以及影响力，也使大众文化的影响力逐渐上升，并借助相对自由的制播环境关切个体，表达与精英文化呈现对抗性的多元价值观，促使网络综艺在互联网发展的快车道上迅速走向成熟。

四、繁荣阶段：爆款频出（2017—2020年）

（一）2017年："网络选秀元年"

2017年，几大视频网站开始将内容布局向垂直细分领域拓展，挖掘分众市场。相比之下，这一年的电视综艺主流是慢综艺和文化类综艺。

优酷延续制作《火星情报局》等"综N代"脱口秀，还重启文化类脱口秀进一步布局文化题材，并设立自制内容工作室。同时，源于阿里家庭娱乐与芒果TV的战略合作计划，优酷与芒果TV在资源上进行整合，双方"联合独播"了多档湖南卫视老牌综艺节目，取得了不俗的收视成绩。

腾讯视频广泛涉猎音乐、亲子、脱口秀等近十个类型，还携手笑果文化推出两档脱口秀节目，热度与争议并存，同时创新尝试了网络游戏衍生类节目如《集结吧！王者》《王者出击》，虽然受众范围较小且形式尚不成熟，但也为网络综艺探索了一条新路。

爱奇艺继续耕耘脱口秀和美食节目领域，如《大学生来了》（第二季）和《姐姐好饿》（第二季）等。

芒果TV台播的《变形计》也转向网络综艺，并刻意加大戏剧化和蜕变效果，让笑点和泪点并存。《明星大侦探》（第二季）也获得了不错的点击率。

总之，2017年网络综艺在"综N代"播放量坚挺的基础上不断推出新节目，节目数量达197档。各类平台也纷纷在亚文化领域挖掘灵感，用新鲜、奇特的面貌吸引年轻受众。而且，随着头部网络综艺影响力的不断提升，平台会员付费的趋势初现。

2017年6月1日，国家新闻出版广电总局印发《关于进一步加强网络视听节目创作播出管理的通知》，要求网络视听节目创作应弘扬社会主义先进文化，坚守文明健康审美底线，规范使用国家通用语言文字。同时，强调网络视听节目要与广播电视节目同一标准、同一尺度，未经审查的影视剧内容以及导向不正确的电视综艺节目均不得在互联网上播出。这对网络综艺创作者提出了详细要求，过度商业化、娱乐化和低俗倾向的内容被亮起红牌。

（二）2018年：垂直类影响巨大，观察类兴起

2018年的网络综艺节目类型有了明显变化：脱口秀节目数量断崖式减少；观察类节目异军突起，口碑收视双丰收；"垂直类"网络综艺得到深耕，能针对圈层用户进行精细化创作和运营；等等。但总体显露出同质化的趋向。还值得一提的是，随着衍生节目的逐渐增多，"微综艺"这一短小精悍的新形式进入受众视野。

爱奇艺的《机器人争霸》与《热血街舞团》两档垂直类综艺引来行业关注。

优酷持续聚焦潮流文化，在垂直领域进行系列化开发，推出了"这！就是"系列综艺品牌。《这！就是街舞》《这！就是铁甲》直接与爱奇艺进行同类对打，最终收获好评；《这！就是灌篮》的版权出口海外，成为竞技体育类网络综艺的标杆之作。

腾讯视频更注重各类型综艺布局。在情感观察类节目中，明星夫妻生活观察节目《幸福三重奏》与恋爱社交推理节目《心动的信号》中的情节、人物引发受众热议。此外，"清流"式的小众综艺也广受好评，如"明星+纪实"的《奇遇人生》和场景式读书节目《一本好书》等，让网络综艺的形态得到丰富。

芒果TV抓住了观察类综艺的风口，其制作的夫妻情感观察节目《妻子的浪漫旅行》取得了不错的成绩。跨年播出的明星推理真人秀《明星大侦探》第三季和第四季依旧保持良好口碑，并向湖南卫视反向输出了姐妹篇——益智推理节目《我是大侦探》。芒果TV还引入游戏模式，推出了实景科幻实验节目《勇敢的世界》。

2018年10月31日，国家广播电视总局发布《关于进一步加强广播电视

和网络视听文艺节目管理的通知》，再次强调广播电视与网络视听节目同一标准、同一尺度，网台联动严控题材、内容、导向、人员各个环节，严控嘉宾片酬，并坚决打击收视率、点击率造假等行为。

为了在海量网络综艺节目中取得一席之地，吸引青年受众的收视兴趣，创作者们更多地在青年亚文化中寻找选题。如何保留亚文化中的独特风格，又适当地剥离掉其消极意义以适应我国社会文化环境的需要，在不违规的同时获取最大利益，是这一阶段的网络综艺创作者们重点思考的问题。

（三）2019年：垂直细分不断深入，观察类大幅增加

在近年广告市场降温的大背景下，相对于卫视综艺产量的继续下跌，网络综艺节目的大制作也在减少，调动有限的资源探寻下一个爆款成为各大视频平台的目标，但此时要"出圈"已变得相对困难。于是，观察类节目数量较前两年大幅增加，在题材上音乐、旅游、时尚类增多，喜剧、文化、竞技类下降。

腾讯视频推出了观察类公益节目《忘不了餐厅》，以关注认知障碍老人赢得赞誉；情感观察类节目《心动的信号》（第二季）与《女儿们的男朋友》均引发诸多讨论；职场观察类节目《我和我的经纪人》与《令人心动的offer》取得了不错的收视成绩。

优酷推出的《这！就是街舞》（第二季），在对街舞的视听表达上更加成熟和专业，以精良的制作积攒了较高的口碑；《这！就是原创》为该系列节目增砖添瓦。音乐真人秀《一起乐队吧》加入了乐队赛道的竞争，还有多档脱口秀、访谈类节目持续搭建人文系列节目品牌。

爱奇艺在青年文化领域深入挖掘，注重圈层内容的开发。其联合米未传媒推出的原创音乐综艺《乐队的夏天》让乐队文化得到了广泛关注，成为令人惊喜的年度新节目。此外，还原创了音乐挑战类节目《我是唱作人》、潮流经营体验类节目《潮流合伙人》等。

芒果TV推出两季观察类节目《女儿们的恋爱》《妻子的浪漫旅行》，以及减肥生活观察类节目《哎呀！好身材》等，呈现出一定的女性向特质，着重在情感观察类节目上发力。实景解密体验秀《密室大逃脱》，脱胎于游戏

模式，承袭了持续五季的《明星大侦探》中的解谜元素。另外，还有先锋试验旅行真人秀《小小的追球》，以环保主题和伙伴间真挚的情谊赢得了良好口碑。

除上述四家巨头之外，网络综艺市场还显示出了新力量。如以UGC内容为主的青年亚文化视频社区B站也推出了风格独特的自制内容，尤其是其跨年晚会用音乐与舞蹈等艺术样式演绎了当代年轻人心目中的影视、动画、游戏等经典IP，由此被称为"最懂年轻人的晚会"，引发不同圈层的持续热议。

本年度在网络视频行业还具有特殊意义的是，中央广播电视总台基于"5G+4K/8K+AI"等新技术打造的综合性视听新媒体——央视频，于2019年11月20日正式上线，其中可以看到中央广播电视总台所属的所有节目及绝大部分地方卫视的节目，这意味着国家级主流媒体的专业新媒体强势进入，依托其雄厚的节目资源和创作力量，未来应该会成为当代年轻人关注的重要新媒体综艺平台。

（四）2020年：市场平稳，行业持续融合创新

据《腾讯娱乐白皮书》数据，2020年网络综艺全年上线229档，比2019年增加了8档，其中"综N代"节目60档，占比26%；真人秀节目74档，占比32%。腾讯视频、爱奇艺、优酷、芒果TV四家网站独播的网络综艺占据全网的77%。

在多年的圈地竞争之后，几大网站依然还在"综N代"及其延伸、头部题材上进行激烈的纠缠，而在其他类型上则更多依托平台特性和创作传统。其中，矩阵化开发的衍生节目猛增，"中视频"概念被提出，多家平台都推出了时长在30分钟以内的短综艺试水。而且，这一年受新冠肺炎疫情的客观影响，国内大面积足不能出户的封闭抗疫举措改变了民众的生活方式，从而也激发和加速了网络综艺内容创新。尽管招商方面的"寒冬"仍在继续，资本泡沫也明显消失，反而成就了前所未有的特别的"网综大年"。

芒果TV推出的《乘风破浪的姐姐》以豪华女明星的成团成为年度黑马；优酷以《这！就是街舞》（第三季）锁住了会员，还衍生了一系列节目如《师父！我要跳舞了》《一起火锅吧》《街舞开课啦》《街舞营业中》《街舞潮流图

鉴》《一起来看流行舞》《街舞要One More》《Just Dance》等。

在节目题材和形态的创新方面，爱奇艺有虚拟偶像竞演《跨次元新星》、表现都市饮食的《未知的餐桌》、冲浪生活体验《夏日冲浪店》；腾讯视频有角色扮演游戏《我+》、音乐团体竞演《炙热的我们》、喜剧厂牌真人秀《德云斗笑社》、选拔综艺搞笑艺人的《认真的嘎嘎们》、直播带货《鹅外惊喜》；优酷有实验情景真人秀《亲爱的上线了》、动物观察真实剧情秀《汪喵物语》、直播恋爱真人秀《请和我奔现吧》；芒果TV有声音互动节目《朋友请听好》、情景互动访谈《来自手机的你》、生活方式探索真人秀《理想家》等。

多个平台还展开了特别针对疫情的云录制尝试，经常以连线明星的方式为居家隔离的受众送去"云综艺"，如爱奇艺的《宅家点歌台》《宅家运动会》，腾讯视频的系列偶像云综艺《咕Cloud》，优酷视频的公益直播节目《好好吃饭》《好好运动》等。

作为国家级新媒体平台，由中央广播电视总台文艺节目中心、央视网联合出品的《你好生活》（第二季）显示出传统主流强势媒体对慢综艺的成功尝试，采取台网联播的方式于11月推出。本季由尼格买提·热合曼邀请撒贝宁等嘉宾一起，在不同的户外畅聊和感受日常生活的人物和活动细节，品位清新高雅。12月，首档台网互动国风少年创演节目《上线吧！华彩少年》推出，这无疑也是传统媒体网络综艺盛行的氛围中诞生的一档探索性极强的节目。

本年度短视频平台在综艺领域的投入进一步增加，尤其是B站联合央视频主办2020年跨年晚会，续借上一年的优势获得了更好的破圈能力，还上线了高口碑的《说唱新世代》。抖音与奇遇文化推出纪实真人秀《很高兴认识你》。西瓜视频成为《上线吧！华彩少年》的网络独播平台。

网络综艺发展至此，已经具有较高的专业制作水准，尤其是一些垂直类网络综艺，让部分亚文化形态突破圈层壁垒，展现出较高的艺术价值、社会价值和商业价值。最重要的是，亚文化中的消极部分不断被消解，呈现出逐渐融入主流文化的姿态。同时，当下受众对综艺节目的关注已经不分台网，而且更多人会到网络平台寻找具有创新意义的节目。对于国内的优秀制作团队来说，创作领域跨越台网也已经是普遍现象，未来电视综艺与网络综艺创作和传播的进一步融合是必然趋势。

第三节　网络综艺节目的特征

当我国网民规模近10亿，平均每周上网时长近30小时，网络综艺节目无疑已经拥有广泛的受众群体，成为用户的日常生活陪伴品，主要起到传达情感价值或放松精神压力的作用。而且相对于电视综艺，网络综艺的题材及形式自然也有了一定的特点。

一、选题：文化多元，深挖小众

近年来，娱乐市场日益细分化发展的趋势在网络综艺领域尤为明显，为了在海量竞争对手中突出重围，网络综艺节目在选题设计阶段就不得不力求"剑走偏锋"，整体呈现多样化、个性化的特点，主要涉及说唱、街舞、极限运动、职场生态等领域，构建出基于年轻群体的多元文化竞相表达的面貌。同时，其特有的制播灵活属性，也使得制作方能够大胆尝试不同题材，不求多而全，力保小而精，以实现差异化发展。

与此同时，精准的受众细分和定位成为个性化题材拉拢核心受众群的必要途径，通过大数据统计来精准分析用户需求，投其所好进行内容设置。如各类真人秀中的圈层细分、脱口秀节目中的争议话题都是精准定位目标受众的体现，无论是孕期妈妈、二胎家庭、减肥人士，还是一些小众文化爱好者，都能找到对应自己需求的网络综艺节目。针对专业受众，表演类节目还会区分出表演纯享版，而针对明星粉丝还会推出系列衍生节目。

当"80后""90后""00后"成为网络综艺节目的核心受众，亚文化选题就愈发受到重视。互联网自身特有的"去中心化"[1]属性使得伴随其发展而成长的青年人对解构传统、宣扬个性的内容接受度更高。正如伯明翰学派亚文

---

[1]　去中心化（Decentralization）概念基于互联网的体系结构而生，既源于互联网技术的基本逻辑，又受到互联网先驱们的理念影响。与传统媒体的"中心化"特征相对，互联网带来了话语权的下放，受众能够对信息的发出与接收自由选择。

化理论中强调的"风格"，青年群体推崇属于自身的独特风格与符号系统，这也是网络综艺节目吸引年轻人的重要切入点，同时让他们找到表达和交流的文化空间，获得一定的文化归属感。创作者多从亚文化领域挖掘新颖题材，直击目标受众，再争取更广泛圈层的关注，从说唱、辩论到乐队，从才艺竞演到情感观察，无不是沿着"先小众后出圈"的路径赢得更广泛的关注。

二、创作：用户思维，融合创新

（一）"受众"变为"用户"，强调深度参与

伴随着新媒体的诞生，视听内容受众生态发生转向——"受众"变为"用户"，尤其是付费观看方式更让用户具有被服务意识，对节目内容的参与和干预需求愈发突出。网络综艺在节目流程设计时就强调受众更深层次地参与：从节目选材到话题设置，用户的意见被大数据统计；从选手晋级到竞赛环节安排，用户可以通过投票、评论反馈等方式影响节目的内容和后续发展；用户观看的弹幕也会影响节目以后的内容和形式变化。于是，全新的媒介环境与受众生态使网络综艺形成有别于电视节目的内容生产逻辑，也形成了更多考虑互动参与方式的创作特征。

（二）强化并依赖情感共鸣，加大受众黏度

出于获取更高利益的驱使，网络综艺面临着更为严峻的竞争，于是往往不断满足用户合理甚至不合理的需求，以增强受众黏度。但实际上，网络综艺不可能都做到以最大众的接受度为首要目标，而较多节目追求以更加个性化和年轻化、瞄准目标用户的"痛点"，借助多样化的题材与核心用户建立更深的情感联系，以维持节目的竞争力和平台利益。

例如，脱口秀节目常紧密围绕青年人最关注的话题，无论是求职还是人际关系，无论是爱情观还是价值观，都从很具体且难定对错的观点或行为来探讨深刻的人性与社会现实，展现不同立场与观点的交锋，实际上最终也给出了一定的解决方案；才艺竞演类节目不仅仅是对才艺表演的展现，更传达了选手追寻梦想的执着、拼搏向上的精神面貌；情感观察类节目表现不同

嘉宾的婚恋相处方式、个人生活状态，在满足受众窥私欲的同时，通过引发情感共鸣抓牢用户；纪实体验类节目通过记录嘉宾探索世界、思考人生的心路历程以启发受众……多种节目从不同的角度丰富了网络综艺的题材及情感表达，也传播出多元的价值观，但最终是要给受众以生活的动力和鼓励。

（三）类型融合，形态创新

相较而言，电视综艺的发展是渐进的，类型特点也更加清晰，而网络综艺自诞生之初就呈现了杂糅和爆发的态势。正因为其以盈利为终极目标，以娱乐服务为手段，不惜将资讯集锦、实况转播、游戏竞技、纪实观察等多种元素进行拼贴与融合，也由此形成网络文化的重要特征。同时，因为借鉴了电视综艺多年的发展经验，各种已有的节目形态都在创作者的参考资源库中，使得网络综艺的发展进程明显提速，更新迭代的周期极短，融合创新成为基本途径。此外，由于网络媒介打破了电视媒介的传统线性传播局限，网络综艺必须要能够应对点播收看的方式，要具备更有吸引力的形态，针对年轻受众的思维更加跳跃，必须从"互联网＋"环境中汲取开放兼容的智慧。同时，由于绝大部分创作者的思想也更为开放，所以网络综艺多采用类型融合的手法。

如《奇葩说》将辩论与真人秀融合，《拜托了冰箱》将脱口秀与美食融合，《我们15个》将生存体验与直播形式融合，《奋斗吧主播》将电商带货直播与职场真人秀融合……诸多节目信息量大，观点新奇，形式多变，随时随处可看。同时，技术的更新也使创作者能够轻松调整节目的形态与制播方式。如面对疫情期间人员流动受限的情况，多档网络综艺开展的线上"云录制"在解决制作问题的同时为用户带来了全新的节目样式。

类型的融合还有一种原因，诸多创作者相对年轻，没有固有的传统节目形态的束缚，网络平台也没有栏目化限制，于是节目时长也相对自由，由内容而生发相应形式的状况就较为普遍。一些电视中已经消失的形态也陆续出现，目前大量被称为网络综艺的形态如《你好生活》《侣行》《锵锵行天下》等，都有着专题片、电视散文的精髓。

（四）网感表达，风格鲜明

节目视听元素的杂糅也是网络综艺的突出特点。大量花式字幕、动态漫画、特写回放、影视素材剪辑等，无疑是最有别于电视综艺面貌的网感的呈现，与后现代主义的标志性手法拼贴有异曲同工之妙。

网感主张活泼生动，抗拒严肃死板，即节目在进行前期策划与后期包装时，常常会设计、塑造网络文化特有的戏谑、跳跃、快捷、恶搞的特点，使节目符合网友参与性、互动性、碎片化的观看习惯。尤其是花式字幕，也称"特效字幕"，简称"花字"，是直接源于动漫的手法。

虽然加花字也是电视综艺应用多年的后期手法，但对于可以随意暂停、回放的网络综艺来说，它有着更丰富的表现形式与表达内涵，更便于受众回味和放大其意义。从表意功能上，花字可以补充解释画面内容，强调剧情看点，放大幽默效果，还可以充当节目制作组、参与嘉宾与受众三方之间交流的媒介。从形式上看，网络综艺的花字不局限于文字，网络文化中的表情包也成为夸张化表现嘉宾想法、情绪的利器。而且，花字不仅可以突然出现、消失，也能借鉴弹幕文化拥有花样繁多的动态效果，给受众带来充满趣味性的观看体验。如《乘风破浪的姐姐》就用花字营造出别样的互动感，节目制作组通过字幕回应采访中嘉宾的问题，让受众感到亲切有趣的同时丰富了节目的叙事内容和形式感。

诚然，并非所有网络综艺节目都依赖花式字幕与动画特效增加看点。在受众细分、精细化生产的趋势下，各类网络综艺都能以自身独特的样态而存在，形式服务于内容，应灵活可变而不是机械互仿。于是，一些以展现精英文化为目标的网络综艺也可以选择抛弃所谓"网感"，采用简单大气的形式来表达。

（五）抢占IP，全链开发

近年来竞争越发加剧，各视频网站利用自身创新能力或重金购买等方式抢占优秀IP并进行全IP生态衍生链的商业开发成为普遍的运营模式，包括IP的版权授权、代理，衍生节目的创作，衍生品零售、主题展览等，形成一系列的全方位覆盖产业链。

同时，知识产权法律的完善与 IP 产业链的逐渐成熟为网络综艺培养用户忠诚度、构建商业闭环提供了良好的条件，使 IP 开发成为网络综艺收益的重要来源，衍生节目矩阵也成为较高人气网络综艺的标配，以便将头部需求与尾部需求一网打尽。

三、传播：社交评议，碎片拓展

（一）社交化传播

对比电视综艺，网络综艺根植于视频网站，自然具有得天独厚的互联网传播优势。而且，网络平台有着与生俱来的社交属性，以微博、微信以及各短视频 APP 为代表的社交平台也成为网络综艺二次传播的主要阵地以及创作者与用户、用户与用户的重要交流空间，社交媒体上的讨论、弹幕视频网站上的二次创作、短视频平台的片段集锦都是节目社交化传播的一部分，用户也喜欢通过弹幕、评论等方式向原作者以及节目制作方进行反馈。正如麦克卢汉认为的，人类社会正进入"再部落化"① 阶段。借助互联网，种类繁多的文化样态"催生了各类网络趣缘群体，人们聚集在同一社群中，讨论相似的话题，共享相似的观点和情感体验"②。这些群体既是网络综艺节目某一垂直题材的目标受众，又会成为该节目的自然讨论群体。经由核心圈层进行社交化传播后，节目相关话题就通过社交关系网络辐射到范围更广大的人群中，最终影响到其他社群，即"破圈"。

就具体节目来看，也在各社交平台建立了接口，既是宣传口，也是内容承载的一种延伸。如不仅可以在微博、抖音、B 站发布相对短小的信息，还可以用微信公众号来发布长文，如《乐队的夏天》会运用米未传媒的官方微博"东七门"来不断发布宣传内容或观点，而《你好生活》则用微信公众号"尼好生活"来发布节目信息以及尼格买提对生活的感悟，等等。

---

① 麦克卢汉.理解媒介：论人的延伸［M］.何道宽，译.北京：商务印书馆，2000：33-64.
② 陶紫东.网络综艺节目的社交化传播［J］.东南传播，2019（9）：106-107.

（二）碎片化传播

由于生活快节奏带来的信息快餐化和信息爆炸的现实，网络平台的内容传播被迫呈现碎片化的特点；网络综艺也不得不顺应这一要求，力求直白、快速地传递观点、展现情节，于是会加快剪辑节奏，提高画面冲击力，以吸引受众留存或观看。在进行节目宣传时，更会将碎片化传播做到极致，如进行正片精彩片段的图文或视频节选、制作幕后花絮短视频等，随即散发到多个短视频平台。受众依靠碎片化信息就可以高效了解节目内容，也能更便利地进行二次创作与分享，这也是B站的核心功能。

当碎片化传播与社交化传播相结合时，节目的影响力会进一步扩大。

四、文化补需：共荣共生，促进圈层融合

从文化价值的建构与传播层面来说，网络综艺还发挥着对电视综艺的补需作用。

在题材方面，网络综艺处于相对小众传播的环境且具有精准细分受众的优势，在某种程度上延续了电视节目中一些播出效果受局限的题材，如芒果TV接替湖南卫视播出了各类节目，央视频、央视网的受众可以补充和反复收看中央电视台的老旧节目……而且，网络综艺也更努力尝试相对小众的节目模式与亚文化题材，如实景解谜类节目、电子竞技类节目等。在受众针对性方面，网络综艺还以诸多电视娱乐节目无法涉猎的题材吸引了相对应的群体，如《圆桌派》《十三邀》《即刻电音》等，最终在文化价值的传播中占领独特领域，丰富了受众的精神文化需求，和电视娱乐节目一起营造全社会多元文化共荣共生的繁荣态势。

毋庸置疑，网络综艺最强有力的补需作用发挥在亚文化艺术的展现领域，正如《这！就是街舞》《乐队的夏天》等在调用亚文化引发受众身份认同的基础上，借助嘉宾表演与戏剧性冲突对受众形成情感投射，也通过创作者的深度挖掘与良好阐释发掘了亚文化的内涵和精华，最终完成对其文化价值的建构与传播。甚至一些节目还刻意设置对传统文化艺术样式进行亚文化表达的环节，对电视娱乐节目传播的主流文化也进行了支撑，同时推动了主流文化对某些亚文化的融合，也带动各圈层文化及群体的融合。

第十章　语言类网络综艺的创作和文化表达

第一节　语言类网络综艺的概况

一、概念、类型与文化发展脉络

（一）概念

语言类节目的核心是通过说话的方式进行内容传达，需要体现三个要素，即"谁来说""说什么""说给谁听"，若深入探讨还会涉及"在哪里说"和"怎么说"等，因此表达者的选择、话题的确定以及表达的形式都是影响节目内容质量和文化价值导向的关键。

融媒体背景下，广大受众也有被平台分化的趋势。相比之下，电视受众更在意好看，而一些网络用户已经不再满足于简单的感官娱乐和重复的眼球刺激，更追求情感的共鸣和更具个性化的内容表达。语言的表达最直接，于是语言类节目可以便捷且有效地满足这种需求，这在一定程度上推动了语言类网络综艺的产生和快速发展。

语言类综艺节目并不算是新鲜的节目品类，在广播和电视平台中的创作已非常成熟，属于总体上投入较少、制作相对简单的样式，但正由于其制作普遍相对简单，以往内容过多照顾大众而不够深入和有针对性，样式也缺乏新意，在电视综艺市场中便愈显频势。近年来，语言谈话类网络节目因内容精准、充分利用互联网思维并依托于亚文化，在形态上进行创新，萌发出勃勃生机，也开创出独特的文化表达模式，其中的一部分以较强的娱乐性和可看性进入网络综艺范畴。

（二）类型

语言类网络综艺总体上沿袭广播电视节目的类型划分，根据节目的特点和创作方向可有两种划分角度：一是按内容来划分，可分为新闻时事类、文化知识类、娱乐漫谈类、语言表演类；二是按表达形式来进行划分，可分为辩论类、脱口秀类和复合类。

目前，语言类网络综艺话题的涵盖面极广，且内容形式都具有很强的延伸性，因此，这里采用更为实际和有效的第二种划分方法。

1.辩论类

节目主要通过辩论的形式来进行观点表达，最典型的节目是《奇葩说》。

2.脱口秀类

这是一个大的门类，其下蕴含了很多分支。追踪其发展历程我们可以发现，脱口秀的起源可以追溯到18世纪英格兰地区的咖啡吧群众集会，人们就社会现象发表看法并进行集体讨论，这之后成为一种特定的谈话形式并逐渐固定成为节目形态和主持风格，即Talk Show。这个词原意指观众或嘉宾聚集在一起讨论由主持人所提出话题的节目类型，如《奥普拉脱口秀》（*The Oprah Winfrey Show*）、《吉米今夜秀》（*The Tonight Show Starring Jimmy Fallon*）和《艾伦秀》（*The Ellen DeGeneres Show*）等。我国早期的电视脱口秀是很接近原型的，如《实话实说》，以访谈和讨论为核心方式，与时事新闻及社会热点紧密结合。但后来国内的一些娱乐类脱口秀节目逐渐更具有喜剧性，如《脱口秀大会》等，其实是发源于英国而后兴盛于美国的另一种喜剧样式Stand-up comedy（单口喜剧），也从属于脱口秀的范畴。

单口喜剧又与我国的相声有着明显的区别。单口喜剧的表演和内容往往不强求故事的完整性，而是为了直接获取现场喜剧效果，所涉及的内容也比较广泛，政治、时事、生活和名人逸事都可以拿来搞笑。相声作为我国的传统曲艺类型，糅合了民间笑话、故事、评书的艺术手法，更强调故事结构的完整性和前后呼应，往往有明确的角色分工，还有一些不断传承的固定剧本。

网络脱口秀类节目在形式上有多人和单人之分，多人脱口秀由多名嘉宾共同完成表达和交流，典型节目如优酷出品的《圆桌派》《火星情报局》等；单人脱口秀则主要依靠单个表演者来完成，典型代表如《吐槽大会》《脱口秀大会》等。

3. 复合类

这类网络综艺主要是指融合了多种语言表演元素的综艺娱乐节目，往往有较多综艺情节的设定，语言表演的形式也更为多样化。

（三）文化发展脉络

1. 开端与发展阶段

在短短的几年时间内，语言类网络综艺获得了极大发展。

（1）初入市场，崭露锋芒

在网络视听节目刚出现之时，语言类就是其中的主要形态，如《明星在线》《大鹏嘚吧嘚》《大话新闻》等，但当时互联网尚未普及，网络视听节目在少部分人群中传播。

与此同时，社会文化领域的一些新趋势也起到了助推作用，如亚文化越来越多地影响到年轻人的思维方式和审美习惯，并成为一种重要的文化力量，这为语言类网络综艺的生长壮大提供了丰厚的养分和坚实的根基。

（2）开启新纪元

2014年11月底，《奇葩说》（第一季）在爱奇艺上线，就此从真正意义上拉开了语言类电视综艺和网络综艺的距离，也极大提升了该类节目的制作水准。

《奇葩说》将自身定位于中国首档说话达人秀，搜罗各路说话达人，把不同身份和文化背景的选手冠以"奇葩"的名号齐聚辩论赛场，并将辩论这种原本相对专业的表达方式进行娱乐化。一方面，将精英文化与大众文化相融合，用辩论的形式向受众展示与传递更多元、多维度的立场和思考；另一方面，将严肃的辩论进行戏拟与反转，颠覆传统的节目语态，将尖锐争执寓于吐槽、段子和金句式的表达中，用笑声来化解辩论这种专业形式给受众带来的距离感，使得节目更加有趣和亲民。同时，节目囊括婚恋、就业、养老、生死、职场、情感等具有社会意义的话题甚至哲学命题，极大地丰富了语言类网络综艺选题的深度和广度，为年轻一代建立起公共话题的讨论空间。

节目一经上线，便迅速红遍网络，成为当年当之无愧的现象级节目。尤为重要的是，节目团队的主创之前已经在电视台创作过多档综艺节目，观念新锐、手法纯熟，节目流程更是清晰和节能，为网络综艺制作树立了品质的新标杆。2014年到2015年，《奇葩说》的第一、二季持续收获好评，极大激发出受众对于此类节目的好奇与热情，也引爆了语言类网络综艺的市场。

2016年，不同领域的语言类节目不断涌现，垂直细分的程度逐步深化，语言类网络综艺进入快速发展的时期，多元化的话题及表达方式也使得公共话语的讨论方式和空间得以不断拓展。

2.蓬勃发展阶段

2016年之后，语言类网络综艺进入蓬勃发展的黄金时期，首先表现为以《奇葩说》为代表的"综N代"持续发力，不同形式的新节目不断涌现，元素愈加丰富，市场竞争也更加激烈。

在"综N代"的延伸方面，"奇葩"系列节目《奇葩大会》上线，充分挖掘和延伸节目IP。《奇葩说》的第四季在导师阵容以及竞争赛制上进行了突破，让导师参与到辩论中，并且加入了新老"奇葩"之间的争夺，用冲突与竞争刺激受众的眼球。第五季还加入了"开杠"的环节，将传统辩论中的自由辩论进行形式化的处理，以增强节目的记忆点和仪式感。

2017年，《吐槽大会》和《脱口秀大会》爆红，使语言类网络综艺呈现出文化上的创新，也开辟了全新的表达方式。节目不仅将青年亚文化中的吐槽文化带入公众视野，还让单口喜剧从小众文化走向大众舞台。这两档节目都通过嘉宾讽刺或自嘲的幽默式话语进行表达，尤其以一种黑色幽默的语态窥探明星隐私、解读生活琐事，其蕴含的解构精英文化、"去中心"、"反权威"的精神正好契合了当下网络受众的逆反心理。同时，脱口秀演员们对生活的解读、笑对苦难挫折的态度也抚慰了当下面对巨大生活压力的年轻人的疲惫心灵，从而使广大受众产生情感共鸣。

2018年，国内节目创作者对语言表达元素的运用越来越成熟，也在一定程度上体现出随着市场趋向饱和，复合型的语言类网络综艺会形成新的发展趋势。此时，语言类网络综艺的产业链也逐渐趋向完善，节目创作者越来越多地利用线上线下的联动最大限度地吸引受众并扩大节目影响力。如《脱口秀大会》积极在各地举办线下脱口秀专场，既打磨了内容，挖掘出新的脱口秀人才，也扩大了节目的影响力，真正起到了推广脱口秀文化的作用。

二、创作特征

纵观当下的语言类网络综艺，其创作特点既沿袭了传统语言类电视节目的基本创作规律，也更加符合网络传播习惯和受众需求喜好。而且，在互联网商业逻辑指导下的网络综艺必须具有极高性价比，相比于其他类型的节目，语言类网络综艺普遍制作成本较低，却能获得较大的市场收益，其观点和表达是节目创作的核心，这便在可操作性上为语言类网络综艺的发展提供了强劲支撑，也成为语言类网络综艺领先于其他网络综艺的一大优势和创作的基本准则。

（一）围绕话题设计内容

语言类网络综艺内容的创作首先要关注话题的选择及编排。以下是对《奇葩说》、《圆桌派》和《脱口秀大会》部分话题与说话者的梳理，从表10、表11、表12中可看到语言类网络综艺话题及嘉宾选择的基本规律。（截至数据统计完毕，《圆桌派》更新至第四季，《奇葩说》更新至第六季，《脱口秀大会》更新至第二季。）

表 10 《圆桌派》第一、四季话题倾向及嘉宾类型统计简表

话题类型		社会人文	情感	艺术	社科知识	价值观念	伦理道德
话题涉及主题（单位：次）	第一季	7	7	6	0	9	3
	第四季	12	8	3	1	10	1
第一季总计 24 期		涉及热点事件（次）	16		关注青年生活状态（次）		12
第四季总计 29 期		涉及热点事件（次）	14		关注青年生活状态（次）		18
嘉宾类型	第一季	主持人、作家、学者、记者、音乐人、演员、主题相关专业人士（占星师、案内人、企业家等）					
	第二季	导演、作家、学者、编剧、主题相关专业人士（犯罪心理学教授、厨师、记者等）					

表 11 《奇葩说》第一、五、六季话题倾向统计简表

话题类型		社会人文	情感	艺术	社科知识	价值观念	伦理道德	总计
话题涉及主题 （单位：次）	第一季	1	9	0	0	18	5	21 期（除海选）
	第五季	4	21	0	0	28	7	24 期（除海选）
	第六季	27	19	0	0	27	7	24 期（除海选）

表 12 《脱口秀大会》节目主题及嘉宾统计简表

	期数	主题
第一季	1	这个标签我不背
	2	做人不能太折腾
	3	你真的有朋友吗
	4	对不起我不是第一名
	5	北上广，爱，来，不，来
	6	人生没有撤回键
	7	以爱的名义绑架你
	8	不是同类就要拉黑吗
	9	拒绝虚假，Be real
	10	我要这焦虑有何用
	11	要幽默，不要冷漠
	12	人人 talk，人人 show
第二季	1	有本事再刷存在感
	2	爸妈，我就直说了
	3	今天你的人设崩了吗
	4	要做生活的甲方
	5	我可能是被骗了
	6	爱一个人好难
	7	别怕，只是孤单
	8	我还可以再燃一次
	9	怎么选都不错
	10	笑是生活的解药

1.话题紧扣热点，观照现实

选题是语言类网络综艺价值和意义的最基础的设定，因此创作者会尽量选择更贴近社会热点时事、更具有公共认知度的内容或事件，一方面可以让节目嘉宾有话可说，具有充足的发挥空间；另一方面具有时效性，有助于立刻吸引受众的注意，增强代入感，从而起到吸睛、引流和增加用户黏度的作用。

《圆桌派》第一季的24期节目中有16期直接与当时的社会热点事件相关，第四季的29期正片节目中有14期直接与社会热点事件相关。如上线首期选择了话题"师徒"，当时正值一对相声演员师徒因意见不合而分道扬镳。节目从内容角度上来说并没有简单粗暴地消费这个热点话题，而是将事件作为引子与节目的主体谈话内容进行有机结合，将其延伸到传统与现代的矛盾，并对契约关系、公约和私约的概念进行了深入的探讨，甚至涉及宗教观念对当下社会的映射。一向语气柔和但观点犀利的主持人还提到了现代科技的发展对过去技艺"除魅"的问题，与嘉宾讨论拜师学艺到底学的是技术还是人格。由此可见，《圆桌派》在话题选择上不是简单地蹭热点，而是对当下社会现象的深度剖析，并由浅至深逐步分析其本质但又不执着于给出定论，留下更多的空间给受众思考。第一季第15期以"裸贷"为话题，聚焦当下年轻人的价值观和金钱观；第四季第11期由当时的明星离婚风波深入当代人的婚姻观念和娱乐行业的"灰色潜规则"；第四季第13期从北野武离婚探究日本的文化和日本社会的价值观念，等等，都通过对社会热点事件的深度探讨进行价值的下沉，挖掘背后的逻辑与真相，使节目更具有思辨力和传播价值。

《奇葩说》的话题设置也紧扣社会热点，但会选择更有趣的角度切入和扩展，既符合节目调性，又赋予其更大的讨论和传播价值。如第四季第9期讨论的话题——"父母提出要和老伙伴一起去养老院养老，我该支持还是反对"，这个关于亲情的略显沉重话题与现实中的每个人息息相关，也实实在在地戳中了每个受众的软肋。除此之外，还有"伴侣在大城市找到很好的工作，我要不要放下一切跟TA走""决意离婚的父母，要等到孩子高考之后吗""生'二胎'必须经过老大同意吗"等话题，也都具有很重要的现实意义。

同时，诸多节目也经常在尝试进行价值观念或伦理道德的探讨，甚至尝试触及哲学问题，以呼应当下年轻人的高文化修养以及对自身、世界的思考能力。对于辩论来说，进行伦理观念的讨论是再正常不过的，但对于一档综艺节目而言，就需要考虑节目话题的尺度控制、传播价值和社会效益问题。选手们有对于个人价值的质问，有对于"小我"与"大我"的申辩，最后导师们的总结也是意味深长、引人思考。

2. 价值观多元表达，观点新锐而鲜明

语言类网络综艺是一种立体化的观点表达与传播过程，尤其对于网络脱口秀而言，其文化和社会价值就在于为受众提供了更多认识世界、思考社会、反思自己的可能性，为多元的价值观念提供了交流碰撞的空间。当然，节目并不执着于对其进行简单对错或优劣的判断，而是深挖其背后支撑的思想观念，允许多元的价值观进行平等的交流，以达到从各个角度解释现有社会现象的目的。

如《奇葩说》精心网罗身份背景、学识程度、人生阅历相差甚远的选手，让不同的受众都能在其中找到各自的观念映射，并通过立场和角度各异的剖析对话题进行多维度地读解，观点新锐而鲜明。第六季第2期中有一道辩题是"公共场所遇到熊孩子，他的父母无动于衷，该不该教育他们"，选手傅首尔从妈妈的角度讲述家长一方的无可奈何，对手岳岳则站在年轻人的立场阐述对孩子"及时、恰当"教育的必要性，双方的辩论体现出当今社会对儿童教育问题上的矛盾，也引发社会对儿童及其家庭特异性的关注。《奇葩说》第六季第12期讨论"奇葩星球设立'颜值税'，你支持吗"，这种极具网感的虚构性话题迎合了年轻受众的喜好，更给选手的创造性发挥提供了充分的空间。选手庞颖提出支持"颜值税"是希望孩子可以在充满爱和美的熏陶中长大；肖骁则认为反对"颜值税"不是苛责美丽，而是苛责那些因为美丽而想不劳而获的人。这些辩论角度既出其不意，又颇具感染力和说服力，使受众在潜移默化中不断开拓看待世界的角度。最终，节目推出了一批有个性又有思想的年轻人和导师，他们新锐而鲜明的思想引领了受众价值观的转变。

3. 精准聚焦受众，引发情感共鸣

《奇葩说》第一季每期开始都会有一段话："以下内容，40岁以上人群请在年轻人陪同下观看。"这段话看似是以戏谑的手段增加了节目效果，实际上是点明了节目的主要受众是青年群体，是当下社会的未来。

事实上，绝大部分语言类网络综艺的主要服务受众都是青年群体，即所谓"网生代"，他们习惯于现在的网络传播和碎片化的信息采集方式，也面临着更加多元的价值选择。他们要求节目话题的切入角度要更加精准、更具针对性，在表达方式和内容设置上要运用最新鲜的语态。如《奇葩说》第六季第3期讨论的辩题是："年纪轻轻'精致穷'我错了吗？"这道辩题讨论的核心实际上是当下年轻人的生活态度和价值取向，但创作者用一个新鲜的词汇"精致穷"，不仅非常生动地形容出当下年轻人的生活状态，也大大增加了话题的趣味性。节目中还大量使用了更加贴合年轻受众的词语，有效地拉近了与受众的距离。此外，《奇葩说》还引入"奇葩星球"这一概念，为诸多看似荒诞的题目提供了一个合理化的空间，既便于选手展开讨论，也使受众更乐于理解和接受。"奇葩星球黑科技：每个人都可以按键复活一位最爱的人，你支持吗？""奇葩星球新规定：爸爸每周陪伴孩子低于12小时就被取消爸爸称号，你支持吗？"等问题的表述非常具有网感，也成为节目的标签。

《奇葩说》不仅注重表达方式上的年轻化，而且在内容上积极寻求与青年受众的情感共鸣，几乎每期都针对性地选择与年轻人的生活状态、现实困境最紧密相关的辩题。如在第一季中，辩题涉及了"漂亮女人应该拼事业还是拼男人""这是否是一个看脸的社会""催婚""异性闺蜜""不生孩子是否有错"等话题，探讨了年轻人的事业观、价值观、婚恋观、家庭观、社交观和生育观，直击他们的痛点，从而引发深度的情感共鸣。

《脱口秀大会》的话题选择也同样紧紧贴合当下年轻人的思维状态和生活窘境，如第一季第1期谈论的话题——"贴标签"，即凭借自己的主观想象不经考证地对一个人或事物进行评价，可引申至地域歧视、性别歧视甚至星座歧视等社会话题，脱口秀演员们通过幽默、讽刺的语言来表达自己的观点，对新鲜社会现象进行挖掘，对固有观念进行反抗。在话题"对不起我不是第一名"中，思文以女性之间互相比美的视角将此话题解构为对看脸社会的嘲讽，探讨当下年轻人的好胜心以及自我价值序列……选手们风趣幽默的表达和出其不意的解读角度使年轻人在笑声中得到了心灵的抚慰、解惑，也释放了压力。

此外，此类节目还积极通过多种渠道与受众进行互动，让他们通过弹幕、微博、微信朋友圈等途径进行积极思考和直接表达，这是语言类网络综艺节目相较于传统语言类广播电视节目的极大特色，继而体现出网络综艺的文化表达特征。

（二）说话者的选择

语言类网络综艺的核心在于表达，而表达的"人"——主持人、选手和嘉宾则是决定表达效果的关键，他们的学识修养、思维角度和表达能力直接影响到语言交流的效果和节目的质量。好的主持人更可以带动和帮助嘉宾进行表达，对复杂深刻的观点进行鲜明通俗的解释，并及时恰当地对谈话进行总结和升华，营造良好的交流氛围和节奏。选手和嘉宾良好的表达技巧与富有感染力的现场应变能力可以帮助受众迅速进入节目氛围当中并参与更深层次的思考和讨论，从而实现节目的价值引导功能。

1.娱乐属性

语言类网络综艺需要考虑网络受众的特定观看需求和节目网感的营造，因此在选择说话者时会特别考量其娱乐属性，即说话者要能够吸引受众眼球，具有话题关注度，拥有较好的艺能表现，从而增强节目的观感。除了根据节目气质与需求选择合适的主持人，节目通常还会选择一些话题人物、流量明星或较为夸张外放的表演型选手来承担娱乐性的表现功能。

如《圆桌派》的主持人窦文涛，其"成人化"、"社会化"和"人情化"的雅痞气质与节目的调性完美融合，成就了其独特的窦氏脱口秀风格。他适时的插科打诨调节了节目的节奏与氛围，增加了趣味性和可看性，看似市井之语，实则旁征博引，恰到好处。

《奇葩说》的主持人马东更是成为节目的名片，他的话经常看似不着边际，但实际上又完美掌握着节目的节奏。他深知受众的喜好与心理，适时地给嘉宾、选手"使绊挖坑"，巧妙地制造出话题与笑点，甚至其花式口播都成为节目的一大亮点。这个节目的导师设置也充分考虑到了角色的差异性、话题性和娱乐性。如第六季选择蔡康永、薛兆丰、李诞和罗振宇担任导师，他们的身份和性格都成为节目的看点，罗振宇承担被"群嘲"的角色、蔡康永和薛兆丰之间的"恩怨情仇"、李诞和罗振宇的"明呛暗怼"都为节目贡献出不少的笑点和趣味性。此外，节目中每期"男神"和"女神"的嘉宾设置也体现着娱乐性的原则。

最典型的以娱乐效果来挑选嘉宾的语言类网络综艺当属《吐槽大会》，每期节目都会邀请一位名人来接受其他明星的吐槽并进行自嘲，这些嘉宾大都自带流量——话题，也许他们并不熟悉吐槽的技巧，但本身就是看点。在这个节目中，明星不再高高在上，而成为带着瑕疵被别人吐槽的对象，这又极大满足了受众的虚荣心。

2. 多元性与代表性

《奇葩说》《吐槽大会》等因青年亚文化的影响而具有解构精英文化和强调多元话语形式的特性，这一定充分表现在说话者的身份设置上。

《奇葩说》选择选手的一个重要标准是"够奇葩，会表达"，让各行各业、身份各异的"奇葩"带着多元价值观念和表演风格进行对抗。每个选手在生活中都极具个性且观点典型、态度坚定，其身份的多样使这个节目充满了惊喜，而且把传统辩论的套路彻底击碎，就像主持人马东所说"我们节目最大的规则就是没有规则"。正因为选手是不同立场的代表，各种观点的对撞有力又有趣，既开阔了受众的思路和视野，也增强了节目的文化价值及传播效果。

3. 权威性和专业性

语言类网络综艺最终的成功与否与观点的输出效果密切相关，其中最重要的是话题的讨论需要有说服力和可信度。于是，说话者的选择还需要其身份能够贴合话题，进行权威和专业的表达。

以《圆桌派》为例，第一季第23期的话题是"饭局"，节目邀请了陈晓卿、蒋方舟和梁文道，其中，陈晓卿作为《舌尖上的中国》（第一、二季）的导演，对我国"吃文化"的研究必然深入；蒋方舟从当下年轻人对于"饭局"的理解的角度进行阐述；梁文道和窦文涛则引导话题由浅入深再由繁至简，既有文化解读的厚重，又有贴近生活的亲切，最终完成话题价值的传达。

我们还应该看到，随着嘉宾或选手人气的上升，其本人的号召力也在不断增强，权威性和专业性便会受到个人魅力的影响，表现为说服力和话语权的提升。以《奇葩说》为例，蔡康永、薛兆丰、刘擎等在专业领域颇有研究与建树的导师以及专业辩论选手的参与保证了节目的权威性和专业性，而傅首尔和詹青云等人在节目中的号召力和话语权也不断增强，在一定程度上成为对应其粉丝群体的"意见领袖"。

对创作者来说，语言类网络综艺对说话者的选择是节目的核心环节，是节目价值观的直接表达载体。当有了选题的基础后，谁来说，说什么，何时说，与说话者紧密相关。如果改变了说话者，那么节目的走向和结果也会有相应改变。当节目更讲求真实和自然、品质和价值时，说话者在节目中的地位会越发重要。

（三）节目形式的设计

传统的语言类综艺节目会更多地把精力放在话题和人选上，而在眼球经济时代，谈话的方式、形式或模式可能比谈话的内容能够更快地吸引受众。换句话说，当年的《实话实说》本是新闻属性，但语态变为轻松、明快和犀利之后，便具有强烈的喜剧色彩，甚至被误认为是综艺节目，这自然也启发了语言类综艺节目的发展。"怎样说"是语言类网络综艺至关重要的成功因素。

1.文化圈层下的全新表达语态

当下，语言类网络综艺常常将亚文化圈层的理念和形式融入节目的核心设计中，以实现形式上的创新。而极致化的形式也不断形成自身独特的、难以取代的节目风格。

《吐槽大会》以吐槽文化为节目的核心模式，但并不是浅显地搬用吐槽的句式，而是将吐槽文化中"笑对生活"的理念融入节目的方方面面，寻找具有正向意义的"槽点"，让参与者"互怼"，从而开创出一种新的节目模式。

而《脱口秀大会》则专注于对脱口秀文化的挖掘和利用，在形式设计上更加极致化。如第二季在正式上台表演前加入了"残酷开放麦"的环节，选手们会提前根据预演的表现进行投票，前7名才有机会上台表演，以强调文本内容的重要性。但节目组并没有过多渲染这种赛制，而是几笔带过，将重心放在核心内容上。嘉宾于谦和主持人李诞关于相声和脱口秀差异的讨论以及对漫才等相对陌生的脱口秀表演类型的讲解，也很好地带领受众更深入地认识脱口秀文化。

2.仪式感的营造

语言类网络综艺的可看性还来源于讲话氛围——仪式感的营造，在实践中可具体通过节目的环节以及道具、舞美包装等方面进行强化。

（1）节目环节

《圆桌派》的开头，主持人窦文涛会先点燃一支香，然后开启今日的谈话，结尾部分大家会共同举杯饮茶或饮酒，点香和举杯的动作成为这档节目被强化的记忆点。这些小举动看似无关轻重，但其实营造了"谈笑有鸿儒，往来无白丁"般文人雅士间的谈话氛围，焚香、煮茶、饮酒皆是文人墨客的典型动作。这样的氛围会使受众更加注重谈话内容的文化性，而非搞笑、娱乐性。

而《奇葩说》在第五、六季里设计了"选手开杠"的环节，此时选手双方自由辩论，可以相互质疑，强化了辩论的仪式感，从而更加突出了语言表达的重要形式——辩论。

（2）节目道具

《奇葩说》为了配合"选手开杠"的环节，使用了一个可以依靠把手左右推动的道具。一方发言完毕需要把把手推向对方，这在视觉上既表达了选手发言完毕，也传达了选手把"质疑"推向对方，看对方如何应对的含义。这个道具使选手之间的激烈对决可视化，受众观看两方选手的"battle"时，不仅可以听到言语的交锋，而且能"看到"他们将观点推来推去，同时让表达者有行为支点，也形成了节目的笑点和独特的记忆点。

《脱口秀大会》中放置于场中的立麦也是一个重要道具，一根立麦架、一支有线话筒、一方小小的舞台，构成了如今受众对于脱口秀表演的典型印象，也构成了这档节目的重要记忆点，后续的"开放麦"等流程也由此延伸。

（3）舞美包装

《圆桌派》的环境布置很有讲究，谈话场地一般会选在古色古香的场所，四人围坐圆桌，桌上摆放了茶具和香具，偶尔还有一些书籍或水果。这样看似简单的布置摒弃了传统节目复杂的舞美设计，充满书卷气息的视觉设计暗示着文人雅士指点天下之事、品评人间百态的节目定位。

而《奇葩说》的舞美效果和节目包装则偏爱艳丽鲜明的色彩对比和卡通

化的形象设计，导师和选手的服装选择也都十分夸张出挑，这很贴合年轻人的活泼个性，更契合节目"奇葩""大胆""张扬"的气质，促成了节目独特鲜明的风格。

第二节　语言类网络综艺面临的问题及文化表达策略

一、面临的问题

（一）剧本痕迹过重

语言类网络综艺中，受众最期待说话者能妙语连珠，这需要表达者具备极强的语言及表达能力，内容上也要足够出彩，这给节目创作者和表达者带来了巨大的压力。然而，并不是所有的嘉宾都具备这样的能力，并且能保证每一次表达都正常发挥。为了保证效果，由专业编剧写好剧本就成了常规操作，但这也带来了剧本痕迹过重，表达不真诚的问题。同时，高强度的生产需求、嘉宾临场发挥的不稳定因素也会给节目带来难度。不少网友在弹幕留言和后续网络评价中批评嘉宾频繁看提词器、吐槽不真诚，于是有网友评价节目是"伪吐槽""怼人都要看剧本"。

实际上，语言类网络综艺对内容的设计、尺度的把握和笑点的铺设都需要经过反复的考量和打磨，仅靠表达者一方来完成上述所有工作显然是不合理的。一些节目为了保证节目效果而使用编剧团队本无可厚非，但如果嘉宾只能照着"课本"读，就成了所谓的"伪吐槽、真洗白"，让节目丧失了真诚感。

（二）缺乏后备人才，嘉宾过度使用

现实中，如《奇葩说》和《脱口秀大会》这类对观点输出要求更高的语言类网络综艺对表达者的要求和限制会更加严格，导致节目可用嘉宾和选手的选择范围十分有限，于是常常会出现同一批嘉宾和选手被多个节目反复使

用的现象，而其观点和话术也在不断重复，极易引发受众的审美疲劳。

此问题的根本原因在于脱口秀文化作为西方舶来品进入我国，其鼓励表达的精神内核与夸张外放的表演方式与国内本土文化产生了冲突，中华民族向来崇尚内敛，绝大多数人从小所受的基本教育是"少说多做"，公开发表个人意见或构建对于公共事件的认知与表达体系未被大多数人重视，甚至会招来反感。换言之，这样的文化环境使得相关人才无法持续稳定地产出，目前相关创作表演人才和脱口秀文化的发展基本上都是"野蛮生长"。实际上，一些内容的创作者并不具备上台表演的能力，往往会出现段子写得好但上台效果差的窘境；新老脱口秀表达者的实力差距也较为明显。同时，受众对行业及专业的认知不够，不愿给新人发展空间，更接受知名人物的表演，这也加剧了表达者过度使用的问题。

（三）话题尺度难以把控

在网络平台眼球经济的运行逻辑下，一些节目为了谋求曝光量而一味追求话题的辛辣和爆点，甚至出现了打政策"擦边球"的状况。如《奇葩说》就曾数度陷入选题及谈论尺度的争议中。2014年，节目正式上线前组织了第一次话题征集投票活动，节目中的选题都来自大数据分析得出的网上热议话题。然而，一些问题极易被别有用心的人进行二次加工和发酵，从而产生一些不良的反响。2015年的个别节目更因敏感话题而被要求下线。

还有一些节目的表达者甚至利用粗口和劲爆过激的语言来标榜自己的独特，导致节目中经常使用消音或音效来掩盖低俗语言，这种欲盖弥彰的处理行为实际上也是在利用言语下限的刺激来吸引受众。

目前，依然有一些语言类网络综艺在利益的驱使下刻意追求话题的敏感性，通过色情和暴力等标签、低俗和暗示性的语言等不断刺激受众，这一定程度上制约了相关节目的健康发展，也扰乱了市场秩序。

二、文化表达策略

为了发展，语言类网络综艺必须找到自己的文化根基，坚守精神内核，才能使节目的创作保持旺盛的生命力并发挥出正向的价值导向作用。

（一）提升创作者的文化修养，注重人才挖掘和培养

要提升文化表达水平，其核心更直接地表现为"内容为王"，这就对创作者和说话者的文化修养及境界提出了更高要求。无论是《圆桌派》中代表雅痞文化、不断向嘉宾发问的窦文涛，《奇葩说》中爱调侃、爱"搞事"的马东，还是《吐槽大会》中不断被群嘲和自嘲的张绍刚，他们以及相关的创作团队都有着较高的文化素质，而《脱口秀大会》《奇葩说》里的成员不乏国内外名校的毕业生，这必然有效地提升了节目的文化高度，也是节目得到良好社会效益和经济效益的基础。

同时，要建立健康有序的人才成长模式，改变其"野蛮生长"的状态，以便为节目的持续发展提供新鲜的血液和创新的动力。如目前《脱口秀大会》的线下俱乐部为此类节目的发展提供了可借鉴的思路，节目的爆红推动了脱口秀文化在民间的发展，催生了线下脱口秀俱乐部的诞生，而这些脱口秀俱乐部又为节目后续创作提供了选手资源和创作力量。这种双向的联动实现了对于文化产品的深度开发和充分利用，促进了行业产业链的完善，最终推动了脱口秀在中国的发展和壮大。

（二）进一步明确节目定位，提供精准内容

语言类网络综艺的形式相对简单，这使其很容易被复制，因此其生存的核心是内容、话题的不断更新和深入。节目要想获取生机并保持特色，首先需要精准定位受众群体，掌握目标受众的审美喜好与接受习惯，并根据创作主题选择最恰当的形式。在最精准的、有针对性的内容基础上形成极为鲜明的节目风格，才能获得最佳的传播效果。

《奇葩说》的"奇葩"风格落实在节目中各具特色的选手、大胆又不失思辨性的话题选择、出其不意的辩论角度、层出不穷的金句、面对多元价值观念的开放态度以及极具网感的环节设计、美术包装等，紧紧抓住了当下知识青年的"奇葩"审美喜好，从而成为头部的语言类网络综艺。

而《圆桌派》的节目受众主要为有一定文化知识储备且对社会人文内容有强烈兴趣的"80后"男性观众。基于这个用户画像，《圆桌派》在舞美布

置与环节设置上更加富有文人气息，在嘉宾的选择上也更倾向于作家、学者、记者等具有一定文化修养又善于进行观点交流探讨的人物，流量明星相对较少，这就成为节目吸引相对理性的受众的核心竞争力。

换句话说，明确的受众定位使节目更精准地生产内容，而且后续也只有依靠专业、优质内容的产出，最终才能吸引更多新的用户，以达到"破圈"的效果。

（三）坚守正确立场，增强价值引导

2020年2月21日，中国网络视听节目服务协会联合央视网、芒果TV、腾讯视频、优酷、爱奇艺、搜狐、哔哩哔哩、西瓜视频、快手、秒拍等视听节目网站发布了《网络综艺节目内容审核标准细则》，针对出镜人员言行举止问题作出了明确指示，并在第二部分分类细则中对访谈及脱口秀类节目问题的审核进行了详细说明，对从业者的自我监督、自我管理提出了更高要求。

不可否认的是，语言是嘉宾和选手思想火花的载体，相较于其他类型节目，语言类节目中价值观念的传达会更为直接和迅速。因此，这类节目的创作者必须调整心态，为长远发展着想，只有自觉承担起社会责任，才能使思想的闪光点真正成为照亮人类前行的光，而不是挑起世界争斗的火种。要贴近社会生活且理解现实，内容必须具有真实性和思辨价值，既要让节目嘉宾有话可说，也要让受众有感而发，并化解对现实的疑问。而且，节目中的观点讨论也必须考虑受众的接受程度，才能获取最大程度的共鸣。

相对于电视综艺，语言类网络综艺处在更具有娱乐性的环境中，也必然要以更强的娱乐属性来吸引受众的主动收看。因此，平衡文化的传播、观点的输出与综艺娱乐的关系也是未来要更加注意的问题，既不能曲高和寡、一味追求高山流水，也不能流于表面、陷入低俗娱乐。要将价值观念的讨论、社会人文的辨析和时代性的实际问题有机融入综艺情节的设计当中，这是语言类网络综艺节目文化价值构建的有效方式，也是增强其传播力和影响力的必然途径。而且，创作者必须保持旺盛的创作精力，做好每一期节目的质量把控，才能保证节目的导向正确和持续发展。

第十一章 才艺竞秀类网络综艺的创作和文化表达

第一节 才艺竞秀类网络综艺的概况

一、概念与文化发展脉络

（一）概念

才艺竞秀类节目的概念源自同类电视节目，是指以才艺展示为主要题材或内容，以竞赛逻辑叙事和呈现的综艺节目。一般来说，节目要通过竞赛选拔出才艺最优者，并力求以高水准的才艺表演给受众以艺术享受。当电视"限娱令"下达之后，这类节目很快将主阵地转移到网络平台，于是形成了才艺竞秀类的网络综艺节目。

才艺竞秀类节目的细分有多种角度，从参与者角度，可分为以明星为竞赛主体、以素人为竞赛主体、明星与素人同台竞赛（星素结合）三种；从竞赛专业选择上，可分成单一才艺型和综合才艺型，其中单一才艺型以某一特定的才艺项目如唱歌、唱跳、说唱或乐器等为竞赛内容，而综合才艺型则容纳多种才艺同台竞技，没有才艺种类的限制。

与电视综艺相比，才艺竞秀类网络综艺在题材选择上会更加青睐青年亚文化和时尚潮流文化，并有更多的真人秀元素。这既是为了与电视综艺形成差异化竞争，也是为了凸显网络特性，面对整体上比电视受众更加年轻的网络受众，从而与同类电视综艺并驾齐驱。

此外，近年来此类网络综艺更呈现出题材垂直细分的趋势，接连出现如电音、街舞、说唱、二次元等题材，不仅挖掘小众才艺项目，竞赛规则、评委也更凸显专业性。这一方面是为了适应不断细分化、圈层化的网络受众，另一方面是为了以小众题材赢取大众的新奇感，通过小众文化的大众化以及核心受众的口碑传播来尽可能争取大众，实现节目的"出（破）圈"。

（二）文化发展脉络

我国才艺竞秀类网络综艺的文化表达无疑也受到国内外同类典型的电视竞赛节目的直接影响，例如1984年中央电视台推出的CCTV青年歌手电视大奖赛每两年举办一届，至2013年时已成功举办了15届；如"舞蹈大赛""京剧大赛""主持人大赛"等，都是围绕某种专业才艺的竞赛来进行的；2004年湖南卫视推出的《超级女声》及后续的"超女快男"被称为"选秀节目"，是直接受到英国《流行偶像》（Pop Idol）和美国《美国偶像》（American Idol）的启发，在才艺之外还比拼"人气"，甚至最终选手靠"人气"来排名。相较而言，各种比拼专业才艺的"大赛"在其所处的社会环境、平台、政策导向的影响下更重视才艺本身的展示和竞赛的公平公正性；而"超女快男"则是借助才艺竞赛来打造年轻的偶像，表现他们的成才之路等。由于其对社会带来一定的负面影响而不断引发"限娱令"，选秀节目成为管理部门在电视平台上严格管控的主要节目类型。近年来，才艺竞秀类网络综艺还极大地受到日韩流行的偶像养成类节目模式的影响，导致"偶像文化""粉丝文化"大行其道。

在此有必要表述一下偶像养成类节目，其直接源自日韩由未出道的练习生（素人）参与的、以才艺选拔及培养过程作为核心内容和环节并集聚粉丝力量来打造或"养成"偶像的节目。节目与相关产业联手，以培养唱跳偶像和偶像团体为主要目的，参赛选手也以成为偶像为职业目标。这类节目也是日韩对欧美偶像类节目进行深入细化研创的结果，在年轻受众层中掀起了新的收视高潮。

需要表明的是，此时的偶像已不同于单纯的歌手或演员，练习生们除了具备唱跳才艺之外，还要注重表现自身的个人魅力，包括性格人设、思想观念、文化素养、外貌打扮等。于是，节目在制定选角标准时会高度重视练习生个人的基本素质，而且会全方位、多样化展示选手的学习、训练和生活内容，意图树立起立体、鲜活、真实又优秀的偶像。尤为重要的是，个人魅力的资本化和具体化量化为粉丝投票数，为此节目还注重对粉丝的培养，强调粉丝对偶像成长及出道的全程陪同和参与，使得偶像与粉丝之间形成一种"供养"关系，粉丝组成的"饭圈"从自发组成的社群逐渐发展成为有组织的专业化利益圈层，不仅送偶像礼物，还买"周边"（衍生产品）、租场位做宣传、投票，以及做慈善公益活动、筹钱制作作品、控制舆论和宣传等。

实际上，我国的才艺竞秀类节目从各种才艺大赛发展至今，在不同时期和不同平台上有着不同的侧重点，从着重展现才艺展示而逐渐转向着重表现参赛者本身及其成功的过程，尤其是网络综艺也更具有网络的原生性即具有偶像文化和粉丝文化的特征。于是，偶像养成类节目和才艺竞秀类节目相互融合，前者以才艺呈现为核心，但会借用偶像打造和粉丝运营的方式制作和推广节目，而后者也会注重练习生的才艺展示和舞台演出，但真人秀的比重会更大。多个节目快速将广大年轻人聚集为网络平台的核心受众。

2015年，以《星动亚洲》（第一季）为代表的国内偶像养成类节目开始登上电视屏幕，其后很快出现了《燃烧吧少年》（2015年）、《蜜蜂少女队》（2016年）、《加油！美少女》（2016年）、《天生是优我》（2017年）等节目。但因为一系列"限娱令"和拒绝追星的创作传统，电视平台基本排斥"养成"和"偶像"的性质，节目播出时间也较短，偶像和粉丝还无法建立起明显的互动关系。

2015年，紧随电视上的《星动亚洲》，爱奇艺以一个月的时间差上线了与韩国娱乐公司共同打造的偶像养成类网络综艺《流行之王》。2016年，在电视上停摆10年的《超级女声》凭借强大的IP，使用偶像养成模式，借助新媒体（包括社交媒体、芒果直播App、芒果TV客户端等），在网络端回归大众视野。2017年，《星动亚洲》（第三季）也从电视大屏转移到了网络平台，偶像养成类节目开始在网络大行其道。

国内偶像养成类网络综艺的一度盛行，首先依赖于网络平台相对宽松的发展环境，例如初期没有对直播和投票的限制；其次依赖于网络平台自身的技术优势，即有更贴近年轻人的传播互动优势以及大数据的支持。而且，此类节目对青年人的巨大影响力以及粉丝经济的巨大潜力也契合了网络视频平台极度追求流量和利益的真实目标，从而成为各大平台的招牌和头部节目。对这类节目的争相打造，也成为彰显平台竞争力的标志性行为。例如2018年，爱奇艺和腾讯分别推出《偶像练习生》和《创造101》，两档节目都直接采用韩国的偶像选拔方式，促使韩国偶像文化在年轻人中盛行。

此时，才艺竞秀类网络综艺的表达集合了商业文化、偶像与粉丝文化、日韩文化、网络文化等，诸多文化的负面效应很快引发了社会价值的混乱，不少青少年又开始盲目追星、幻想一夜成名、崇尚外貌美、盲目消费等。对此，2018年国家广播电视总局在《关于做好暑期网络视听节目播出工作的通知》中特别指出："对于偶像养成类节目、社会广泛参与选拔的歌唱才艺竞秀类节目，要组织专家从主题立意、价值导向、思想内涵、环节设置等方面进行严格评估，确保节目导向正确、内容健康向上方可播出，坚决遏止节目过度娱乐化和宣扬拜金享乐、急功近利等错误倾向，努力共同营造暑期健康清朗的网络视听环境。"而后上档的才艺竞秀类网络综艺在节目语态和表现形式上进行了一定调整，如《创造营2019》把练习生初次的会面改成军训生活。

实际上，由于这类节目天然带有追星的属性，尤其是偶像养成类，其发展过程一直伴随着社会效益和平台利益之间的较量。随着粉丝经济不断壮大，"饭圈"组织和明星越发紧密，相关言行也很快具有明确的社会破坏性，甚至一些节目的内容环节设计不当而不断挑战公众底线，引发一系列社会不良事件。例如被爱奇艺称为"新青年励志综艺节目"的《青春有你》（第三季）召集119位训练生，欲"通过专业的训练、赛制的历练、心智的磨炼，实现从训练生到青年偶像榜样的蜕变"。本季节目用更加极致的环节和手段突出"造星"过程，无论选手、嘉宾还是节目组都急迫地寻求"出圈"。播至5月时，节目出现选手身份被质疑、打投方式浪费食物（粉丝为给选手打投购买奶制品后直接倒掉）等问题。北京市广播电视局立刻约谈了相关负责人并责令暂停节目录制，随后平台方宣布终止录制。自此，偶像养成类节目的发展遭遇重创。2021年9月初，国家广播电视总局在下发的《关于进一步加强文艺节目及其人员管理的通知》中更明确地表示，广播电视机构和网络视听平台不得播出偶像养成类节目。

二、创作特征

（一）以潮流文化题材聚集青年用户

因为青年亚文化题材向来被主流电视媒体谨慎对待，所以网络综艺对该领域的选择不仅找到了自身发展空间，也使节目题材和表达都更为新颖，迎合了网络青年群体追求时尚、渴望与众不同的心理。同时，网络视频平台对此类节目的热推也绝不仅仅是希望靠头部网络综艺吸引受众，以自己培养的明星来获得一时的社会影响力，更是希望通过文化认同来感召受众，把对节目的价值观认同转化为对平台品牌文化和价值的认同，即最终成为平台的长期会员。视频平台最终要传达的价值观也并不是原生态的地下青年亚文化，而应该是经过大众化、主流化、商业化改造后，以主流价值观为核心、具备青年亚文化的部分风格和特色、能通过节目引领和传播的青年潮流文化，以推动并实现平台的商业化，这即是平台的生存之道。

因此，这类节目要把青年亚文化的反叛意义改造为适合国情的青年潮流文化或主流文化，以青年亚文化在艺术风格上的特色来打造新的青年偶像榜样以及潮文化符号。而且，受众要从小众扩展至大众，即要让圈层内容实现"破圈"效果，这也是诸多节目的最终人选从数个到成团的原因，即节目中的成功者越多，影响的人也更多。

（二）广泛采用真人秀手段塑造人物

当下，真人秀在才艺竞秀类网络综艺里的占比较大，可以表现选手跨越台上台下的多个场景如上课、排练、生活等，以充分的时空或场景对选手的才艺和人设进行展示，以此建立起和受众间的亲密关系。而且，节目会选择不同性格、类型且面临不同社会困境的选手，以他们的个人成长故事和当下遭遇的困难、困惑等引发多个群体受众的共情与共鸣。

这类网络综艺往往采用边录制边播出的方式，创作者时刻留意节目播出后的受众反应，并据此调整后续节目的内容，力求引起最大的社会反响。受众若对某期节目中某位选手的特点有共鸣，节目组就将其特点规划进该选手的人设，并不断突出、强化，以期深度吸引受众。

为了快速"破圈"，这类网络综艺还邀请具有专业能力的明星艺人加盟，并充分使他们和选手有多种"同框"的机会，如评委与选手、导师与学生、队长与队员……明星艺人对节目的参与度也大大加深，如可以专业点评选手的表演，可以带动选手的训练，更可以带来专业资源，最终促进节目水准的提升和发展。

（三）根据节目的核心目标制定赛制

如何保持节目的品质，对受众进行正确引导，同时具有极高的可看性，是才艺竞秀类网络综艺的创作重点和难点。

才艺竞秀类节目应该以展示才艺、评优为主要目的，因此赛制设计会优先考虑如何用专业规则以及优质评委激发选手更好地展示和创作优质的作品。而无论是在评委还是选手中，诸多"青年榜样"的个性、思想、生活状态、成长经历等组合而成的整体人物设定，容易令受众产生超越于才艺欣赏之上的情感依恋和价值认同，进而在心理上发展出自我的人生理想和追求目标，这即是节目的价值和社会意义所在。如《这！就是街舞》，选手们在专业"队长"的率领和指导下进入竞赛，规则上选用了即兴斗舞（freestyle battle）、不服挑战（call out）和抢七大战（seven to smoke）这三种源自街舞文化的赛制，流程上设计了第一赛段的街道海选赛、第二赛段100进49篮球场不服挑战赛，以及半决赛的舞种混合搭配主题赛……节目总体上激发选手们创作了众多优秀的街舞作品，使优秀作品成为节目核心看点，同时展示了选手们勇于挑战、用实力说话的精神……这不仅给节目带来良好的社会效益，也使街舞这一青年亚文化实现"破圈"，获得新的行业发展动力。

（四）联动上下游产业、整合娱乐资源

当今才艺竞秀类节目的制作与产业、资源的状况有着更直接的关系。往往在节目策划之初，平台或制作方就会联合上下游产业公司和机构，以高度整合泛娱乐资源，为节目保驾护航，并明确各方职责和利益。例如诸多大型的才艺竞秀类节目往往由艺人经纪、播出平台、制作和宣传机构等联合出品，

使节目在播出、艺人资源及后期发展、节目音源、网络技术、社交媒体宣传平台等方面都有强有力的支撑，多方也都有利可图。在多种产业中，艺人经纪无疑对节目影响最大，因此诸多平台和制作机构建立了艺人经纪公司或部门，以求在前期有丰富优质的选手资源，在后期也能继续深度打造和开发节目选出来的优胜者。

同时，节目会积极联合和拓展变现渠道。例如广告招商，开发如饰品、服装、生活用品等多样的实体衍生品，通过版权合作与出售开发如音乐、影视剧、微电影等文化产品，开通会员服务、直播打赏等视频平台变现渠道等。在节目播出后，出品方还会发展一系列线下活动，如粉丝见面会、巡回演唱会、livehouse（小型室内音乐会），还会积极安排艺人代言节目冠名商或赞助商的产品等。

第二节 才艺竞秀类网络综艺面临的问题与文化表达策略

一、面临的问题

（一）节目价值观表达混乱

当下，国内的才艺竞秀类网络综艺作为多种价值观的结合体，杂糅了商业文化、青年亚文化和主流文化。这些文化之间本来就存在一些不兼容的状况，例如主流文化和某些青年亚文化都反对过度商业化，主流文化和亚文化之间也相互排斥。当对青年亚文化题材进行主流化和商业化的内核改造、保留亚文化的外在风格而后实现商业变现时，会常因目的、内容和手段的不统一而引发矛盾。而原生态的青年亚文化多具有地下色彩，与大众主流价值观以及社会现状有诸多不恰当、不合群、不入流之处。尤其是一些摇滚、说唱样式，具有一定的反叛性和绝对化特征，一旦把控不好，就容易登上舆论的风口浪尖，甚至引发对节目的批判。同时，目前商业网络平台常与资本利益直接相关，其在表面上仍以"追逐梦想""比拼实力"等主流文化意识来打造非商业化标签以有利于节目为主流社会所接受，但其商业文化实质极易使节目的表达变得扭曲。

就行业的现实来说，偶像养成类节目就是直接让粉丝选出自己喜欢的偶像，然后进一步包装和营销，这无疑更能获取最大化的商业价值。当"赋权粉丝"即把参赛者的命运从专业评审交到大众手上时，评审标准自然从精英审美转为大众审美，节目就成为粉丝经济的载体。同时，节目中的真人秀为了打造人设而常会改变人物角色功能和关系的真实性，从而构建出一个个掺假的奋斗故事，这对青少年无疑会产生误导。

而"当下的粉丝们极少对文化工业的压迫与收编懵然不知"，他们甚至非常清楚商业资本的运作逻辑，也依然毫不吝惜时间和金钱来"帮助爱豆在残酷的商业逻辑下取得成功"。[①]尤其是偶像养成类节目通过"直拍"手段直接对准单个练习生进行长时间传播，所谓"非公共性"和"私人性"的信息让粉丝具有"一对一"的心理误判——以为"自己是最了解偶像的人"，最终形成粉丝和偶像之间极为紧密的关系，即不仅是"占位"，而且会直接集资为偶像铺路。这也是偶像养成类网络综艺遭到严重质疑的重要原因。而其他如选手的背景、竞赛的黑幕、明星与节目组的私下交易等，也是违背社会公序良俗的常见问题。

（二）产业体系不完善而阻碍节目发展

才艺竞秀类网络综艺的可持续发展必须依赖于整个社会艺术人才培养和经纪体系的成熟，要有一套完整而公平、科学的培养体系为节目配套，要能培养出优质人才，才能为节目提供优质资源；而音乐和舞蹈创作行业要能创作出优质并且适合青年艺人的作品，为节目的艺术品质提供保障。在节目结束后，市场要为艺人提供持续的公平竞争环境，为艺人的进一步发展提供展示平台，有一系列的演出机会。

从根本上看，相关的艺术创作和创新是节目的核心支撑，例如目前国内

---

① 谢廷玉，张瀚文.饭圈文化的哲学省思［N］.光明日报，2020-04-27.

的流行音乐产业不够发达、版权问题不被重视、受众欣赏水平低下等状况会直接影响节目的品质和发展；当下青年亚文化中不同流派和样式的发展几乎都与流行音乐相关，但一段时间以来国内音乐综艺火爆与流行音乐原创作品的极为缺乏形成鲜明对比，翻唱经典成了最稳妥而又廉价的创作手段，这无疑也影响了节目的创新。此外，艺人在节目结束之后的发展也要求音乐制作产业能持续提供优质作品，整体行业才能真正得以发展。

（三）粉丝生态的恶性发展

实际上，偶像养成类节目的终极目标就是实现粉丝经济效应，无论是节目机构还是媒体平台，都是为了相关利益而积极引导粉丝深度参与造星和养成的全过程。在此影响下，目前几乎所有的节目都更加重视受众的参与性，其参与度越高，情感投入和经济投入就会随之增加，这也的确是节目扩大影响力和实现经济转化的有效方式。

偶像养成类节目引导粉丝深度参与的最核心手段就是赋予粉丝更多的权力，包括投票权、决定权、选择权、话语权等，使粉丝相信自己可以参与造星，并真的可以左右最终结果——选出自己喜爱的偶像。节目还会建立粉丝的责任意识，让其认为助力偶像不仅仅是一种权力，更是责任。于是，偶像会不断拉票，倾诉粉丝对自身的重要性，并积极感恩和回馈粉丝，输出"偶像和粉丝共同努力才能成功"的理念。同时，节目会积极制造社会性话题，使粉丝在讨论中不断加大注意力、情感投入和获得价值观认同。此外，这类节目还会充分调动和开发粉丝的创造力和传播力，鼓励粉丝对节目和偶像的"文本盗猎"①行为，积极提供具有二次传播潜力的素材，引导粉丝在视频网站上发布自己剪辑的视频来进行二次创造和人际传播。节目通过这种方式实现互联网营销，增强对泛众的影响力，最终实现"破圈"。

一段时间以来，粉丝群体即所谓"饭圈"已有着非常清晰的组织架构，且任务明确，如通过网络建立粉丝会，还分设地区分支；不仅有后援总会和

---

① 概念来自亨利·詹金斯的《文本盗猎者：电视粉丝与参与式文化》，指粉丝从大众文化资源中盗取零散的片段，进行拼贴重组，从而进行自主性的符号阐释，建构自己的文化，成为游猎式的文本盗猎者。

分会，还根据会员的专长进行职能分工，有前线"应援"（持续跟拍艺人，制作美图、小视频、表情包等，为艺人的线下活动提供人气支持）、数据打投（组织粉丝为艺人打榜投票、聚集人气以及占领各项榜单）、文案策划（为艺人策划活动方案，特制视频及美图等）、事业支持（集资、众筹、组织应援和宣传，购买偶像代言的商品，帮助其做公益等）、粉丝管理（划分粉丝内部的职能分工、搜集粉丝诉求、稳固散粉、维系粉丝群活跃度、提升粉丝忠诚度与凝聚力）、舆论控评（反击抹黑明星的言论、控制舆论导向等）。①

"控评"是"饭圈"最常采用的手段，即一旦出现涉及偶像的负面消息，粉丝便一拥而上抢占评论前排并进行反击，甚至有"反黑组""净化组"的分工，把投诉、平台的词条排序等作为攻击武器；会搜索整理其他明星的"黑料"，不乏"互撕谩骂、拉踩引战、造谣攻击、人肉搜索、侵犯隐私"，为偶像大打出手的事件也时有发生；流量数据注水、雇用网络水军、养号刷量等行为更是常见，一些平台也以此牟利。

所谓"铁粉"往往是文化素质不高、家庭条件也不算好的青少年，其多具有轻信和盲从的人格，还有不少是小学生（见图9）。一些资本利益方的代表还不断鼓动粉丝攀比炫富、奢靡享乐等，想方设法收割粉丝的"钱袋子"，甚至兴风作浪、制造话题，用假信息、假流量等方式激化粉丝间的矛盾，干扰传播秩序，不断挑战社会底线。

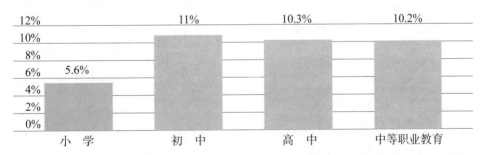

数据来源：共青团中央维护青少年权益部与中国互联网络信息中心发布的《2020年全国未成年人互联网使用情况研究报告》

图9　不同学历段未成年网民网上粉丝应援的比例

① 赞意，艺恩．Fandom.新世代　新圈层：2020垂直圈层营销报告［R/OL］.（2020-05-14）. http://www.zeronepr.com/uploads/image/20200703/1593769192.pdf.

再反过来看，当粉丝经济成为节目的基本发展动力时，偶像或背后的资本通过传销式营销、洗脑式追星的方式促成巨大的"饭圈"，粉丝生态的乱象继而成为节目发展的最大阻碍。实际上，粉丝群体不仅给艺人和节目带来重大影响，一旦变态发展，将会给整个社会带来极为恶劣的负面效应，相关节目难辞其咎。

二、文化表达策略

从当下才艺竞秀类节目的问题和困境来看，打造和提升节目的文化价值迫在眉睫，而且是其高质量提升和发展的必由之路。

（一）理性认知节目的文化及社会效益

在我国文化艺术的发展过程中，相关管理部门一直对"追星"和打造"偶像"采取不容忍的态度，但随着娱乐资本和当下诸多头部网络综艺的影响力巨大，一些制作者为获取利益、获取流量而不择手段。事实上，被主流文化接纳、适合大众化传播的青年亚文化题材都必须经历复杂而细致的改造过程，其风格和文化内核都会产生改变，而改变幅度的大小、方向要依据节目核心受众和社会的接受度、创作者的创新能力和平台自身的媒体定位来进行选择。

在总体上，才艺竞秀类网络综艺要在保留亚文化艺术风格特色的同时，去除直接违反社会公序良俗和普遍价值观的部分。创作者要掌握其主要文化内核和符号，从中挑选出与主流文化最接近的部分，去除其中的反叛元素并适当改造，使之高度贴近主流文化。如《这！就是街舞》在风格上保留了嘻哈文化的街头建筑风格、涂鸦绘画风格、衣着和言行风格，在文化内核上找到与主流文化最接近的"Peace & Love"（和平与爱）精神；去除其原样式中一些幼稚、粗鲁和色情的部分，把原本属于帮派街头斗殴争夺地盘行为的"Battle"改造成勇于向强者挑战、不服输、用实力说话的规则；允许选手在节目中穿着他们代言的潮牌，并把选手的个性与服饰的特色联系起来。而《乐队的夏天》也不断对选手进行引导，遮盖文身、去除脏辫，让队员形象变得更阳光和清纯，尤其是要扭转这个行业普遍给人留下的反叛、任性、过于自我的印象，并对相应的圈子也产生影响力。优秀的节目都对小众文化进行了细致而大幅的提升。

对于高度依赖偶像文化和粉丝文化的偶像养成类网络综艺来说，我们还必须看清诸多乱象滋生是其原生属性带来的必然，即资本通过娱乐形态构建的一套将练习生打造为偶像的商业模式，其实质目标是获取商业利益；尤其是"职业粉丝"的出现，无疑是行业黑化的标志；许多粉丝的言行看似没有违法，却已经走到了犯罪边缘，节目、舆论平台也沦落为资本牟利的工具。当粉丝群体和偶像产业走向歧途时，也会令节目的生存环境愈发危险，即主流价值观的持有者多认为是偶像对青少年的价值观和心理成长造成了不良影响，从而加深对亚文化及节目的抵制，继而导致这类节目生存空间的丧失。如《青春有你》（第三季）的粉丝浪费食物打投事件引来相关部门的重拳治理，中央网信办在2021年6月部署开展为期两个月的"清朗·'饭圈'乱象整治"专项行动，重点打击诱导未成年人应援集资、高额消费、投票打榜等行为。8月，中央网信办、国家广播电视总局等部门公布了整治不良粉丝文化工作的阶段性成效：累计清理负面有害信息15万余条，处置违规账号4000余个，关闭问题群组1300余个，解散不良话题814个，拦截下架涉嫌集资引流的小程序39款。各平台也紧跟自查，处置了数百个违规视频、违规账号，微博也决定将"明星势力榜"下线。

（二）竞秀规则和表现手段注重正向引导力

竞秀规则无疑是建构价值观和落实文化表达的重要创作环节，节目应根据最终目的、专业的特点和艺术规律，并结合国内选手和行业的实际状况来制定赛制。

1.保障比赛达到既定目的

节目规则要有利于对青年人正确价值观的引导，在提供精神食粮、创新节目的前提下来考虑经济效益，同时要得到专业人士的认可，要适合选手的能力，能突出选手和内容文化的特点，最终能公平选出符合社会及节目价值观、才艺让人心服的优胜者。事实上，之前的一些节目之所以成为爆款，往往是因为其规则的多元性和标准暧昧，例如颜值、运气、话题量等成为主导的潜规则，导致一些令人"惊愕"的结果，从而获取爆点，未来必须加以杜绝。

规则有大有小，要充分考虑系统性、科学性，甚至连相关的道具也要做到维护节目的善意。如《这！就是街舞》现场用毛巾来投票，体现了舞者必须付出的艰辛，更表达了对选手的体恤，使节目更具有正向性和温情。

2. 以专业性维护竞赛的正义

在实践中，一些常见的才艺作为考核或比赛内容已有较长时间，社会上具有一定规模的人才储备，在目标受众中也有既定评判标准。节目应该充分尊重其专业评价方法，这样既尊重了艺术和专业性，也反映了现实生活孕育才艺的真实文化环境，更是一种公平的体现。

当大众对小众才艺和文化还不太了解时，比赛规则要同时能够展示相应的特色。《这！就是街舞》中大量化用了街舞在现实中的比赛规则，既体现出街舞的专业性，也表现出青年文化的时尚性，恰恰能吸引到最忠实的受众。对于流行歌曲演唱类节目，受众较为熟悉，更期待比赛规则能够有所突破，能对其文化和专业深层进行挑战、冲击、创新或者提升，以获得新鲜感和新认知。

还需要指出的是，要慎用对文化及文艺样式进行颠覆的规则，因为更有可能对其造成打击，例如将演员的空中动作进行360度的解析，并频繁当作奇观加以放大，无疑是破坏了作品的完整性和意境，对外行受众来说也是对艺术和技巧表现力的误导。

3. 与演艺产业的发展相协调

对于演艺产业来说，节目的播出只是极为重要的一环，还要在播出后继续挖掘节目的价值，开发多种演艺产品，以打造并延长产业链，使节目乃至行业获得未来的发展空间。即节目规则和内容设计要让艺人离开了节目后也能有良好的生存和发展空间，如能继续开展一系列线下演出、录制音像制品、参加新节目等。曾经有才艺选秀类节目选择了聋哑人为最终胜出者，这无疑是具有公益性的，但由于该选手完全不具备后续从业的可能性，也会导致节目丧失公正性和可持续发展的基本空间。

换句话说，好的节目必须从艺人和行业的长远发展出发，要以产业的现实标准要求来进行设计，促使选手提高艺能，还要能帮助艺人在节目结束后找到生存路径，推动行业发展。例如在《乐队的夏天》中，节目引入乐队演出的livehouse文化，让现场观众和演出者近距离接触并随着音乐一起跳动，也为节目结束后即将展开的一系列巡回演出进行了推广，还在一定程度上提振了乐队的行业创新力。

4.关注特定文化现状，回应时代审美需求

当社会中出现某些文化趋势或痛点时，节目创作者可以对相应的规则进行创新性建构，用与时俱进的价值观和文化理念给予解决和回应。例如《中国好声音》就曾经抓住社会中重外貌轻专业实力的文化痛点，以"盲选"的规则获得大众的赞扬；一些节目增加了对选手唱跳能力、舞台魅力的考核，回应大众对节目内容及选手整体艺能提升的期待；《明日之子》（第一季）重视选手的音乐原创能力，回应时代对"灵魂"选手和作品思想性的期待。

（三）重视运用人物进行文化表达

1.挖掘人物的文化共性和个性

毋庸置疑，节目最后选出的获胜者应该是节目价值观的最佳代言人，而且节目中人物的文化属性也是节目的文化意义、基调和特色的具体落实。每一个具体的人都是文化的个体化、具象化、生命化的表述，在节目中可以具体落实为人物造型、故事、性格喜好、思想态度、言行举止，到人物关系，再到人物表现的艺术作品。例如《这！就是街舞》选择了专业的街舞比赛MC（最初的意思是Master of Ceremonies，译为司仪或主持人，现在被广泛认可的一个理解是Microphone Controller，直译为控制麦克风的人），选择专业好、有实力、有个性、敢挑战的选手，选择懂街舞的投票观众。他们在节目中汇聚一堂，形成一个浓缩版的兴趣社群，以群像的姿态表达街舞文化，也使节目呈现出崇尚专业实力、敢于挑战、Peace & Love的文化氛围。而且，竞赛过程中的一系列作品的内容、形式及呈现都具有高水准，从而使节目获得业内外的高度赞誉。

采用选手的言行举止和艺术作品来进行文化表达，也是与当下网络文化环境中消解权威和以兴趣为导向形成的社群文化相契合，是一种潜移默化、水到渠成的手段。不同的人物可以张扬而丰富多元的个性，不同的特点和个人境遇对应了更细分的受众。

2.利用权威人物引领文化价值

导师、评委或主持人能帮助选手学习和训练，掌控评判规则，承担着主导节目进程的职责，同时是节目文化和价值观的引导者。这种设计无疑是相对固有的模式，但切实而有效。尤其是选手的生活经历及文化背景多样，对艺术的理解也有限，有的人价值观还未能形成甚至正处在困惑当中，于是更需要有人进行把控和引导。不同文化背景、价值观的选手也成为节目主导声音外的"补充"，二者共同形成价值谱系，评委或导师从中不断进行选择或改变，就是在引导和彰显节目的最终价值走向。换句话说，若运用不懂专业和有非议、争议的人来做评委，一定会消解节目的专业性和权威性，甚至制造混乱。

当然，随着社会的多元化发展和艺术评判标准的深化，导师和评委的选择判断也越发具有一定的差异性，会出现多种流派、价值观并存或碰撞的情况。例如《诗歌之王》（第二季）的导师们代表了不同的专业朗诵学派，在节目中不断进行碰撞、交流、切磋，最终助力各类选手的成长和展演。

还需要注意的是，评价的多元并不是个人的主观臆断，更不应导致评价的虚无，而是要达成对社会艺术发展的切实示范。

（四）合理运用演播场景和手段进行文化表达

从文化呈现的角度来看，当下才艺竞秀类网络综艺的演播空间设计表现突出的有两种：概念舞台和场景舞台。

概念舞台就是把抽象的文化概念具象化，通过空间与人的互动关系完成文化概念的传达。例如曾经的诸多养成类节目采用排位座设计，以类似金字塔形的排位阶梯直接反映竞争的激烈和比赛的压力，也表现了偶像行业的现状——只有从底层爬到金字塔的顶端才能成功。换句话说，这样的设计是"等级化竞争"概念的具象表达，容易制造节目内外的焦虑感，继而引发社会性负面情绪。

而场景舞台则是对现实中的文化生活场景进行舞台化改造和提升，利用文化与其特殊空间相生相依的关系进行艺术化的再现和表达，使选手和受众能够进入具体而特定的社会情境中，以便更好地理解该文化。

需要注意的是，场景舞台并不是对真实的复制，而应该是具有想象性、艺术性的重构，是对文化视觉符号的立体化、集中化展现。如在《这！就是街舞》的海选阶段，节目组搭建了以广州、上海、北京、成都为原型的四种街道，让街舞回归"街头"——街舞的诞生地，也使选手们的街头文化意识被激发出来。相较之下，正规的舞台有相对完整的行为规范，例如保持高昂的演出状态、彬彬有礼、不得交头接耳等。而"街头"的场景则默许了吵闹、议论、挑战、攻擂、讨价还价、随意进出等，让舞者能更加自然地表现出街头文化特有的言行。

当才艺竞秀类网络综艺回归注重才艺表达后，其文化和艺术的气质会得到更多弘扬，于是真人秀部分会缩短，人与人的争斗场面也会减少，更无需采用"直拍"手段。

不可置疑的是，未来才艺竞秀类节目依然具有强大的收视引导力，节目除了要延续深挖垂直领域，同时需要提升题材的文化价值，不断通过恰当的规则设计来完善才艺评价标准，打造健康理性的选拔渠道，并突出人物的德艺双馨，细化专业制作流程及技术手段。此外，还需要以健康的舆论、真实理性的声音与观点，表达年轻人的健康、阳光、有才华和高技艺，树立有益于受众和选手良性互动和共同成长的正确价值观，并在纷乱复杂的环境中做到理性坚守，最终为我国文化事业的发展不断贡献新人、新作品、新力量。

第十二章　情感类网络综艺的创作和文化表达

第一节　情感类网络综艺的概况

一、概念、类型与文化发展脉络

（一）概念

情感类综艺最初是指表现两性情感关系的综艺节目，这类综艺节目由早期的电视相亲交友类节目发展而来。

早期的相亲交友类节目在电视平台本属于生活服务类节目，最早有1988年山西电视台的《电视红娘》、1990年北京电视台的《今晚我们相识》，而后有在20世纪90年代台湾《非常男女》的影响下升级为演播室现场速配的《玫瑰之约》等，具有较强的综艺效果。

进入21世纪，以江苏卫视的《非诚勿扰》、湖南卫视的《我们约会吧》、东方卫视的《中国式相亲》为代表的相亲交友类节目更多受到一些国外节目的启发，在节目机制上更注重速配的合理性，更多展现选手的性格和价值观等层面，同时具有较强的娱乐性。

不过，随着频繁爆出嘉宾炒作、剧本式安排、制造假恋爱结局等负面消息，受众对这类节目的真实性逐渐产生怀疑。此后，情感类综艺节目不得不转变内容制作思路，题材从只关注两性关系中的相亲延伸到关注所有人际关系，如亲人之间、友人之间的情感表达和交流。如表现明星夫妻、好友、亲子的"旅行+生活"、"游戏+竞技"、明星假定恋爱等内容的节目纷纷涌现。

当"限童令"出现后，2016年的亲子类综艺也从电视转向了网络平台；待到2018年、2019年电视上兴起慢综艺和情感观察类真人秀时，网络平台也在进行更多尝试，从表现代际关系拓展到传统文化习俗和现代生活方式之间的碰撞。

与早期电视婚恋节目多以在棚内婚恋速配的单一模式不同，当下的情感类网络综艺多采取真人秀的表达方式，并逐渐扩大选材范围，不再局限于两性关系，而是以真实人物之间的人际关系和多种情感的交流发展为核心。同时，节目以现实世界为发生场景，事件和情节都紧贴生活，参与者都以真实身份出现。这在无形中就摒弃了紧张的节奏和刺激的视觉奇观，普遍呈现出强纪实、强叙事、弱规则的特点。在具体表达上，节目高度重视表现人物情感细节，并强调情感氛围的渲染与循序渐进。同时，制作者会高度重视在节目内容外的社会发酵与影响力，于是会在节目中设法制造情感议题。

总体上看，目前情感类网络综艺已经与电视上的恋爱速配节目越加远离，总体特征还不够鲜明，题材、形态也较为复杂，但已经出现了一些引人注目的节目类型。

（二）类型

近年的情感类网络综艺从题材上可以划分为亲情、友情和爱情，就爱情来说还可以细分为配对、恋爱期、婚后等；从节目形态上可细分为相亲类、游戏类、慢综艺、观察类和综合类。

实际上，网络综艺的情感类节目已经不只表达爱情，还拓展了情感的意义。所以，在此从现有的题材角度来对不同形态进行研究。

1.恋爱配对题材的相亲类与游戏类

（1）相亲类

即指婚恋速配模式，早已在电视上风靡多年，制作纯熟，至今也是流行的电视节目样式。

2010年6月，《广电总局关于进一步规范婚恋交友类电视节目的管理通知》和《广电总局办公厅关于加强情感故事类电视节目管理的通知》明确强调："婚恋交友类电视节目要把好嘉宾关，要认真核实嘉宾的真实身份，严禁伪造嘉宾身份，欺骗电视观众。""节目不得以婚恋的名义对参与者进行羞辱或人身攻击，甚至讨论低俗涉性内容，不得展示和炒作拜金主义等不健康、不正确的婚恋观。各婚恋节目不得在节目中互相诋毁、攻击。"于是，各大电视台与制作公司很快放弃速配模式与爱情话题，并为了规避政策限制不断拓展新话题，甚至不再自称为"综艺"，而改属"服务"类，以求在发展潮流中寻找生路。这种状况必定也影响了此类选题和模式在网络综艺的发展。由于绝大多数相亲类电视综艺也在网络平台播出且效益平稳，于是网络平台也不需再投入制作。

（2）游戏类

这类节目将爱情题材与游戏环节相结合，于是节目的内在逻辑往往并不单一，除了交友恋爱外，还包含生存、赢得奖金等目的，并为配对成功设置更多阻碍，这类节目在电视上并没有得到良好的效应，于是转战网络。如2017年乐视视频播出的生存式社交实验真人秀《单身战争》就将爱情、社交与生存游戏相结合。

2.情感包容宽泛的慢综艺与观察类

这两类细分节目在近几年的情感类网络综艺中数量最多、发展最快、体量最大，而且覆盖的情感题材更广，对亲情、友情和爱情均有涉猎，具有良好的收视效应。

（1）慢综艺

这类节目也可称为"综艺真人秀"，最早在电视上引人注目，而后很快延伸至网络平台。

早期的电视慢综艺节目多是邀请明星子女、夫妻或朋友一同旅行或在某个地方短时间居住，体验与平日繁忙紧张截然不同的生活，并得以感受与身边人的情感交流。这类节目以娓娓道来的叙事方式、舒缓的剪辑节奏以及人物情感的细微变化，引导受众感受日常生活的美好，获得心灵的愉悦与放松。为此，节目要在选角上进行认真设计，关注人物本身及生活中人际关系的情感转变，最终形成看点，如明星夫妻体验田园慢生活的《幸福三重奏》和明星好友一起旅行的《我们是真正的朋友》等。后来，这类节目也因"限娱令"而多转移到网络平台。

（2）观察类

这类节目是在慢综艺的基础上发展而来的，也可称为"情感观察真人秀"，主要是增加了观察部分。

观察的形式其实由来已久，在日本电视综艺节目中是极为常见的主持或串联方式。如2008年日本综艺节目《改变人生的一分钟深刻佳话》就使用了"真人秀+观察"的模式，之后的《恋爱观察室》采用了"恋爱真人秀+观察"的模式。近年，日本的《别被夏天的狼君所欺骗》《双层公寓》，韩国的《同床异梦》（第二季）、*Heart Signal* 等节目引发良好的收视效益，也让我国情感类节目找到了新的发展方向。

目前，国内的情感观察类真人秀是指"以'情感'为载体，通过对'第一现场'明星嘉宾的真人秀记录和'第二现场'演播室特派员的观察讨论，构建了'第一现场'与'第二现场'穿插叙事的模式，打造出一系列探讨亲情、爱情、友情的体验式观察类综艺节目"[①]。主要包含未婚男女"试恋"，如《心动的信号》《真心大冒险》《恋梦空间》等；明星恋爱与婚姻生活观察，如《妻子的浪漫旅行》《女儿们的恋爱》《做家务的男人》等；代际亲子观察，如《我家那小子》《我家那闺女》等。

3.综合类

综合类情感节目指将恋爱、相亲等情感目的与才艺表演等表现形式相结合的节目，如将恋爱与舞蹈结合的韩国的《暧昧之舞Somebody》、通过演唱进行相亲的英国的 *Sing Date* 等。在国内，2018年优酷播出的剧情类音乐综艺《这！就是歌唱·对唱季》以对唱为模式，让男女歌手互选成为搭档，对配对交友与音乐的融合进行了尝试和探索。

这类模式因为制作投入大，对参与者条件苛刻，综艺部分表达复杂，目前数量较少，未来或许在国内会有一定发展空间。

---

① 吉平，李雪娇.情感观察类综艺节目的审美特征与发展路径［J］.当代电视，2019（5）：39-42.

（三）文化发展脉络

1.开端与发展阶段

2012年至2017年，每年仅有一到两档情感类题材的网络综艺节目，主要围绕男女情感和亲子关系。此时处于网络综艺发展的初期，节目大多处于试水状态，未成气候。

如2012年爱奇艺引进法国男女社交节目 Date My Car，打造以车会友的互联网约会交友真人秀《浪漫满车》，开创了互联网约会相亲交友类节目的先河。同年，腾讯视频打造了情感访谈类综艺节目《爱呀幸福男女》。2013年，优酷自制户外纪实节目《侣行》，并于2014年、2015年推出第二季、第三季，甚至反哺电视，2018年东南卫视借原班人马打造了《地球之极·侣行》。该节目表现了一对夫妻的探险，让人们思考别样的爱情，对之后出现的情感类网络综艺具有一定的启发意义。

2015年，乐视的《十周嫁出去》网络直播明星从约会到出嫁的全过程，而且话题导向渲染了"剩女"焦虑，噱头大于节目本质。同年，腾讯视频携手欧洲制作公司All3Media联合研发的全新特效化妆相亲真人秀节目《魅力野兽》，企图借用夸张的野兽造型对抗看脸式相亲，但节目中嘉宾的讨论过于追求大尺度和话题性。2016年，优酷推出的大型社交实验类真人秀《美女与极品》同样因为部分内容色情低俗而引发争议。2017年，乐视推出的大型生存社交实验真人秀《单身战争》表面以恋爱交友作为目的，但深层次是一场生存游戏，找到真爱并非最终和唯一的获胜目标，通过各种手段配对成功以夺得十万元约会礼包更具诱惑力……这些节目不断引发争议，也就未能走得长远。

由于当时网络平台影响力有限，而且监管相对宽松，早期的情感类网络综艺大多存在内容打擦边球、价值观严重偏离、节目品质低下的情况，其中亲子类网络综艺的制作质量相对较好。

2017年，与韩国综艺《我独自恋爱中》模式相似的明星恋爱幻想体验式综艺《饭饭男友》登陆爱奇艺。该节目真人秀部分的分段式剧情设计、生活化的情节、较慢的节奏及演播室的观察性质都可以看作情感类网络综艺成熟的典型，也对青年文化层面的艺术审美、时尚品位、理想追求以及生活行为方式等进行了一定展示。

2019年，国家广播电视总局发布的《未成年人节目管理规定》要求相关节目不得诱导未成年人谈论名利、情爱等话题，不得宣扬童星效应或者包装、炒作明星子女，不得利用不满十周岁的未成年人作为广告代言人，亲子类网络综艺也面临着更加严格的审查。《爸爸去哪儿》（第六季）和优酷的《想想办法吧！爸爸》等节目相继搁置，《超能幼稚园》投放在爱奇艺的母婴频道才勉强上线，但其关注度也大大下降。

2. 繁荣阶段

2018年以来，优酷、爱奇艺、腾讯视频与芒果TV纷纷加入情感类网络综艺的市场争夺战，主要呈现出三方面的趋势：一是节目多围绕婚恋、亲子与交友题材，二是多借鉴日韩等国收视率较高、较为成熟的节目模式，三是慢综艺、情感观察类真人秀引人注目。

由于独生子女的社会状况和网络时代特有的群体性孤独，受众个体在观看节目时所同步产生的替代性情感满足极大支撑了这类节目的发展，而节目也将情感话题与日常生活结合起来探讨，并作为节目内容、前期宣传和扩大影响力的着力点，开始具有输出包容、开放价值观的意识。相较之前的节目来说，网络节目审查监管力度更加严格，节目的创作者也意识到要更符合中国主流价值观并尊重社会现实，继而引导着情感类网络综艺的正向发展。

腾讯视频2018年的《幸福三重奏》、2019年的《我们是真正的朋友》两档分别以婚姻生活和友情为主题的慢综艺受到了广泛好评。芒果TV的《真心大冒险》、腾讯视频的《心动的信号》和《恋梦空间》、爱奇艺的《喜欢你我也是》则都以明星观察普通人恋爱交友为基本模式。同时期观察明星生活的节目也并不少，2018年优酷推出的明星爱情体验类综艺《爱的时差》旨在观察女明星嘉宾如何与比自己年长和比自己年轻的男嘉宾相处，探讨社会当中存在的年龄差爱情状况。芒果TV的《我家那小子》《我家那闺女》《女儿们的恋爱》以及腾讯视频的《女儿们的男朋友》等，都开始从代际视角出发强化观察团与被观察对象的身份情感连接，试图展现青年文化与传统观念之间的冲突与和解。从2018年到2020年，制作了四季的芒果TV的《妻子的浪漫旅行》同样在观察嘉宾的关系上进行设计，让丈夫观察妻子旅行，通过不同的夫妻相处关系表现多样的现代婚恋文化。2019年爱奇艺的《做家务的男人》从做家务这一视角观察婚姻家庭生活，也引起了一定的社会反响。

综上，情感类网络综艺在较短的时间内不断进行细分化、差异化和品牌化探索，与中国社会生活的现实需求呼应，不仅探索了网络综艺发展的更多可能性，也对社会发展产生了一定的影响力。

二、创作特征

（一）不断拓展题材范围，力求共鸣与唤醒

报纸、杂志、新闻、广告、综艺节目等重新建构了人类生活的现代社会，受众在诸多非本真的媒介上想要获得的是对期待的满足以及现实世界无法给予的精神寄托。现有的情感类网络综艺正可以呈现或放大真实生活，力求唤醒遗失或被忽视的情感，探索如何让人物具有代表性而又引发共鸣，继而激发讨论并扩大节目的影响力和传播效果。

于是，这类节目在前期策划阶段就要关注社会痛点，从现实中提炼节目选题，寻找能够满足受众期待或给予其启示的突破口。如《妻子的浪漫旅行》开篇就以离婚率大大提高作为节目的社会背景，借用丈夫观察妻子旅行的形式，让男性与女性进行跨时空的观点碰撞，尽可能真实地展现出夫妻生活中的真实交流状态，同时以展示不同年龄、性格和相处模式的夫妻关系来引发多个受众群的情感共鸣。再如《爸爸去哪儿》，一反中国传统"母亲在家带孩子"的做法，让父亲单独带孩子旅游，在一定程度上挑战了刻板的家庭分工，也强调了父亲在家庭中的价值和意义，更探讨了传统意识中极为重视的父子关系。

无论是节目选题、人物，还是情节选择，话题性是情感类网络综艺的实质追求，于是在节目的创作过程中也要不断设置、发现和放大话题点以建立共鸣或唤醒的基础。毫无疑问，话题点也一定是这类节目播出后扩大影响力、提高知名度的最关键要素。

（二）弱化情境，强化人物

传统情感类综艺节目往往设置重重阻碍，如场景上的故意封闭、规则上的灭灯与反选设计等，情境的设计感较强，呈现也较夸张，往往刻意与普通生活拉开距离，追求在较为特殊或极端的情况下对情感进行集中性的考验或展示。而现阶段的情感类网络综艺最突出的特征恰恰相反，表现为低竞技性、规则性和刺激性，让情境看似犹如日常生活片段，内容也更注重日常生活场景中的人物关系、情感问题和价值冲突的呈现。如《心动的信号》在场景上仅安排普通人男女入住同一所房子，普通人的日常工作和生活照常进行，并非全封闭式环境；在规则的设定上，也仅有先后进入、晚间匿名短信、约会发起等较契合普通人恋爱交友节奏的环节，节目所做的只是在有限的时间内更多地创建暧昧环境、制造机缘机会，让交友恋爱中的先来后到、阴差阳错、暧昧发酵、面临选择等事件能够在有限的时间和空间内自然发生。

实际上，情感类网络综艺是在表现"他过着我想要的生活"或"他正在过着跟我一样的生活"，前者能让受众向往，得到心灵的治愈与满足；后者则让受众观照自身，在节目嘉宾的情感来往中找到自己的影子，从而获得认同感或解决问题的办法。在细节上，节目着重在较长的叙事线中充分展现人与人相处过程中的矛盾与和解，使人物能充分呈现出不同层面，也更利于表达个性，以塑造强标识性而又真实的人物让受众共情。

在人选上，节目会重视嘉宾本身性格的强识别性和身份的强吸引力。目前，绝大部分这类网络综艺在恋爱真人秀的部分会邀请普通人参与，但这对受众的吸引力并不大，因此会邀请更有影响力的明星组成观察团，借助他们的知名度增强宣传力度，同时明星自身的情感话题也能成为节目的看点，使节目能在播出阶段就不断获得热度，也成为一种宣传方式。如《心动的信号》（第一季）邀请了话题性强的女明星作为观察团成员；《亲爱的，结婚吧！》也选择了刚刚经历情感变化的女明星作为观察员……嘉宾的言论时常引发大众讨论。

（三）后期制作注重增强娱乐性和趣味性

由于具有低竞技性、规则性和刺激性，前期拍摄内容的日常化和生活化，情感类网络综艺必须着重在后期剪辑上制造综艺效果以增加可看性。在拍摄过程中，节目组一般都会安排跟随编剧，标记出海量素材中具有综艺效果、表现力的片段，根据当期主题和希望突出的人物性格梳理叙事线，形成起承转合的基本框架，为后期剪辑提供参考。

当期故事梗概形成后，用何种方式讲故事成为下一步创作的关键。于是，后期剪辑往往考虑采用倒叙、插叙、设置悬念等方式来调整流水账式的生活，以形成故事抓手，也会通过配乐、表情剪接等手法放大嘉宾之间的矛盾，营造冲突，渲染交往之间的刺激感与紧张感，突出剧烈的情感变化，以不断吸引受众的注意力。

节目还常常在后期的包装中通过多种手段来强化节目氛围，如让画面色调偏向年轻人喜欢的粉调、绿调等日系风格，以营造清新的恋爱气氛；常用特效、动画将物品拟人化、人物动漫化、场景动画化来增加趣味点或放大细节内容。与此同时，花字更会被精心设计，其内容大多采用流行的网络用语以及具有幽默感的口头禅，会特别注意强化话题点，并以年轻化、时尚化和潮流感的呈现形式吸引年轻受众的注意力。后期特效制作的用心程度也往往成为网友们在弹幕区、留言区的交流内容。不过，一些过于夸张生硬的动画和音效、纷繁复杂的花字造型、刻意营造的笑点也可能会让受众反感。

（四）建立交互性的探讨机制

麦奎尔曾论及在新媒体的重新建构下，受众开始摆脱传统媒介的束缚，从单纯的接受者开始向搜寻者、咨询者、浏览者、反馈者、对话者、交谈者等方向转变。[①]这种转变在情感类综艺节目的收看过程中表现得最为突出，即受众在收看过程中会经常通过多种方式进行同步或异步的双向交流，能够通过话题点等在弹幕、评论区和社交平台找寻相似观点，相互触发出强烈的交流欲。于是，有的节目刻意安排了相关互动，如《心动的信号》（第一季）就曾安排"节目嘉宾陪你看综艺"的弹幕活动。不少节目也经常以CP形式设计页面投票，收集受众反馈，以提供叙事侧重点、话题点和节目走向，从

① 麦奎尔.受众分析［M］.刘燕南，李颖，杨振荣，译.北京：中国人民大学出版社，2006：158.

而反哺节目。还有的节目设计了在观看过程中弹出话题探讨框或在页面下方设置即时话题讨论区域，直接诱发受众展开思考和互动，通过数据或观点引发情感话题的探讨，如《幸福三重奏》针对张国立、邓婕夫妇因看手机而吵架这一现代男女婚恋生活中都会出现的生活细节问题在评论区下方设置话题探讨；吉娜在忙碌，郎朗在一旁打扰时，也弹出了互动页面让受众进行选择……这样的设计在一定程度上满足了年轻受众观看节目时产生的求证、咨询心理。

第二节　情感类网络综艺面临的问题及文化表达策略

一、面临的问题

（一）节目价值观难以把控

情感类网络综艺题材内容繁杂，看似与日常生活很贴近，但如果节目要刻意寻找看点来引发受众关注的话，就很可能干预真实，实际上绝大多数人在镜头面前也无法真正表现出生活原状。同时，生活本身就具有复杂性和多样性，甚至有两面性，创作者也很难准确捕捉到关键点并在有限的时间内揭示真相。对于一些差异很大的生活观念和方式，现实中经常是没有对错的，于是这类节目中的诸多矛盾冲突很容易导致不同经历、环境和阶层受众的多重解读。即便打造出生活的美好样板，实际上也没有人能完全复制别人的生活状态。

鉴于复杂多样的生活状态和观念，情感类网络综艺的价值尺度是最难把控的。更何况目前国内绝大部分相关制作团队人员偏年轻，往往还不能正确理解、处理节目中的问题或矛盾，也很难触及核心问题，对话题方向也把控不足。一旦表达流于肤浅，反让受众产生疑惑。

（二）过度消费明星和追求话题性

情感类网络综艺普遍具有过度展示明星隐私的嫌疑，即对明星的日常生活进行细节化、私密化的极致展示。如一般会在场景中设置大量无人摄影机或尽量隐蔽拍摄，让嘉宾尤其是明星嘉宾在生活化的场景中流露出真实自然的状态。他们的日常用品、生活习惯、饮食起居、亲朋好友会在看似无意间被透露，尤其是一些本属于隐私的内容往往成为节目的关键看点，不排除有的节目制作者就是刻意满足受众的窥私欲和猎奇心理，但这无疑对社会风气起到了不良引导。同时，部分节目过于追求个人话题性，以上热搜为重要指标，形成了错误的价值导向；更多的是让受众关注家长里短、日常琐碎，消解了崇高理想和远大目标。

正如尼尔·波兹曼所认为的童年会在大众传媒的影响下"消逝"，一些亲子类节目在成人视角下过分解读儿童行为，如炒作儿童CP，对孩子们纯真的感情进行过度成人化定义，并刻意放大孩子的矛盾冲突并将其作为情感危机。如某节目中非原生家庭的"实习父女"同吃同住，童言无忌的、开玩笑的言语被节目组渲染和放大，对低龄受众造成了不良误导。

（三）过度强调传统婚恋观和男权

在亲子类网络综艺全面整改的近些年，较为热门的情感类网络综艺大都围绕婚恋题材展开，如《妻子的浪漫旅行》《幸福三重奏》等节目都以明星夫妇的婚姻生活为核心内容，《我家那小子》《我家那闺女》《女儿们的恋爱》等代际亲子观察类节目也以当代中青年的婚恋问题作为讨论重点，节目频繁提到对单身男女生活质量和情感生活完整性的质疑，其中的亲人朋友也多持催婚立场，并明显存在对所谓"剩男剩女"的敌意。尤其在观察类真人秀中，尽管被观察对象拥有展现生活、表达自己观点的机会，但往往会被观察团的观点压制与归化，二者间无法形成平等且同步的交流场。

除内容层面外，还有部分节目对于性别的分配和使用也隐含着偏见。实际上，创作者对于观察团性别比例的安排以及观察团嘉宾的性格考量都在一定程度上决定了节目能够传递出的潜在价值观的方向，绝大多数的节目仍然处于男性观察女性或性别占比比较均衡的观察团共同观察女性生活的基本模式，是亚洲国家的传统观念与社会性别文化的辐射，实质上也是一种男权文化表达的创作思路。

近年来，"她综艺"在国内节目市场中引人瞩目，这与我国的独生子女政策有着直接关系。现实中，独生女儿的家庭不得不放弃对男性的依靠，进而对女性更为尊重，并在无形中产生了维护女性、鼓励女性独立并争取与男性平等权利的意识。于是，较多的新节目以女性作为主要表现对象，热衷于讲述女性的生活、工作、社交与情感状态，着力探讨女性的价值观和生存方式，同时将女性作为主要目标受众，当然也因为女性在节目中的表现更具有可视性。不过即便是在"她综艺"中，也往往表现出男性立场。如《妻子的浪漫旅行》《我家那闺女》等不约而同地选择了由丈夫或父亲的社会角色组成观察团来观察女性群居或独居生活。尽管这两档节目在观察团中都选择加入女性主持人以调和观察双方的性别讨论屏障，但影响甚微。总体上看，这类节目的社会意识实际上已经落后于城市女性崛起并越来越脱离男权掌控的现实。

（四）流水账式日常化叙事和跟风严重

从综艺编剧的角度来看，情感类网络综艺记录的内容无非日常起居、一日三餐、生活习惯、旅游的日程以及更多极为琐碎的细节。这的确最贴近节目嘉宾的真实生活，但也缺乏戏剧性。这本是情感类网络综艺的起初看点，但一旦节目数量增多，满目都是"娓娓道来"时，则成为节目难以持续发展的症结所在。此外，部分节目也存在编导能力弱、节目嘉宾不够吸引受众、节目框架设计不足以及后期剪辑不出彩等问题，长此以往会使受众逐渐厌倦并丧失耐心。

目前的情感类网络综艺几乎都是围绕亲情与爱情，聚焦代际矛盾以及爱情中的甜蜜与冲突。如芒果TV的《女儿们的恋爱》与腾讯视频的《女儿们的男朋友》同为情感代际观察类，同样主打"父亲观察女儿谈恋爱"的模式。芒果TV的《恋梦空间》与腾讯视频的《心动的信号》相比，也仅多出嘉宾可中途退出以及补位的规则设定。而且，节目的规则设定也大多借鉴海外同类型节目，对于中国本土文化以及社会现实的挖掘不够深入，甚至有些节目的表达杂乱无章。当然，这些问题也和团队人员状况及创作能力有关。

二、文化表达策略

实际上，提高节目的文化品位，引导受众改进生活理念和方式，是情感类网络综艺高品质发展的关键。而落实的基础，是创作者自身要具有一定的底线，具有职业道德与社会责任感，能深入研究人的情感状况、社会现实和精神世界的关系，能有更先进的人生观和价值观。而且，创作者必须清楚节目的目的，那就是除了占据收视市场和吸引受众，还要以情感表达反映现实并引领话题，要能助力社会的健康发展。

（一）用"情感＋"打造先进生活景观

毋庸讳言，传统观念中有一些与现代社会意识和发展相悖的糟粕，不仅阻碍了当今人们的创造力和个性发展，也无利于弘扬我国的核心价值观。在节目中，创作者应该把人物的所有表现和思考放到现代社会及时代背景下进行考量，必须要反映出时代的变化和现实矛盾，并放眼世界；要倡导先进的生活理念，引导和培养健全的价值观，这才是节目的真正意义。因此，节目不仅要赞赏女性的独立和自信，还要鼓励男性开阔心胸，并激励老年人不断学习进取，改变对儿女过度依恋和掌控的状况。

未来，情感类网络综艺应不断突破对情感范畴的探索，不局限于情感这一维度，而应该采用"情感＋"的方式，让节目有更广阔的现实议题和探讨空间，从更多的层面建立与受众的情感共鸣。如《做家务的男人》将家庭情感与家务联系在一起，从男女分工的角度入手，触及了中国传统的"男主外，女主内"的思想是否符合现代社会发展理念的问题。其实，还可以有更多具有文化、价值差异的内容可挖掘，而且随着国际间交流的深入，还可与一些跨国亲情所涉及的西方文化价值观进行互鉴和补缺等。

需要注意的是，由于不同地域的发展状况差异较大，这类节目要特别注重在题材选择和表达上找准目标受众群，并尽量兼顾地域的广泛性和多个受众层，继而找到创作的引领性与普适性之间的平衡点。

（二）深入真实生活，挖掘平民偶像

在情感类网络综艺中，选角的工作至关重要。

目前，网生代受众在追求和探索独特性的同时常感到迷茫，他们渴望得到引领，越发需要能代表自身价值观同时又有独立主张的代言人和榜样。节目若选择了恰当的人物，会对节目价值观的表达起到重要作用。

未来，情感类节目要继续探索人物的选择和表达。一方面，所选的人物要能够反映出社会的普遍性与共性，可能会有小缺点和不完美，但通过节目的进程对其进行改变和完善更为重要，不仅是节目中、口头上的改变，而且是生活中真实行动的变化。这个过程也能让受众不断观照自身，提升自己的认知，在期待节目里人物成长、人际关系转变的同时，为自己找到解决现实生活中问题与困难的方法，从某种角度看见自己的未来。另一方面，节目也需要打破明星化、年轻化的单一视角。当节目只立足于年轻人的视角时，所讨论的话题会流于琐碎和浅薄，矛盾冲突也局限在某个范围内。明星的大量使用同样会削弱情感讨论的深度。要特别注意的是，不能为了话题热度而选择价值观过于偏离的嘉宾，否则会给节目带来过大的争议。

随着网络综艺越发垂直细分，多个圈层的代表性普通人也应成为情感类网络综艺的主要对象。由于节目经常采用观察的形式，创作者可以挖掘能够引发社会性探讨及思考的普通人并发挥他们的潜力，培养起受众的伴随感，打造出平民偶像或平民榜样，并借由他们的力量展现多样的文化及价值观。

（三）拓宽表达视角，恰当把握社会议题

近两年的情感类网络综艺在网络上还掀起了关于"空巢青年""子女婚恋自由""离婚率"等话题的讨论，因为选角的年轻化，观点多聚焦于脱单催婚，对思想的挖掘也相对浅尝辄止。

未来，节目应该包容更广阔的社会议题和更多样的情感层面，其话题点也应在舆论可控和大众心理能接受的情况下更加大胆地讨论现实问题，而且多考虑一些具有视听呈现便捷性、可看性和社会热度的议题，诸如关于职场性别平等、网络暴力、社会人际交往、人生道路选择等，既可以有更为重大

和深刻的话题，也应该包容更广泛的年龄层和更多样的立场。

实时交互性、个性化以及大量信息共享是网络综艺相较电视综艺的优势。如果节目能够更及时地反映社会现象、引发社会讨论，甚至能够真正反哺社会，即发现问题、解决问题并推动社会产生一些实质性改变，定会令情感类网络综艺走上一个新台阶。

纵观这几年的情感类网络综艺，大多数节目借鉴了韩国、日本等国家的综艺节目模式，甚至借鉴了其立场和观点。当下，创作者应扎根于不断改革的中国社会，关注人民在火热生活中的真情实感，并切实地将我国优秀文化的精髓灌注在节目中，以真正打造出能够推动社会发展、人们思想和生活观念进步的优质节目。

第十三章　主题游戏类网络综艺的创作与文化表达

第一节　主题游戏类网络综艺的概况

游戏行为可谓出自人类天性，原始人类就常通过类似于游戏的方式来学习必要的生存技巧。哲学家康德、席勒等人更是提出"游戏说"，将艺术的起源归于人类的游戏本能。麦克卢汉认为："任何游戏，正像任何信息媒介一样，是个人或群体的延伸。它对群体或个人的影响，是使群体或个人尚未如此延伸的部分实现重构。"[①]正因与人具有如此紧密的关系并经历了充分的发展演化，游戏与当代人有着密切的关系，于是成为娱乐节目创作的重要元素，甚至成为一些娱乐节目的主体构架。在网络时代，游戏更是网络综艺的重要部分，展现出其独有的特点。

一、概念、主要类型与文化发展脉络

（一）概念与主要类型

作为人类在日常生活中经常进行的活动，游戏在漫长的发展过程中延伸出了多种形式和种类，不过当"抛开类型的差异和复杂的技术，所有的游戏

---

① 麦克卢汉.理解媒介：论人的延伸［M］.何道宽，译.北京：商务印书馆，2000：300.

都有4个决定性特征：目标、规则、反馈系统和自愿参与"①。也就是说，游戏是自愿参与的选手在一定规则的限制下为了某个目标而进行的行动，而且在这个过程中还必须有反馈系统来推动游戏的进行。

目前，国内游戏类网络综艺的类型与其来源有着直接关系。

电视娱乐节目中的游戏节目历史悠久，"起源于广播，追溯得更早一些，就是团体和社区竞赛"②。西方的电视游戏节目最早可追溯到20世纪30年代，以益智问答为主要形式，后来有大型行动性的游戏节目如《夺标》（*Telematch*）等。国内的电视游戏节目也有着类似的发展轨迹，在较长时期内以智力竞猜为主。20世纪90年代，受国外节目的影响而盛行在一个节目里包含多个小游戏的做法，并在《快乐大本营》的带领下形成席卷全国的"快乐旋风"。一些大型的行动性、竞技游戏节目如《城市之间》、《奥运向前冲》（后更名为《快乐向前冲》）、《疯狂的麦咭》等，需要更复杂的相关设施，参与者要有较好的体能，节目制作难度也会加大，而当节目中具有更多展示人性的意义时就被归入真人秀了。

国内游戏类网络综艺的出现与电视游戏节目有着直接关系，甚至有的节目直接就是"限娱令"后的转移，如"奔跑吧兄弟"系列。但随后由于其游戏性被明星的光彩掩盖，这种节目就发展为综艺类真人秀了。而《快乐大本营》《王牌对王牌》这类节目在电视台播出的同时也在网络平台播出，平台也就没有必要再投入制作，但会增加播出更多的衍生节目和短视频。还有就是由境外电视节目版权引进或启发下产生的游戏类网综综艺，如《明星大侦探》。

在游戏类网络综艺的创作过程中，当下与年轻人生活直接相关的桌上游戏（简称"桌游"）、实景游戏和网络游戏（简称"网游"）等，也为创作者提供了丰富的游戏背景和较为成熟的规则。由于诸多现实生活中年轻人热衷的游戏生长于互联网的土壤和环境中，相关的网络综艺节目必然携带了青年亚文化的气质，从而受到网生代青年受众的喜爱。

游戏类网络综艺的形态有广义和狭义之分，广义的形态包含了电视游戏节目，而狭义的形态会对游戏的运用更为纯粹和大胆，与游戏结合、演绎的

方式也更深入和多样。相较而言，电视游戏节目经常将游戏作为嘉宾展示艺能和性格的平台和手段，不太强调如何在游戏中行动，也不太在意多个游戏间的内在逻辑；而更多的游戏类网络综艺聚焦于相对固定的流程或模式，在一定的主题背景下形成较为完整的游戏逻辑。《王牌对王牌》这类电视综艺依然火爆但制作投入较高，为了获取差异化发展，目前典型而主要的游戏类网络综艺通常在某个特定的主题情景下结合一个或多个游戏形成完整的叙事，如节目的话语从"使用游戏的节目"转向"关于游戏的节目"；节目中会有较多对桌游、实景游戏和网游的化用，使诸多游戏本身的游戏性得到更极致的展现；曾在电视节目中仅被视作小环节、小手段的游戏变为节目的主体构架，或者被拓展为一个个完整情境中亟待完成的任务或必须克服的难关，节目整体更偏向于展示游戏本身。

为了体现游戏类网络综艺的独特性，这里将重点讨论的游戏类网络综艺定义为主题游戏类网络综艺，即在非现实的游戏背景下，具备完整的时空观，有明确的主题，且基于游戏本体结构节目逻辑，往往依托于成熟的游戏模式、有众多参与者依据规则进行游戏的网络综艺娱乐节目。

主题游戏类网络综艺的出现不可避免地影响了受众对电视游戏类综艺的认知和期待，但电视台难以复制这一类型，原因在于主题游戏类网络综艺中亚文化气质的主题情境、高难度的规则设定和快速紧凑的节奏并不具备大众性，而且所选游戏的主题性即圈层性对不了解其情境的人来说可能并不具备足够的娱乐性和可看性。于是，现实中尽管也有反哺电视综艺的案例，但从其改编难度和播出效果来看，主题游戏类网络综艺还不具备普适性。

（二）文化发展脉络

1.开端阶段

网络平台在开始自制网络综艺节目时，不乏模仿电视游戏类模式的节目，如腾讯视频2015年上线的《热门》就是在演播室中将嘉宾分为两组进行一系列小游戏比拼；优酷播出的《最强小大脑》作为江苏卫视《最强大脑》的衍生节目，在降低游戏难度的基础上邀请小朋友展开智力游戏的较量。由于制作资金、人力等诸多因素局限，这类节目没有引起广泛关注。2016年初，芒果TV的自制综艺《明星大侦探》在网络综艺整体崛起的浪潮中显示出特别的面貌，立刻成为主题游戏类网络综艺中最具代表性和影响力的节目。

《明星大侦探》引自韩国《犯罪现场》的节目版权，因此具备了较为成熟的节目模式和充分的制作经验，整体制作水准较高。该节目吸纳了大量桌游文化和推理文化元素，于是立即吸引到核心受众。

桌游文化起源于欧美，桌游近年来成为广受年轻人欢迎的线下社交方式。推理文化最初起源于19世纪末的英国推理小说，并在全世界范围内产生巨大影响。从20世纪60年代开始，日本的推理小说逐渐引人注目，形成的推理文化风靡亚洲，其中以推理解谜为主的本格派影响最为广泛。与社会派相对，本格推理不追求符合现实，而注重构筑复杂的犯罪谜团，在严格的逻辑推理中寻找犯人，其观赏乐趣也建立在寻找犯人的过程中。基于此，推理过程也可被视为一种游戏，且适合进行视觉化呈现。《明星大侦探》利用了国内网络平台的优势，将两种文化运用到极致。而当制作团队将这档节目复制到电视平台制作《我是大侦探》时，规避了较为敏感的凶杀等元素，导致案件剧情的复杂、悬疑程度有所降低，最终电视节目的效应远不如网络综艺。

2016年底，优酷推出了剧情互动推理综艺《胜利的游戏》，模式与《明星大侦探》类似，不同的是采取了"直播+点播"的播出模式，客观上增强了节目的互动性，但推理本身的故事性较弱；基于直播互动而新增的技能卡牌玩法增加了节目看点，却也使内容松散，最终导致节目的影响力明显不足。

腾讯视频的另一档节目《看你往哪跑》则是以"直播+互动"的特点，让受众通过网络实时为游戏中的明星提供线索，帮助他们完成游戏任务，这也是电视节目无法达成的。

2.发展阶段

2017年乐视播出的网络综艺《单身战争》，表面上看是恋爱交友的情感题材类节目，实际上是将社交与生存游戏相结合，更具备了主题游戏类网络综艺的特点。各50名男女在形似古罗马角斗场的封闭空间和有限时间内施展个人魅力来获得较多异性关注，最终留下且配对成功的嘉宾均可赢得价值10万元的约会礼包。节目犹如一场社会生存实验，引发了关于道德和节目尺度的较大争议，也可视为网络综艺创作的一次尝试。

　　主题游戏类网络综艺的创新与网游的发展更为紧密相连。从相关部门近年对国内网民的调查数据中，我们可以看到一个令人惊讶的现实：超过半数的网民是网游用户，他们在网络虚拟空间的聚集与活动也逐渐形成独特的亚文化景观，从而引发节目创作者和网络平台的关注。至2017年上半年，多档网游或手机游戏（简称"手游"）题材类网络综艺推出，如基于手游《王者荣耀》的节目《集结吧！王者》、基于手游《部落冲突：皇室战争》的节目《最强拍档》等，不过这些节目都是将组队打游戏的内容与真人秀的形式相结合。同年年底，同样基于手游《王者荣耀》的《王者出击》播出，为游戏与综艺娱乐节目的结合提供了新的思路。节目直接依照《王者荣耀》打造出非现实的游戏场景，并依据其手游的游戏逻辑打造节目逻辑，节目参与者化身为游戏中的一个个具体的英雄角色，在与"王者峡谷"相似的虚拟场景中进行战斗。2018年，芒果TV和网易影业联合推出了根据热门手游《荒野行动》（网游《绝地求生》手游版本之一）创作的网络综艺《勇敢的世界》，节目以手游中的平原、废城、丛林、仓库、港口、沙漠等为依据建立一个个非现实的游戏场景。

　　之后，各平台也在不断探索新的游戏内容或利用游戏构建节目。2018年，腾讯视频的《高能玩家》和芒果TV的《哥哥别闹啦》在对游戏的处理方式上均与韩国电视台节目 The Genius 类似，即建构一个与社会实验相关的虚拟游戏背景，将多种策略性的博弈游戏进行可视化改编。芒果TV推出的《密室逃脱·暗夜古宅》在线下普通密室逃脱游戏的基础上增加了不同组的对抗关系，丰富了节目看点。《明星大侦探》的制作团队也于2019年直接引进了韩国密室逃脱节目《大逃脱》的版权制作了《密室大逃脱》，在故事背景上下足了功夫，如第一季第一个故事《烧烤店的秘密》将密室逃脱的场景设定为一个神秘的烧烤店，玩家最终揭开谜底救出待宰的猫狗，引发人们对于宠物和流浪动物的关爱意识。

　　因为网络时代和网生代人群中游戏文化的流行，桌游、网游玩家与游戏类网络综艺受众高度契合。而且，这些游戏经过一段时间的实践，规则漏洞少，可玩性强，综艺化呈现相对容易，其自带的流量和话题热度也令节目便于传播。

作为一种IP的延伸和产业链的构建，一些热门综艺节目如《奔跑吧兄弟》《全员加速中》《一站到底》《爸爸去哪儿》等，也被开发成手游。综艺节目和游戏之间很快形成一种品牌相互借用和支撑的关系。

2021年8月，《经济参考报》发表文章《"精神鸦片"竟长成数千亿产业》，指出当前未成年人网络沉迷现象普遍，且网络游戏对未成年人的健康成长造成了不可低估的影响。尽管原文很快删除，但引发了舆论的巨大关注，股市中的相关企业网游概念股也随之大跌。至此，随着社会对网游的警惕，相关网络综艺的未来走向也会遇到更多的质疑。

二、创作特征

作为一档节目，电视综艺和网络综艺都要具有可看性。就游戏本身来说，可玩性是最重要和最根本的属性，并不是所有好玩的游戏都具有可看性，因此节目要进行挑选和改造。

（一）打造节目的故事化情境

主题游戏类网络综艺的情境直接影响着节目流程、玩家、游戏地点、游戏设置等节目基本要素，还能够构建出人与人、人与环境的基本关系及相关时空，为节目环节的自然推进提供了合理性，也奠定了节目叙事的基础。

对此，原生于网游的综艺节目更具有天然优势，因为网游本身就多有故事化的情境及独特的世界观，为玩家提供了行为准则和心理动因，且情境中的反馈机制也逐步为玩家提供新的目标和挑战，使玩家在挑战时无须过多考虑现实中的因果得失而进入精神力高度集中和兴奋的心流①状态，以获得高峰游戏体验。不过，由于玩家可以多次参与同一游戏进行对抗，游戏的逻辑会逐渐缺乏对受众的吸引力。因此，许多节目创作者会为游戏的开展设定更特殊的故事情境，以获得丰富而具体的内容。如《高能玩家》一开始就讲述了现代社会中年轻人面对激烈的竞争、复杂的人际关系不知如何自处的现状，为解决当下年轻人的迷茫和困惑组成了高能事务所，由18位玩家协作与对抗，

---

① 心理学词语概念，指人们在专注进行某行为时所表现出的一种心理状态，不愿被打扰，伴随高度的兴奋感和充实感。

一轮轮的博弈游戏则映射了现实中的竞争与困境，让节目犹如社会实验。

在重复单一游戏模式的节目中，情境的故事化特征更为明显。如《明星大侦探》每期节目都要以探案寻凶作为基本故事模板，游戏规则、节目流程也相对固定，不同点则是案件发生的情境，包括了校园、职场、医院等，甚至还有古代或未来的场景。在不同的情境下，每个玩家担当不同的角色，以推动探案故事的发展并完成寻找真凶的游戏，而且部分案件情境与当下的热点话题紧密联系，使节目在强化娱乐性的同时传递出正向价值。

在具体的创作中，创作者还需要设置细致的故事情节点和道具来强化情境的沉浸感，使玩家和受众能够沉浸在创作者打造的故事化情境中，随着游戏的不断推进产生情感的共鸣和变化。如《明星大侦探》《密室大逃脱》等节目根据具体的故事设定不断更换场景设计和布置，场景的细节更是丰富，会用上千件道具来隐藏游戏线索。尤其从第三季开始，《明星大侦探》加入了实景探案，突破了棚内的模拟置景而选择用真实建筑进行拍摄，这无疑让案件看起来更为真实。如在《酒店惊魂》中，节目组搭建了真实的酒店，还设计隐蔽性非常强的暗门与每个房间相连，增加了节目的内容丰富度和观赏趣味性。实际上，如此用心的情境也是使节目价值观能够轻巧地融入、潜移默化地影响受众的途径。

（二）以奇观化的视觉效果获取关注

由于诸多故事情境具有超现实性，主题游戏类网络综艺的创作中更普遍地设计了具有奇观化的视觉效果，通常是基于游戏世界观和游戏体验的需要，具体将重点的视觉元素极度夸张或者扩大其规模，使其具有震慑性和仪式感。

如《单身战争》中，在古罗马斗兽场式的空间里，100个男女头戴运动式摄像机，在不断走动中寻找心仪的对象……作为一个棚内节目，节目制作团队就有数百人，录制场地内容纳了200余台摄像机，这为节目后期制作提供了充足的素材和多样化的视角，制造了有压迫感和竞争感、纷乱而又困惑的现场氛围和观赏效果。

追捕游戏类网络综艺《看你往哪跑》围绕"明星抓捕达人"的任务展开，其游戏空间并非某个特定建筑或者综艺节目中常出现的游乐园或者影视城，而是扩展到了整个城市，突出了游戏场景的"巨大"，拍摄难度大大增加，但也带来了前所未有的观赏体验。

诸多来自网游的节目大多具有超现实、夸张的场景，而且画风清奇或怪异，普遍具有青年亚文化的特征。

（三）建立依托于成熟游戏模式的节目规则

除传统游戏类节目中常用的问答游戏和固有形式的生活小游戏以外，主题游戏类网络综艺中的游戏资源基本来自生活中较为常见且规则成熟的游戏模式，主要包括桌游、实景游戏和网游。

桌游泛指一切可以在桌面上或实体平台上玩的游戏，通常在特定图版上进行，强调面对面参与。与体能游戏或者电子游戏相比，桌游更强调策略的运用，注重对思维方式、语言表达能力的比拼，互动性强，是目前主题游戏类网络综艺中最常用的游戏来源。不过，桌游相对静态的游戏方式和相对封闭的游戏空间可能会限制观赏性，这也是节目需要解决的首要问题。

诸多节目对桌游规则的运用是直接搬用，只是对其进行视觉化的拓展或改造，如《饭局的诱惑》；一些节目对桌游规则进行了化用，对游戏形式以及展现形式进行较大幅度的改造，如《明星大侦探》。目前的桌游已从纯逻辑推理发展为有完整故事背景的角色扮演推理，玩家们各自扮演角色围坐桌前，在游戏进程中抽取卡牌获得线索，再进行私下或公开的讨论推理，最后指认凶手。于是，节目中的参与者不再坐在桌子前，而是将地图变为实景，线索卡牌被转化为隐藏在实景中的线索道具，使故事创作和推理逻辑设计有了更为立体的表现空间，也极大增强了游戏的观赏性。

由于实景游戏自带场景设定，综艺化相对容易。《密室大逃脱》就以其实景游戏为基础，玩家需要在限定的时间和空间内不断活动并找寻逃脱方法，节目又赋予不同密室场景以多样的故事背景，增加过关难度，丰富过关样式，最终形成综艺节目模式。

由网游改编的综艺多是随着游戏的流行而产生的，这在节目中的转化就不只是针对场景，更是对角色、场景、玩法和尺度等多维度的全面改编，更具有游戏品牌延伸的意义。首先，要让参与者（玩家）从控制游戏人物转变成自己就是游戏人物，创作者需要对游戏人物的造型、能力、行为方式进行扬弃。其次，节目从虚拟的超现实空间转向实体存在的空间，创作者需要对玩法进行改造，使其更适应现实时空的物理性，且具有较高的可行性和综艺娱乐性。如由手游《王者荣耀》改编的网络综艺《王者出击》，将一些角色间的伤害行为改为弹脑门这样具有娱乐效果的方式。

（四）以互动手段增强受众游戏体验

代理满足本是受众观看节目的一种重要理由，指当受众无法亲自经历或完成时，通过观看节目中人物的经历并代入自身来满足愿望，这也正是游戏及这类节目能够吸引受众的核心。当下的主题游戏类网络综艺已不仅仅满足于简单的代理满足，而且选择使用多样的手段来让受众从游戏的旁观者转变为参与者。

在《看你往哪跑》中，网友可以在直播互动中全程参与游戏，在明星的追击游戏中通过弹幕来提供线索，从而影响节目进程而获得参与感。在第五期的直播中，两位明星在网友弹幕的指点下快速抓到达人组的白队，达人组也发动了网友的力量，用调虎离山计使明星组扑空……受众的影响力在这档节目中变得具体而有力，受众也在和参与者的互动中收获到良好的节目体验。

《明星大侦探》则不断利用新技术制作衍生节目，为受众提供参与游戏的机会。如第四季播出结束后推出的衍生互动微剧《头号嫌疑人》运用了类似在线游戏的互动方式，为跃跃欲试的节目受众提供直接的推理游戏体验，即受众可以通过软件交互化身《明星大侦探》节目中的侦探，体验审问嫌疑人等游戏环节，在影片播放过程中还可以随时点击画面中的可疑物品来收集证据。此外，《明星大侦探》在播出的同时在长沙、北京、上海、广州四个城市开启了线下实景线索区，为受众打造了可以直接体验的推理游戏时空，让综艺节目的场景变得触手可及，让受众可以亲自"参与"到节目中。

《密室大逃脱》更是将线下活动作为营销手段，以城市为单位，召集全国粉丝营救六位被困明星，通过与官方微博的互动来解谜过关、赢得提示，最终完成营救。在这场线下营救活动中，玩家成为主体，能获得真实的游戏体验。

随着迎合目前游戏实景化的发展趋势，节目内外、线上线下的多种互动方式不仅能让受众参与其中，而且能增加受众与节目的黏度。

第二节　游戏类网络综艺面临的问题及文化表达策略

一、面临的问题

（一）游戏的文化价值及导向难以把握

据智研咨询发布的《2021—2027年中国电竞游戏行业市场运营格局及前景战略分析报告》显示，近年来，中国电子竞技游戏市场用户规模呈直线增长趋势，2020年用户已高达4.88亿人。据《2020年中国游戏产业报告》显示，2020年中国游戏市场实际销售收入2786.87亿元，其中移动游戏市场实际销售收入2096.76亿元。

实际上，游戏本身在社会日常生活中的负面效应是极为明显的。其内容当中经常具有色情、凶杀、暴力、虚幻等导向错误，尤其是电子游戏令人上瘾，令大量青少年乐此不疲、玩物丧志、逃避现实，甚至极大影响和改变了他们的生活状态和认知能力，已造成较为严重的社会问题。整个游戏行业在追求并沾沾自喜的用户黏度，恰恰是主流意识和"受害者"的亲属们最为痛恨的。

主题游戏类网络综艺的题材大都来源于游戏，尤其强调悬疑感和刺激性，与大众生活的关联较小，甚至部分节目以凶案、灵异、枪战等题材为主，常常营造出紧张恐怖的气氛，这往往既不契合普通大众的需求，也不符合主流社会对综艺娱乐节目的期待。就其消遣功能来说，会有一部分人从虚拟世界的激烈游戏中获得娱乐和放松，但对于更多人来说过于需要调动脑力的内容反而会令人感到疲惫。也有部分游戏类网络综艺的内容基于现实生活及其问题来构建情境，但其与游戏的结合会消解现实问题的真实性和严肃性，如游戏和恋爱交友题材结合时，因为现实中的爱情不是一场游戏，节目把控稍有不慎就可能偏离主流价值观。

主题游戏类网络综艺通常会建立起一个全新时空——游戏世界，于是参与其中的人容易被认为不受现实约束，于是常常存在内容设置上无底线娱乐和无节操恶搞的问题，诸多过度的娱乐表达又容易被受众误认为是现实。如在面对游戏故事中的"死者"时，玩家们通常以角色的身份彼此"飙戏"，做出夸张的举动或者根据人物关系调侃"死者"以此制造笑点，这无疑会影响到受众对现实世界中类似情景的感知能力和共情能力。而一些节目中会有对施害手段的详细描述，也容易引发青少年及有心人的模仿。

目前，一些即便是经过改编的引进游戏类综艺也经常有着致命的问题，如某节目引进的原版综艺是以追踪凶杀案的凶手为核心线索的，其结局是如果没有找到真凶，节目赏金归罪犯，这显然与我国的价值观不符。当其被引进改造后，原有的凶杀残暴性被降低，且强调要普及法律知识；而一旦延伸成为电视综艺时，则更是要极大削弱其凶险性，增强喜剧性，但显然核心看点已经转变。

（二）制作难度大

1.场景复杂

主题游戏类网络综艺的创作具有场景奇观化的特点，这不仅需要精心设计，还需要精细制作，就必然会增加创作难度和制作投入。如《明星大侦探》第三季《酒店惊魂》中的玫瑰酒店场景，节目组历时一个多月，利用毛坯楼搭建了面积3000多平方米的两层实景酒店，酒店里包括了大堂、布草间、客房以及某实验室的巨大空间，同时涉及海量的细节如密道、装饰、道具等，从而极大提升了节目的表达效果，但这种投入是大多数节目无法实现的。

2.游戏模式和内容开发难

主题游戏类网络综艺中的游戏模式大多脱胎于较为成熟的游戏模式，但是根据节目的表达需求和每期节目的不同主题，往往还需要对具体情境和游戏模式进行创新，这就要求创作者具有严谨的逻辑思维，同时要有极强的想象力，于是颇具难度。在大多以心理策略、游戏技巧等进行博弈的游戏为开发基础的主题游戏类网络综艺中，如何让节目兼具可玩性和可视性，以及如何把握烧脑的复杂程度，是创作的重中之重。

即便是引进模式的网络综艺，内容的创新同样具有难度。如《明星大侦探》每期节目围绕不同的推理故事展开，因此编剧要给创作打好基础，故事的新颖和线索的缜密是这类节目的核心竞争力，而且要保证推理难度适中，以确保受众的游戏快感。该节目的导演何忱曾在接受采访时说道："会给每个嘉宾自己的人物小传，大概两三万字，里面有背景和人物关系。"这些内容在质和量上都对创作者提出了更高的要求。

（三）明星效应盖过游戏的趣味性

在现有的主题游戏类网络综艺中，游戏玩家多为固定班底，且以明星玩家为主，这是依据商业逻辑创作的结果，大众喜爱的明星的确能为节目带来更多的吸引力和关注度，也能更有效地表现出娱乐性。在"星素结合"要求的推动下，一些节目也进行了一定的尝试，但受众的注意力仍然聚焦于明星的表现。于是，这类节目普遍存在游戏性和看点不足，过于依赖明星效应的状况。即便是一些全素人阵容的节目，也尽力加入了有一定讨论热度的网络红人和在其他电视综艺中有一定知名度的选手，导致节目的核心内容——游戏变成一种表现明星的手段，诸多主题游戏类网络综艺也成为展现明星面貌的一种节目样式，游戏本身的价值和看点未得到充分发挥。

（四）游戏的专业性与节目的大众性存在矛盾

在获得一定的内容资源与受众影响力优势的同时，主题游戏类网络综艺还不得不面对游戏专业性与节目大众性之间的壁垒。利用多种能力克服诸多困难是游戏专业受众获得快乐的重要途径，其参与过程往往也是一定专业性技能的体现；而大多数受众对节目的要求是轻松活泼，尤其会把综艺节目当作繁忙紧张的日常生活中不用思考就能得到的最简单的快乐。因此，节目的属性和游戏专业受众的诉求具有不可调和的矛盾。

如一些根据手游改编的网络综艺就很难还原游戏的精髓，对于游戏受众来说，他们更关注游戏策略，综艺娱乐的方式消解了游戏本身的竞技性，插科打诨远远多于战略布局，削减了该游戏的核心魅力。不过，游戏受众与综艺受众群体原本并不容易重合，也难以互相转化，因此节目对游戏的专业性与收视的大众性难以兼顾。

归根结底，主题游戏类网络综艺的实质是借用了某种游戏形式的综艺娱乐节目，因此选择什么样的游戏来改造，一般要以节目的观赏性为主导，其核心受众要在大众和玩家之间进行选择。

二、文化表达策略

经专业化发展至今，游戏已是一种文化产品，具有一定影响力的游戏也往往具有特定的价值观及引导力。主题游戏类网络综艺的发展目标应该是在展现游戏自身文化的同时与我国的文化发展现实相呼应，并且争取让受众在愉悦放松之中得到境界和内涵的提升。

（一）提升或挖掘原有游戏的文化价值

如何去除游戏的负面效益，提升主题游戏类网络综艺的文化价值，并追求可看性、游戏性和文化价值的结合，是未来节目创作必须加强思考和落实的，具体可以从游戏核心元素及情境、游戏玩家等角度展开。

在游戏的核心元素和情境方面，主题游戏类网络综艺要主动去除过于血腥、惊悚、恐怖、迷信等元素，并尽力将我国的优秀文化及理念镶嵌在故事场景中，既要观照到受众的认知习惯和生活经验，也要通过情境中的游戏规则实现惩恶扬善。

实际上，由于游戏本身角色的虚拟化、CG（Computer Graphics，计算机动画）化，游戏给玩家带来的震撼触动相对弱化，手动操控也具有间离效果。进入网络综艺中，真人玩家的参与和情境化的演绎能够让受众获得更为沉浸式的、有现实质感的体验，因此获得的情感触动也更为真切和深厚，于是也更容易掌握到节目传达的价值观、文化理念和氛围。游戏情境的打造可以通过传统故事的现代改编、经典故事的化用、新闻事件的挪用等实现，在正确价值观的引领下让受众更有现实感和亲近感。

需要说明的是，当面对一些外来游戏节目模式或对现有游戏进行综艺化时，一些具有根本性、实质性问题的题材或环节应果断放弃，在场景选择、规则设定中也要认真考虑后续影响，真正落实本土化和主流化的改进。也许业界认为这样会丧失游戏的内核，然而毋庸讳言，一些辨识能力较差的大众直面不当的内容时，会出现盲从、恐慌、失控等负面情绪，甚至会引发模仿，尤其对青少年的价值观形成极其不利，节目创作者对此必须要有清醒的判断和充分的把控力。

游戏玩家作为主题游戏类节目中的行为主体，本质上就是节目内容和价值观的载体。不论是名人还是普通人，每一个玩家身上都有特定的标签，其形象、性格、价值观、学历、家庭背景、职业等，都是节目创作者在选人时需要考虑的要素，其个人魅力和口碑也是节目中人设的基础。玩家不但要完成节目预定的任务，而且会通过真人秀部分进一步展现节目的文化品位和价值观。因此，节目在明星的使用上不仅要看流量，而且应更努力地寻找深度关联。如《明星大侦探》中的撒贝宁，其北京大学法律系毕业生、法制节目主持人的身份与节目中推理破案的任务巧妙契合，活泼的个性为节目带来娱乐性；《高能玩家》中的郎佳子彧除拥有节目所必需的聪明头脑之外，还是国家级非物质文化遗产北京"面人郎"第三代传承人，文化身份无疑会强化其个人的特质，同时展现了节目对传统文化的关注。

（二）进一步建立节目的现实引导力

游戏行为不仅是人的本能，也是人类社会行为的"微缩景观"，这也正是游戏类节目的现实意义所在。节目创作者要有责任意识，要把如何克服困难、人与人如何相处等具有较高社会引导意义的问题与游戏深度融合并凸显出来，赋予节目正向引导力，这也是节目生命力和竞争力的核心来源。

如《明星大侦探》在《酒店惊魂》一集探讨了校园暴力问题，在《又冲不上的云霄》一集强调敬业守责的重要性，在《无忧客栈》一集关注了抑郁症患者群体……做到了节目的价值观与故事情境深度结合。在每一期节目的最后，几位明星玩家均会发表对于当期涉及的社会问题的看法，也是提醒受众不要陷于他们在节目中的人设，更直接地输出节目的价值导向。再如《高能玩家》在节目中直接说出希望通过游戏为年轻人在社会中的生存和竞争给出建议的立意，还通过高能守则和高能事务所的评价直接对玩家的游戏行为及策略进行评判。从整体来看，节目组也成功地传达出在社会生活中只有真诚待人、团结一致才能更好地取得个人成功的价值理念。

对应游戏的社会实验性，未来这类节目的创作还应拓展更多的题材，如多与现实社会的内容和问题结合；目前在导向的表达上还有些生硬和肤浅，创作者要在让节目意义与游戏的结合更为融洽和深入上多下功夫。

（三）探索我国传统游戏题材及样式的时代化呈现

当下，国内流行的游戏母题和逻辑大多还是来自海外，无形中蕴含着外国的文化内核，这也和游戏行业自身的选题状况有关。因为面向更多受众，所以综艺节目应该更多从本身包含了深度民族文化基因的中国传统题材中挖掘选题。现今流行的游戏中已经有一些蕴含中国文化元素的游戏，如桌游《三国杀》就将三国人物与卡牌游戏相结合，后续还有一系列关于"三国"的延伸品。一些"仙侠""神怪"类也是我国传统文学中的常见题材。综艺节目的导向要求和面对大众的属性使得其对传统题材的选择非常谨慎，未来行业要进一步提升对题材的化用、改编和更新能力。

在对现有的游戏规则进行创新的时候，节目也应该更多关注传统文化。如韩国一档游戏类节目中就多次使用了类似于摇骰子的传统游戏——尤茨游戏，并将此游戏转化为"战略尤茨"，即通过游戏双方共同控制原本游戏中随机的点数，减少了原游戏的运气元素，增加了智力比拼的比重，也增强了游戏的核心特色和辨识度。其实，国内节目也应该多挖掘传统经典的游戏样式，如九连环、七巧板等智力游戏，或围棋、中国象棋、下五道、猪娘棋等棋类游戏。丰富多彩的民间游戏不仅能体现中国的游戏文化面貌，还蕴含着中国的哲学思想，能为节目的创作提供独特的逻辑，将其运用到节目中也是文化自信的具体表现。同时应该考虑将其进行改编和提升，不仅要考虑趣味性和合理性，还要能够进行具体的情景化、视觉化，使其适应在屏幕上的综艺化展现，以期形成适合时代节奏和节目创新理念的崭新样态。

第十四章　体育竞技类网络综艺的创作与文化表达

第一节　体育竞技类网络综艺的概况

一、概念与文化发展脉络

（一）概念

与体育竞技相对应的英文为 sport，源于古拉丁语 deportare，是指在户外根据体力而进行的充满欢乐的行动①，之后延伸和演变成具有竞技性质的游戏、娱乐和运动的总称。

日常的体育竞技活动以竞赛为主要方式，能够最大限度激发人的体能、技能、心理、智力等，其参与者通常需要具有出色的身体素质和经过一定时间的训练。

我国有着源远流长的体育运动史。西周时期的射礼以及投壶便有了一定的竞赛性。此后，战国时期流行的蹴鞠活动表现出了强对抗性和竞技性。中国古代儒家要求学生掌握的六种基本才能——礼、乐、射、御、书、数，其中射箭、御车两项都与体育运动相关。实际上，体育和军事活动也有着直接关系。冷兵器时代的战争绝不仅仅是谋略的对决，更倚仗每个士兵的体能和

---

①　周爱光.对竞技运动概念的再认识［J］.中国体育科技，1999（6）：6-7，11.

对武器的掌控技能，因此体育经常成为在国家、民族和个人层面都全面倡导的全民教育内容和基本运动。

在当今社会，体育的功能被更加深入和广泛地认知，而且体育运动的状态更能够直接展现群众的精神风貌和身心素质，已经成为社会发展和人类进步的重要标志。我国在2009年还批准将每年的8月8日设置为"全民健身日"，力求提高国民体质，实行全民健身，进一步发挥体育的综合功能和社会效应，将健康向上的大众体育精神传达给公众，推广健康生活的理念。

随着运动项目及运动方式的不断丰富，除了以身体活动为媒介、展现力和美与自我突破的体育竞技项目外，近年还出现了电子竞技与机器人竞技。原生于网络游戏的电子竞技在2003年被国家体育总局正式确定为第99个体育竞赛项目，指在信息技术营造的虚拟环境中，运动员之间秉着公正公平的体育精神，有组织进行的人与人之间的智力和体力的对抗，比赛有明确统一的规则与严格的时间和回合限制。与以网络游戏、电子游戏为蓝本创作的主题游戏类网络综艺不同，电子竞技类网络综艺更侧重于电子游戏的竞技性、职业性和对抗性。机器人运动作为一项新兴的益智类体育竞赛项目，在2012年被国家体育总局批准纳入社会体育项目，是人工智能与体育运动结合的新竞技模式。就精神内涵来说，电子竞技与机器人竞技的追求卓越、超越自我的精神以及其在竞赛上的对抗性都与传统体育项目相一致，因此被认为具有体育属性。

体育竞技本身具有强烈的对抗性、观赏性和刺激性，受众通过直接观看体育赛事即能够收获快感，许多体育迷还非常喜欢现场观看的氛围，并在社交活动中沉溺于专业探讨。即使无法到现场观看，体育赛事的转播也能让受众感到极大满足，这就是体育节目的娱乐性。体育明星也具有极大感召力，不仅仅是因为他们的技能，其个人魅力也吸引了众多粉丝，以至在诸多的竞赛项目领域都形成巨大的体育产业链。

一段时间以来，体育竞技和综艺娱乐节目相对独立地发展，也形成各自的忠实受众群体。在电视娱乐节目的发展史中，二者有过一定的交集，如央视春晚在一开始就有体育明星及其表演的加入，而后也有其他样式的开发。近年来，随着综艺题材的不断挖掘和拓展，创作者发现体育竞技项目中的对抗性、刺激性和不确定性与娱乐游戏节目尤其是真人秀更加契合，于是有较多的体育项目被吸纳进综艺领域，将运动、竞技和娱乐融合为一体，选取特定体育项目进行综艺化的改造，在保留其自身规则和竞争性的同时增强娱乐性，形成体育竞技类综艺这一类型。

随着互联网视频平台持续不断地深挖节目题材，并有意识地在选题和形式上与电视综艺形成差异化表达，体育竞技类网络综艺借此兴起，并基于互联网技术及其文化特性在题材和类型上有了进一步的拓展。

根据国际奥委会官网报道，街舞中的霹雳舞（Breaking）项目被列为巴黎2024年奥运会比赛项目，但是由于街舞整体艺术性较强也可被视为舞蹈，相关题材节目的论述已在前文才艺竞秀类网络综艺一节展开，因此本节不再讨论。本节所探讨的体育竞技类网络综艺主要包括展现传统的物理对抗与身体展示的体育竞技项目、机器人运动与电子竞技的网络综艺节目。

（二）文化发展脉络

1.初期探索

改革开放以后，中国社会对于体育精神的关注以及人民身体健康的追求越发高涨，人民大众也广泛参与到体育运动中，举办国际体育赛事以及在其中获得奖牌甚至成为国力发达的标志。无论是电影、纪录片还是综艺，对体育竞技的表现也成为一种必然。在1984年的央视春晚上，乒乓球世界冠军李富荣和张燮林在观众中间进行了一场乒乓球表演赛，体育比赛解说员宋世雄在旁解说。这个带有娱乐性质的乒乓球表演节目不仅让观众大饱眼福，也是对体育与综艺结合的探索。后来的央视春晚中也一直都有与体育相关的内容。

同时，一些国外体育竞技类节目被陆续引进国内。20世纪90年代初，多个电视台曾经播放德国趣味体育竞技节目《夺标》。中央电视台在1998年开始播出来自法国的节目《城市之间》，以城市间的对抗为看点，可谓开启了体育竞技类节目的新纪元。之后，《城市之间》还开播了国际版。2004年，湖南卫视开办了集商业性、观赏性和娱乐性为一体的乒乓球竞赛节目《国球大典》，将民间海选与国际赛事联合起来，展开了体育娱乐化的探索。

随后在2008年、2012年奥运赛事的推动下，体育竞技类娱乐节目的质量和数量都有所提升。如真人秀性质的亲子户外竞技节目《我是冠军》由中国奥委会新闻委员会联合中央人民广播电台、湖南卫视为助力北京奥运会特别制作，节目围绕"快乐成长、学会成功"的理念，邀请各行各业的亲子组合共同完成任务挑战。湖南卫视在2008年5月推出《奥运向前冲》，以湖南省内的各城市为参赛单位打造城市之间的体能竞技赛；同年9月推出的《智勇大冲关》开启了全民冲关的热潮。此后，冲关类节目蔚然成风，其低参与门槛和通关奖励吸引了大量选手，而节目中选手状况百出的表现使这类节目一度成为同时段的收视冠军。2013年受国外模式影响，跳水类节目又成为创作新宠，浙江卫视引进荷兰跳水综艺节目《名人四溅》（*Celebrity Splash*）制作了《中国星跳跃》，江苏卫视引进德国综艺节目 *Stars in danger: High diving* 播出《星跳水立方》。由于参与节目的明星大都没有训练基础，活动的危险性过高，使节目在看点上发生偏离而饱受争议，最终被管理部门叫停。

在2015年北京成功申办2022年冬奥会和2016年里约奥运会的影响下，各大卫视先后搭上奥运的顺风车，制作了《来吧冠军》《非凡搭档》《跨界冰雪王》《绿茵继承者》等节目，都取得了良好的成绩和口碑。同时，以中央电视台体育频道（CCTV-5）为首的各个体育频道围绕重点赛事如奥运会、欧洲杯、世界杯等开办了一系列电视专题节目，其中中央电视台体育频道（CCTV-5）从2004年欧洲杯开始推出的晚间专题节目《豪门盛宴》融合了赛事新闻报道和大众娱乐内容，拓宽了体育专题节目的表达样态。这些节目在当时虽不属于综艺范畴，但凭借一定的娱乐性收获了大量的受众关注度，也拓宽了体育竞技类综艺的创作思路。

2. 转型与发展

近年来，随着腾讯视频、爱奇艺、优酷、芒果TV等平台纷纷深挖网络自制综艺节目题材，体育竞技类节目有了新的发展土壤和契机，大众对体育的关注和参与、体育圈层的知识传播与文化呈现、体育产业含有的高关注度和高流量明星成为体育竞技类网络综艺创作的基础资源和出发点。

从1997年的《机器人大擂台》（*Robot War*）在英国BBC首播，到1999年的《博茨大战》（*Battle Bots*）在美国长滩打响，格斗机器人比赛已发展出成熟的竞技规则和相当规模的受众基础。2018年1月，浙江卫视联合创客星球引入国外机器人格斗赛制作了《铁甲雄心》；3月，爱奇艺推出以机器人格斗全球联赛为主线的自制网络综艺《机器人争霸赛》；4月，由优酷、天猫和创客星球联合打造的《这！就是铁甲》开播，三个节目共同推动了国内受众对机甲格斗的了解和喜爱。

2018年8月，优酷制作并播出了篮球竞技网络综艺《这！就是灌篮》，节目融合了篮球文化及青年潮流文化，点燃了篮球爱好者的热情，成为体育竞技类网络综艺中的爆款，也引领了篮球类节目的创作风潮。

据《2018中国篮球产业白皮书》，从2012年起我国体育产业总规模逐年增长的态势较为明朗，到2020年整体规模预期突破3万亿元。体育爱好者的群聚效应愈发显著。对于资深体育爱好者而言，身边有较多体育爱好者的比例达到了68.1%。这对于推广赛事及其他体育运营来说，基于优质头部用户的口碑和社交传播，可能会带来更好的效果。

2019年，篮球竞技类网络综艺呈喷涌式爆发，出现了《我要打篮球》《超级企鹅联盟》《篮球大唱片》《篮板青春》《灌篮高高手》《战斗吧！篮球》等"篮球+"形式的网络综艺，"篮球+选秀""篮球+明星""篮球+音乐""篮球+真人秀"等多种类型的结合，展现出创作者在操作体育竞技类项目时更为积极主动的跨界思维和IP思维。

此外，腾讯视频制作并播出了混合项目竞技类网络综艺《超新星全运会》，这是运动会题材的首次涉网。节目邀请了60多家经纪公司的近150位艺人跨界变身运动员，在刘国梁、苏炳添等金牌教练的培训和指导下，参与田径、水上和综合项目三大类比赛的比拼。流量明星的参与无疑强化了节目的娱乐性和狂欢性，专业运动员的加盟和专业赛场的形式包装在一定程度上彰显了体育的专业性，节目整体也诠释了体育精神。

同时，体育竞技类网络综艺继续积极挺进垂直领域，挖掘相对新颖且小众的体育项目。如滑板运动作为新入选的奥运会比赛项目，有其固定的爱好者圈层，但尚未完全被大众所了解，腾讯视频在2019年6月制作并播出了滑板类题材网络综艺《极限青春》，集结60位国内滑板爱好者，通过比赛选拔出一位"最强MVP"（Most Valuable Player，最有价值球员），并获取世界顶级极限运动大赛X Games（世界极限运动会）的正赛资格。节目不仅普及了滑板知识和文化，也展现了滑板运动的魅力，吸引了不少年轻受众的关注。

电子竞技类项目由于拥有数量庞大且参与度较高的电子游戏玩家，一直是网络综艺的热门题材。2018年12月，腾讯视频推出电子竞技真人秀《超越吧！英雄》，由三位明星召唤师召集三支战队，在最终的英雄联盟嘉年华上争夺"年度明星召唤师战队"的称号。2019年1月，腾讯视频继续推出职业电子竞技真人秀《终极高手》，邀请四位明星担任经理人，各自筛选最优秀的选手成立战队，最终的获胜者将有机会登上王者荣耀职业联赛挑战巅峰。节目展现了普通电子竞技爱好者成为职业电子竞技选手的整个过程，更呈现出电子竞技的热血与残酷，也向受众展示出电子竞技精神——拼搏、梦想和坚持。

总体上，体育竞技类网络综艺发展时间较短，出现的根本性原因是平台的发展走向及资本需求，任何题材和样式的开发都必须考虑如何获取最大收益，因此涉及的体育项目显得很有局限，扎堆跟风的趋势也十分明显。

未来，随着我国体育事业的发展和体育活动的深入民众，节目创作者应该会有更多元的题材选择，体育题材网络综艺的实践也会不断深入，尤其应该能在年轻人中形成崇尚运动的风潮。总体上看，尽管当下体育竞技类网络综艺缺乏爆款，成熟的创作模式较少，但其发展潜力和空间不容小觑。

二、创作特征

（一）挖掘项目节目化和综艺化的可行性

要将体育竞技项目做成具有娱乐性的综艺节目，首先，需要考虑体育项目的可执行性，具体表现为有可以施展该体育项目的场地，有专业选手与裁判的参与或引领，有匹配的器械或道具，同时一定要有大众的可参与性。例如，短跑、举重、体操、射击等对参与者身体素质要求极高、专业性极强的项目只适合在赛场上进行；一些投入较高、具有一定危险性、场地有限和常规制作能力难以表现的项目，如赛马、高山滑雪、皮划艇、帆船、击剑、射箭之类，因为参与者少而不容易被受众理解；篮球、滑板、乒乓球、游泳、足球等项目本身就有数量较多、条件较好的场地，还有数量众多的爱好群体作为节目的核心参与者和受众，因此比较容易被开发为节目。

其次，项目必须具有可视性，尤其是能综艺化的体育项目必须能够以直观、生动的方式呈现，从而能够让大众在观看过程中获得视觉享受和乐趣。所有体育项目共有的魅力在于能展示人体的力与美，如力量型的肌肉、身形线条、力量的爆发瞬间、专业的动作姿态……这些对于普通受众来说都具有极大的观赏性，人类身体能力的极限发挥、竞技过程中的各种突发状况、比赛结果的不确定性又能给受众带来充分的刺激和悬念感，而体育的专业性、技巧性、惊险性以及竞技中状态的变化更是令人如痴如醉。

当然，体育竞技自身的发展也在不断适应媒体的可视性要求，如乒乓球直径的变大使转播时观众能看得更清楚。综艺节目中还可以进行具体如器械、场地、队服的色彩、光线、席位等更多方位的改造。

（二）规则设计兼顾专业性和娱乐性

专业的规则设计是体育竞技类网络综艺创作的核心。

竞技体育本身的最大魅力在于竞赛过程充满悬念，体育竞技节目也因此而获得了青睐。但为使节目呈现出更好的综艺效果，其规则设置一方面要尊重体育项目规则自身的基本专业性，另一方面要通过对赛制的选择或改变来加强娱乐性，甚至为此不惜削弱公平性。体育本身的规则和赛制能让选手有真正的参赛感，并保障项目的独特性，展现项目的魅力和体育精神，才能得到核心受众的认可和喜爱。但如果不顾及综艺节目的娱乐性，会使节目的参与和观看门槛变高，那受众不如直接看赛事转播，从而落入两头不讨好的境地。

《这！就是灌篮》和《我要打篮球》两档节目的规则设计就较好地把握了专业性和娱乐性的平衡，专业篮球本身比赛的形式和规则很多，但两档节目都选择了三对三和一对一相混合的比赛形式。三对三篮球起源于街头，俗称"野球"，相对于大众熟知的五对五形式，攻防转换速度更快，肢体对抗更多，打法更加灵活，尤其是更能够让参赛选手有更多的表现机会，从而具有更高的观赏性。一对一的比赛模式更能使每位选手的综合能力得到淋漓尽致的发挥，放大每位选手的优缺点。两种赛制的混合使用可以兼顾个体与团队的展现，一方面能放大每位选手身上的特质，更好地塑造选手形象；另一方面能展现团队合作和团队精神，使节目能够有更多机会表现人物关系。

更重要的是，综艺节目对规则的改变会更注重放大原本规则中的对抗元素，目的是要有利于激发出参与者的运动潜力和性格魅力，能提供竞技比赛之外的看点，能表现一定的个人成长及变化过程。

（三）人物设置体现多元的趣味性

当下，体育明星和综艺明星搭档是体育竞技类网络综艺吸引受众的主要方式，这是出于对参与者艺能的考虑。现实中，国内绝大部分体育明星不善表达，而且参加节目的时间极为有限，否则会扰乱正常训练，于是综艺明星的加入解决了部分体育明星的短板，也能增强节目的娱乐性。《这！就是灌篮》《我要打篮球》《篮球大唱片》《篮板青春》都采用了文体搭配的形式。文体搭配的领队必然给节目带来较多的娱乐看点，由于每个人性格和视角的不同，导师在选择选手时有不同的考量，使得节目内容在有趣味性的同时保障了对抗性，最终达到"能量合流"（能力和流量结合）的效果，既能吸引大批体育项目爱好者，也能对那些并不了解该体育项目的明星粉丝群体及大众产生吸引力。

不过，节目影响力的持续性支撑还要靠优秀的选手。当前的体育竞技类节目在选手选拔时大都遵循"星素搭配"的原则，再以篮球类节目为例，参赛球员既有CUBA（Chinese University Basketball Association，中国大学生篮球联赛）冠军、高校篮球人气明星、虎扑路人王冠军等，也有名不见经传的初生牛犊、民间高手，尽管一些选手在篮球界小有名气，但对于大多数受众来说依然是"素人"，他们能够在保证高水准竞技状态的同时展现真实个性，能给受众提供出乎意料的观看乐趣。

（四）充分运用真人秀元素和手段

体育竞技类网络综艺的娱乐性还在于由竞技规则、人物带来的故事感，促使受众持续观看节目以了解竞赛结果及背后的人物故事。因此，节目需要运用真人秀的元素和手段，通过特定故事情境、规则和人物的设置，场上场下全时段的拍摄，并注重故事连续性的后期剪辑，为受众呈现有始有终、跌宕起伏、节奏明快的叙事。这也是体育竞技类网络综艺与其他类体育节目的重要区别。

节目对于体育精神的外化表达，体现在能紧紧围绕人——打造出优秀且个性丰满的体育选手。在《这！就是灌篮》第二季中，上一季初赛被淘汰的张智扬作为"复仇者"参加，在比赛陷入绝境时稳住心态最后以三分球绝杀比赛，人物形象饱满且励志，展现出不服输、不放弃的体育精神。"独腿战士"骆祥健拄着双拐上场参加比赛，节目组为此将赛制更改为投篮积分制，场下的所有选手为骆祥健加油，将体育竞技中团结、共进退的精神展现得淋漓尽致。

为了更好地体现人物内心、塑造人物形象，节目还十分注重在比赛前后对选手进行采访，这也是真人秀的常用手段。在《这！就是铁甲》中，透过对选手的不断采访，受众不仅看到了一个个不同类型的铁甲战队，而且看到了每一台铁甲背后真实的人以及他们对竞技、对机器、对人生的看法。而且，比赛前和比赛后的采访结合起来，尤其适合充分表现体育竞技项目较多的面对焦灼战况和意外发生时的心理反应。

此外，节目后期剪辑中的特效对故事和人物的呈现也起着重要作用，如将赛事过程中无聊、重复和无意义的内容省略，快节奏地为受众展现充满趣味性、对抗性和情节性的比赛和人物故事，让受众有了"看剧"的感觉。同时，节目还会特别进行体育知识普及，以增加、提升内容的专业感。《这！就是灌篮》（第二季）与《这！就是街舞》类似，会以风格化的花字来点明各种篮球招式，如"外线干拔""后仰式跳投""绕头虚晃""三人包夹""反手上篮""急停跳投""拉杆上篮"等，还经常通过慢动作回放、多角度展现绝杀场面，辅以左下角生动的小贴士的方式来补充相关知识。

（五）促进圈层文化的提升和与体育精神的融合

相较于电视综艺，体育类竞技网络综艺必然要融合青年亚文化的表达语态和视觉元素，展现出各种项目圈层的多样文化景观，并融合体育精神进行表达，这也是节目的深层价值所在。

一方面，节目打造了情境化、风格化的竞赛氛围，将一些小众体育竞技项目的特性外化出来。如"这！就是灌篮"系列，制作方搭建了主赛场、高能实验室、篮球梦之屋、外景训练地等几大场景，极大地拓展了比赛空间。同时，节目借鉴了影响许多篮球迷的动漫《灌篮高手》的影像风格，通过动漫式的剪辑风格，快速切换比赛中的巅峰热血时刻，搭配二次元风格的字幕与配乐，共同烘托出青春、励志的氛围。在该节目第一季的第10期，节目组更是邀请了《灌篮高手》主题曲《直到世界尽头》的原唱亲临现场，用这首歌曲为选手们加油助力。这也是节目组最直接、鲜明地将动漫的元素引入节目，让无数球迷和青少年深受感动，继而振奋精神。在滑板类题材网络综艺《极限青春》中，创作者也刻意融入了以街头、嘻哈为代表的亚文化视觉元素，节目竞赛场景和环境犹如废弃工厂，充满后工业时代的金属质感，明星领队及选手的服装造型也都以街头元素为主。而且，后期剪辑中滑板招式的花字样式与给选手们的鞋带奖励也是街头文化的呈现……诸多细节都给受众带来了赛事之外的颇具新意的文化体验。

同时，体育竞技类网络综艺还以体育项目为契机，深入展现青年的新兴文化阶层、群体及生活现状，让不同体育圈层、不同职业和年龄的年轻人成为节目表现的中心，而且多比拼实力和技能，这就贴合了当下国内有知识的年轻人的行为特点和观赏习惯，让参与者和受众都能从中找到共鸣和认同。

另一方面，创作者必须认识到节目要努力引领所有内容与体育的拼搏、努力和夺冠的行为融合，并化为对参与者和受众的激励，使他们热血沸腾，从而生发上进心和使命感。对一些项目中存在的负面效应，如反叛、颓废、玩世不恭的情绪，自我训练中的任性、不科学和危险性，都要及时剔除。而且，这类项目中还经常存在对鲁莽与勇敢、玩命与奇技、挑衅与拼搏的混淆，节目创作者必须对项目有深入的了解，才能恰当处置和把控，给节目带来长久生命力。

第二节　体育竞技类网络综艺面临的问题与文化表达策略

一、面临的问题

（一）专业性和娱乐性难以平衡

体育竞技类网络综艺不应只是体育和综艺两种类型的简单拼贴，而应是深度融合。但是受限于类型扎堆、专业性与娱乐性难以兼容以及受众差异化等诸多因素的影响，体育竞技类网络综艺的创新一直处在不断的尝试中。

实际上，体育和娱乐最重要的区别在于赛制和规则的属性，前者追求尽可能公平和实力竞争，而后者更放大机遇和取巧的成分。传统体育常选循环赛，用尽可能严谨的规则强调专业难度和公平竞争；而娱乐节目经常采用挑战、末位淘汰等，有更多的刺激性、游戏性，讲求速战速决和过程的好看，而且结果的不确定性是大家都认可甚至是特别令人惊喜的，这就意味着真正的体育竞赛和娱乐节目之间存在着根本性的冲突。

因此，不少体育网络综艺内容与体育很难有实质性关联，只是贴上了"体育"标签或蹭一些大型赛事的热度。如某节目邀请了青年音乐明星来为篮球写歌献唱，节目虽然结合多种外在手段去展现篮球，但没有表现篮球项目的专业性，篮球成为可以被替代的介质，节目更多成为突出明星个人与歌唱才艺的表演秀，从而无法吸引到核心受众。实际上，运动员很少自带综艺感，才艺明星们也经常缺乏体育运动的专业性；体育受众和综艺受众在一定程度上也是互相排斥的，不少喜欢体育竞技的受众可能对唱唱跳跳完全不感兴趣，反过来也是如此。

还有一些节目则因为娱乐性而损失了专业性和公平性。如不少综艺节目都会给专业运动员人为设置障碍，以便"拉低"其技能，使其在与明星的"对抗"中产生输赢难料的结果。还有的节目从根本上改变规则，如某篮球综艺节目采用了战力值作为决定选手去留的标准，由导师决定其战力值的高低，但影响导师决策的因素较多，除了选手自身的表现，还有导师对战术的选择以及导师间的博弈，于是并不能准确地反映选手能力，甚至会使优秀选手落选，引来选手和受众的质疑。当某节目邀请流量明星作为领队时，选手和受众往往会怀疑他们的权威性，既不具备专业知识也不是某专业领域意见领袖的领队就会形同虚设，甚至导致节目丧失可信度。

此外，一些节目错误理解了悬念的来源和真人秀手法，为制造所谓看点和槽点，强行制造选手间或选手与导师间的矛盾冲突，在后期剪辑时放大冲突，或故意引发粉丝之间的争斗，这恰恰损害了体育原有的积极向上、公平竞争精神的内核。

（二）节目制作门槛高，安全风险较大

相比于其他综艺类而言，体育竞技类综艺会受更多的条件限制，如选手应该有良好的身体协调能力、一定的竞技专业基础，要有齐全的竞技设施和场地，还要有较好的教练和相关医护条件……这使得体育竞技类节目的创作者要全面、细致地设定和考虑问题。

在投入上，有的项目会需要强大的人力和财力的支撑，如《这！就是铁甲》在打造铁甲及战斗队伍方面号称投入资金上亿元，采用了全球最高的110公斤级比赛规格，作为制作方和出品方之一的创客星球还给予参赛者每人10万—20万元的基础补贴。为了保证节目录制安全，其战斗舱采用军工级全封闭式八角设计，主体的玻璃幕墙使用了100吨高强度钢材和厚达25.4毫米的全封闭双层防弹设计，战斗舱的地板为高强度耐磨钢，厚10毫米。除此之外，还需要备足各项安全急救设备、医疗设备以及专业医护人员和安全指导人员。

在实践中，仍有不少节目缺乏专业和人身防护意识，节目规则没有进行准确的安全评估，竞技强度过大，比拼过程中也缺少专业人士的保障。甚至有节目为了寻求刺激和提高收视率，以高难度的体力挑战和危险性为卖点。还有的创作者缺乏对人体能力的基本认知，导致出现突发事故和人身伤害，恶性后果难以挽回，也使节目无法继续进行。

（三）体育受众圈层与大众性的矛盾

由于体育竞技和综艺节目在受众结构和审美取向上差别较大，与电视综艺的大众化制作思路不同，体育竞技类网络综艺在题材与竞技项目的表达上更趋向走专业化道路，或更面向小众，圈层与大众的矛盾也是节目在专业性和娱乐性上难以兼顾的原因。

尤其是一些专业性和竞技性都较强的项目，普通受众若没有专业知识铺垫和参与经验，往往不会对节目产生好奇和关注。如中央电视台曾经在2003年国庆长假中播出过益智游戏《飞越新三峡》，尽管热气球的飞越创立了当时的多项新高难度，节目制作也很艰难，但普通受众完全无法理解热气球的技术性，因此节目反响平平。当下网络综艺里的类似选题也遇到同样问题，如

机器人之间的竞赛，普通受众平时没有亲自参与和体验的机会，因此对其操控难度和运动能力不能完全理解，对竞技模式的反应也不热烈，所以节目往往只能将看点落在明星经理人身上，这也是吸引大众注意力的无奈之举。在一些电子竞技类节目中，受众也需要一定的专业知识才能看懂比赛，了解其中的刺激与对抗；而对于依托于视觉表达的节目来说，相关知识和规则往往显得太多太细，非圈层用户只能了解节目的大致流程，如选人、组队等；普通大众对于原生于网络游戏的电子竞技类节目一直戴着"有色眼镜"，因此也很难意识到其中拼搏与坚持的精神。

二、文化表达策略

（一）认真选择项目，进一步深入挖掘、发扬体育文化

作为一种社会文化活动，体育本以身体锻炼为基本手段，以增强体能、增进健康及培养人的优秀心理素质为目的。各项体育活动不仅能丰富人们的日常生活，而且能焕发集体协作精神，甚至增强国家和民族的向心力、凝聚力，这也是各种国际和国内赛事不断举办的意义。相关的综艺节目，既是对体育活动的一种补充形式，也是一种身心愉悦的审美活动，应该继续延伸其文化内核，并以此建立创作的目标和底线。

因此，体育竞技类网络综艺对项目的选择要更多考虑其文化内涵的挖掘和发扬。实际上，体育竞技领域依然有着丰富的题材资源，无论是全民性项目，还是小众、极限的运动，都要更深入挖掘不同项目自有的文化特征，并借此形成节目的文化特征。如棋类，体现着人类从古至今的博弈文化，竞争核心点是心智的比拼；中国排球的崛起是国人有目共睹的，要继续宣扬"铁榔头"及团队合作精神；乒乓球作为"国球"，从竞技之球到外交之球，长期在世界乒坛占据最高地位，有着强大而专业的梯队，还有不同的流派及进阶；提到足球，人们会想到世界和平、种族和谐等。实际上，我国传统的体育项目还有很大开发空间，如武术、围棋等。尤其是武术，本身具有众多的爱好者、练习者，在国际上也有不少追随者，近年来国内的武校规模也不小，具有良好的群众基础。而且，武侠文化源远流长，与中华民族精神紧密结合，

尤其体现了勇敢顽强、不断超越自我的追求，应该是一个可以持续深耕的领域。

同时，体育竞技类网络综艺还要尽力找到项目和现实生活的更多契合点，使体育活动与人民群众生活更深入广泛地融合，培养人们的拼搏意识、协作精神和公平竞争理念，并切实推动人民体质的提升，引领国家、地区或社区文化的拓展。

因此，节目要进行精准的受众定位，可以积极调用大数据，通过线上、线下深入不同领域的体育竞技圈层，紧紧抓住圈层中的核心受众，在明确专业性的基础上拓展娱乐性，以发掘和传达出正确合理的价值导向。2020年2月出台的《网络综艺节目内容审核标准细则》中规定，对专业程度较高的竞技活动，忽视或淡化表现其专业性，而过度表现和渲染娱乐性、互动性的问题，未来必须进行修正。

在具体操作中，创作者要在充分了解项目特质的基础上发展出更为明确、简洁的规则和赛制，将内容形式与综艺化表达深入结合，并与参与者一起构成其体育精神的外向表征，即通过专业又有看点的规则设计、合适的人物故事、恰当的形式包装将其视觉化呈现，让受众能够快速准确地识别，并产生共鸣和参与的愿望。

（二）表现体育的高尚精神，注重人物挖掘

实际上，在真实的体育活动甚至比赛当中，很多错误、混乱的现象屡见不鲜，如打假球、赌球，夹带武力动作、不守规则，球迷之间相互辱骂甚至打架……这些都违背了基本的体育道德。高尚的体育精神不仅表现为拼搏进取、坚持到底、公平公正，还包括友谊第一、比赛第二，互相关照和谦让，不以身体的损伤为代价……而这些精神的落实，会体现在每一个参与者的表现中。尤其是在国际比赛中，个人的技能和素养也体现了国家形象和国民素质。

与体育竞赛相比，体育竞技类综艺会以非公平、非专业作为娱乐手段，并加大对具体人物的表现，于是节目就很容易停留在普及项目知识的浅显层面，常以选手"出洋相"为卖点，甚至以搞笑内容来解构体育精神中的崇高

现象。同时，有的运动员文化素质不高，在节目中容易"爆粗"，这也会影响节目的形象。

规则怎么改，请谁来参与，都需要创作者在对体育项目的专业知识及精神内涵有充分认知的前提下，认真考虑其具体表现和提升手段，而这一定更要依托其中人物的具体言行进行落实，即在节目制作中注重深入表现体育文化中的崇高层面，挖掘人物自身的高尚精神。如《这！就是灌篮》强调了篮球运动的高技巧、学习能力、自信、团队协作能力等因素，导师阵容由专业篮球运动员和热爱篮球的人气明星组成，奠定了节目的正向价值和专业基础，继而用真人秀方式讲述了来自各行各业的选手们不惧挑战、坚持到底、实现理想的故事。选手们不仅技艺高超，还富有日常生活气息、独特性格与人格魅力，用汗水和热血塑造了这个时代年轻人阳刚、青春的面貌，传递了敢于突破、挑战极限、"少年强则国强"的运动精神，这不仅为全社会营造了健康向上的氛围，更对青少年有着积极的感召力量。

当高尚价值被广泛接受，体育项目也就表现出更广大的社会意义，从而实现"出圈"，也为节目的后续发展铺平了道路。

（三）台网互补，对节目创作进行全面升级

相比于网络综艺，电视综艺对体育项目的选择和表达方式更多围绕着全民运动展开。体育类网络综艺则大多围绕具有一定圈层性或尚处于发展期的项目，形成对电视综艺的补充。

未来，二者应继续发扬各自优势和特长，形成具有一定差异化的选题方向和表现模式。电视综艺应继续对全民运动、大众体育进行多角度、多形式的展现，并拓展趣味性、综艺化的优势，吸引、呼吁和带领广大受众尤其是中老年受众参与各种运动。而网络综艺则可继续加强网络属性，打造出"体育+"的多品种娱乐组合模式，拓展对更多小圈层的关注，在不失专业性与竞技性的基础上增加娱乐看点。在节目参与者的设置上，网络综艺目前大多为"明星领队+普通选手"，这在一定层面上确实有助于节目的推广，但是在未来可以更注重拓展具有一定专业性的普通人的参与维度，走相对专业的道路，以应对知音型受众。网络综艺还可以对残疾人的运动和状况加以关注，展现

更多人群的体育精神面貌。

　　总体看来，相较于其他种类的综艺节目，目前体育类电视综艺和网络综艺的制作都相对粗糙，传播手段也缺乏时代性的融合思维及手段，更多依赖体育界的自身表现和产业发展。未来，我国体育类综艺节目还要努力向世界上先进的体育节目学习，大力提升制作水准，不断创新与优化节目的内容、形式和赛制，打造更具观赏性的视听效果，以加大节目的吸引力、引导力，最终推动体育强国的实现和全民健康水准的提升。

结　语

一、坚持和强化电视娱乐节目的文化价值导向

电视娱乐节目作为集媒介内容、文化产品和艺术作品为一体的内容形态，先天就具有文化性，而新时代为其"文化+"的高质量发展提供了最好时机。新时代的中国电视娱乐节目必须肩负起与时代紧密相连、代表社会审美趣味、丰富文化内涵及展现国家形象的媒介责任。创作者一方面要基于自身品牌优势和长期积淀的资源，珍惜主流媒体的价值，在具有深厚群众基础的电视娱乐节目中建构明确的文化价值导向，推出更多同新时代相匹配的精品，让受众于润物无声中自然获得对中国文化的自信、对中国精神的传承以及对中国价值的认同感；另一方面要坚持融合发展，关注互联网时代传播方式及受众的变化，力争在移动传播时代也能推出"刷屏产品"，以最终实现"节目—受众—社会"三者间价值的深度互动与建构。

当前，电视娱乐节目整体已经呈现出以文化自信和觉悟促进节目创新力、传播力极大提升，传统文化和经典多元呈现，圈层文化深度开掘，各平台努力打造IP生态版图的局面。

与此同时，一些现实问题也驱动着电视娱乐节目转向寻求构建文化价值。目前，娱乐节目对文化的表达依然是最大的问题，相较之下，纪录片等纪实节目更讲求对文化的维护和深度挖掘，而娱乐节目则常以戏谑性的方式曲解文化本体的面貌，把握不好反而容易伤害文化。对文化表达把控的恰当与否，从根本上取决于创作人员的修养。事实上，本土节目创新动力不足、娱乐尺

度掌控不准、转型与变革中的理念混乱、节目管理和评价机制不够科学等问题在未来的行业发展中依然会交错、重叠，从业者需要不断认真辨别、梳理并及时修正。

创作者要持续探索娱乐节目对文化表达的深入和提升，而且每一种类型的节目都需要探索与其相适应的、具体的文化表达策略。为此，创作者要重视研究受众——受众是制约媒体发展的重要因素，满足人民日益提升的精神文化需求；要坚持守正创新，以精深、精湛、精良的文化内容提高国家的软实力，以文化价值推动节目的创新与行业的健康发展，以文化内涵提升受众的素质和审美格调。同时，要进一步强化"内容为王"的创作理念，真实反映现实，讲好中国故事。

为了保障电视娱乐节目的正向发展，还必须建立标准及尺度来规范业界的发展，建立电视文艺批评的舆论场，这样才能具体从源头上激励与引导节目的文化价值提升和持续的创新创优，将导向落到实处。新时期的电视娱乐节目评价体系需要强调把社会效益放在首位，助推中国电视综艺节目走向世界，能促进综艺节目创新与市场的健康发展，其核心评价维度包括价值引导力、专业品质、制作成本、传播力与创新性。

针对目前国内文艺行业的乱象及其对社会的影响，中宣部于2021年9月在京召开文娱领域综合治理工作电视电话会议，强调要深入学习贯彻习近平总书记关于文艺工作重要论述，提高政治站位、强化责任担当，加大文娱领域突出问题整治力度，从严从实、标本兼治，营造天清气朗的文娱领域风气。要把树导向和明惩戒结合起来，还要加大优质文化产品创作供给，更好满足人民多样化文化需求……这无疑也是指出了整个娱乐节目创作行业的近期任务，各媒体和创作机构都要积极配合并认真自查自纠，从具体创作和评价中进行落实。

二、融媒体时代中国娱乐节目的台网共荣

从近年来媒体的巨变中，我们还可以看到，互联网已然改变了人们的思想观念和生活方式，正影响着整个媒体行业的格局和发展。

电视媒体与互联网的关系大致经历了三个阶段的变化：第一阶段是把互

联网视为电视媒体的延伸和补充。第二阶段是用互联网思维改造电视媒体，即在新的媒介环境下重新定位电视媒体的社会价值，探寻内容形态创新的可能，但机械性的改造也常无意识地消解了电视原有的价值。因此，在国家政策的引领下，二者迈入了更为健康与良性的第三阶段，即正视融媒体时代的发展需要，充分尊重和发挥媒体各自的特点，从机械结合到有机融合，极大调整媒体行业未来的发展格局。

随着媒介融合的不断深化，"台网融合"概念逐渐具象和落实，诸多融媒体甚至采取了"先网后台""反哺电视"的做法。如河南大象融媒体中心制作的"中国节日"系列，基本按照小屏的标准制作，并先于电视在多个网络平台播出，随后在电视端播出时，许多受众已经是"再刷"的状态，看完电视端，感兴趣的还可以到网络平台"再刷"……新的娱乐节目生产与消费生态正在形成。

同时，近年来网络综艺节目的头部精品以巨资投入、专业制作赢得了流量与影响力，也刺激并启发了电视节目创作者们。网络综艺不再意味着低成本、低品质，而是在蓬勃发展中形成自身独特的文化品位，也积累了适应互联网用户习惯的内容制作经验，在综艺领域占据了重要地位，对电视的权威性进行了挑战。于是，电视综艺节目也纷纷对自身进行适应融媒体时代的调整。

在创作理念上，互联网领域的"用户思维""产品思维"等概念被引入电视综艺节目中；作为文化产品，节目必然更多利用大数据、根据用户的需求来制定创作与传播的策略，这样更有助于优质和核心内容的产出，并最大化提升内容影响力。节目通过多种渠道"邀请"受众参与共创，会使用户黏度伴随着参与度的提高而增长，当受众转化为"粉丝"时，节目的最大效应得以实现。而且，网络综艺的选题垂直、注重圈层也让不少电视娱乐节目跳出了追求"大而全"的传统思维，从而尝试更"小而美"的选题。不过，电视节目并不会像垂类网络综艺般围绕核心圈层的受众，而是从小切口进入，用新内容去吸引大众注意力，或用小圈层中的个体故事博得大众共鸣，并力求以主流文化的视角和话语方式对亚文化选题进行重塑。这是一种有着积极意义的努力，会为主流文化的创新和发展起到切实的推动作用。

在生产方式和管理模式上，台网合作与共赢的趋势越发明显。从电视人才进入网络平台对头部网络综艺的打造到"先网后台""网台联播"的实现，越来越多的节目不再是只属于单一媒介的文本，节目制作团队也不只服务于单一平台，而是打破台网限制，对擅长的题材与类型进行跨媒介制作，并在业界形成一定的品牌效应。无论电视台还是互联网平台，都可以根据自身节目规划聘请最专业、最适合的制作团队，整个娱乐节目的制作领域呈现出开放性的市场化发展格局。人才资源的聚拢、整合，既降低了管理成本，又提高了工作效率。制片人中心制、导演中心制、工作室制等团队构架各有特色，不仅优化了工作流程，还有了更为繁复的工种细分，做到每个细节的术业有专攻。最终，电视台与网络平台都希望通过管理机制的与时俱进来吸引人才、激励创新。

在节目形态、播出方式、互动参与等方面，电视娱乐节目也受到网络综艺的启发，如网络综艺不受编播时间限制，试错成本相对低，故敢于大胆改变；短综艺、微综艺等在节目时长上大力缩减，对内容的表达更加直接有效，也完善和丰富了节目样态；直播综艺打通了线上观看与互动的完整链路，竖屏节目也探索了新的画幅规格。目前，已有不少电视综艺节目采用了网络化表达手段，如湖南卫视的《我想和你唱》邀请广大网友通过手机软件与明星合唱，上传视频就有机会到节目录制现场；而疫情期间的居家隔离更是催生了"云录制"的诞生，嘉宾可以分散在各地以网络视频的形式互动；河南卫视的"中国节日"系列都在半小时左右，节目不设主持人，在设计之初就做好被碎片化传播的准备等。

2021年8月，央视频推出了第一个纯网络综艺《央young之夏》，节目在全台范围内聚集主持人并组队进行才艺竞秀，中央广播电视总台的丰厚资源无疑使节目获得了良好的收视效应。该节目的出现也标志着中央广播电视总台综艺资源的深度整合与融媒化，这对地方台综艺的融媒化发展也会起到引领作用。

同时，未来的节目制作和传播都要从根本上面临针对大屏还是小屏的选择，这不仅仅是一个制作格式问题，更是怎样到达受众并实现价值的系统性问题。今后融媒体技术的发展和提升也必将给娱乐节目提供更多的可能性，会更加强受众的参与感，更多维度地实现节目的创新，以促成节目的共情与共鸣，最终促进行业的高质量发展及更广泛传播。

三、成为推动"文化强国"建设的重要力量

党的十九届五中全会提出了到2035年建成"文化强国"的远景目标，明确了"十四五"时期文化建设的目标要求，充分体现了党中央对文化建设的高度重视，也意味着所有文艺工作者肩负的使命更加光荣、任务更加艰巨。综艺节目创作者必须站在文化引领、产业发展、文化交流的高度瞄准目标，抓住重点，着力讲好中国故事，切实提升艺术水准和群众满意度，为新发展阶段增强国家文化软实力做出应有的贡献。

从文化引领层面来看，娱乐节目是社会主义文艺的重要组成部分，除了提供娱乐，更具有导向引领、艺术引领、审美引领的功能，具有激励人心的精神力量。近年来，围绕中华人民共和国成立70周年、决战决胜脱贫攻坚、中国人民志愿军抗美援朝出国作战70周年、中国共产党成立100周年等重要时间节点和重大主题主线，文艺工作者经常超前规划，精心打磨，先后推出《奋斗吧中华儿女》《故事里的中国》《跨越时空的回信》《闪亮的名字》《决战的时刻——2020年全国脱贫攻坚奖特别节目》《英雄儿女——纪念中国人民志愿军抗美援朝出国作战70周年文艺晚会》《伟大征程——庆祝中国共产党成立100周年大型情景史诗》等精品力作。未来，综艺节目创作者应继续秉持"为人民服务、为社会主义服务"的创作方向和"以人民为中心"的创作导向，牢记使命担当，履行社会责任，不断壮大主流思想舆论，引领社会风尚，让正向引导力产生大流量，让好声音成为最强音。

从文化产业的发展层面来看，受益于社会经济跨越式发展的同时，娱乐节目本身也是文化产业和社会经济发展的重要推动力量。如《声入人心》将曾经曲高和寡的美声唱法带给更多受众，在完成艺术普及、文化培育功能的同时，有效带动了线下音乐剧产业的发展；而《向往的生活》《亲爱的·客栈》等用轻松愉悦的慢综艺形态，切实助力当地农业发展和扶贫项目建设；还有河南卫视"中国节日"系列的爆款效应不仅形成独特的艺术语言和审美

风格，也将河南博物院、龙门石窟、少林寺、清明上河园、洛阳应天门等节目拍摄地打造成网红景点，推动河南文化旅游发展再上新台阶……诸多娱乐节目早已突破单一的娱乐功能，成为促进经济社会发展的重要力量。未来，综艺节目创作者要更充分地运用好政策、平台、市场等优势资源，开发媒体融合产业链中具有技术优势、社会价值和经济价值的优质项目，把政治性和艺术性、社会反响和市场认可度统一起来，有效推进市场化运作、规范化运营，助力推动"文化强国"的建设。

从文化交流的层面来看，优秀的电视娱乐节目感染力强、吸引力足，是新时代讲好中国故事、传播国家形象的生动载体。如中央电视台的《朗读者》《国家宝藏》《机智过人》等节目模式成功输出海外，为世界其他国家的电视文化、科技类节目创作提供了新思路；东方卫视的热播音乐节目《我们的歌》受到日本、北欧等海外制作公司的认可；浙江卫视《我就是演员》与海外公司签署模式销售协议，成功落地欧美；河南的"中国节日"系列节目片段不断被外交人员推向外网……近年来，越来越多的优秀国产娱乐节目在各大国际节展、国际市场吸引了海外买家，通过多种方式落地海外播出，有效推动了中国文化的国际传播与交流。对此，综艺节目创作者还要继续守正创新并勇于突破，融入全球视野来选择题材、规划创作，并全力构建多平台媒体矩阵，强化全球媒体沟通合作，进一步提升国际传播能力，用娱乐节目特有的方式讲好中国故事、展示中国魅力，提升中国娱乐节目在全球传播格局中的地位和分量。

综上，中国娱乐节目的文化价值导向建构与传播可提炼为下述模型（见图10）。

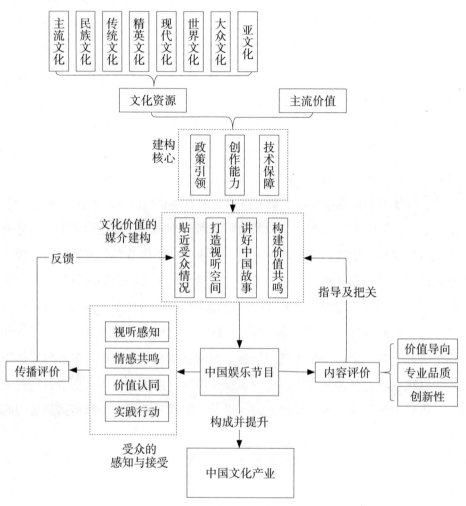

图 10　中国娱乐节目文化价值导向建构与传播模型

后 记

本人多年来一直以电视娱乐节目的策划与创作为教学核心，并不断对应时代发展深入研究媒体及节目创作的转变。本书撰写历时三年，其间也不断深入实践一线，如率领在校研究生策划了四川卫视的《诗歌之王》(第二季)，指导河南卫视"中国节日"系列的创作等。与此同时，参与撰写的其他人也都深入多个文化类娱乐节目的具体创作中，以求实现和了解文化价值的真正落实。

本人的一些同事、博士生、硕士生也参与了本书的研究、写作及资料整理工作，大致情况如下：第一章的参与者有罗敏、徐派，第二章的参与者有罗敏、徐派、高梦琦、陈侯聪，第三章的参与者有徐驰、罗敏、王妤婷，第四章的参与者有彭宇灏，第五章的参与者有孙宇、彭钟男、徐柳迪，第六章的参与者有徐中哲、徐派，第七章的参与者有徐驰，第八章的参与者有徐派、徐思远、阎茹钰，第九章的参与者有张博凌，第十章的参与者有李栋，第十一章的参与者有于欣彤，第十二章的参与者有刘音苑，第十三章的参与者有罗丽娅，第十四章的参与者有彭宇灏、赵月华。参与校对、编辑的还有郝娴贞、彭宇灏、杨春果、宋若冰。

本书还得到中央广播电视总台文艺节目中心陈临春、品智传媒首席运营官韩骄子、中国国际广播出版社祝晔的热情支持，在此一并表示感谢！

诚然，由于媒体发展变化迅速，也因本人水平有限、写作时间仓促，书中难免存在误漏之处，敬请广大读者谅解、赐教。

参考文献

普通图书：

［1］司马迁.史记［M］.上海：上海古籍出版社，1997.

［2］辞海编辑委员会.辞海［M］.上海：上海辞书出版社，1990.

［3］中国社会科学院语言研究所词典编辑室.现代汉语词典［M］.5版.北京：商务印书馆，2010.

［4］席勒.审美教育书简［M］.冯至，范大灿，译.北京：北京大学出版社，1985.

［5］高鑫.电视艺术学［M］.北京：北京师范大学出版社，1998.

［6］康德.判断力批判（注释本）［M］.李秋零，译注.北京：中国人民大学出版社，2011.

［7］丹纳.艺术哲学［M］.傅雷，译.杭州：浙江人民美术出版社，2017.

［8］本雅明.作为生产者的作者［M］.王炳钧，陈永国，等译.郑州：河南大学出版社，2014.

［9］陆扬，王毅.文化研究导论［M］.上海：复旦大学出版社，2015.

［10］梁漱溟.中国文化要义［M］.上海：上海人民出版社，2005.

［11］中国社会科学院语言研究所词典编辑室.现代汉语词典［M］.北京：商务印书馆，1979.

［12］中国大百科全书总委员会.中国大百科全书：社会学［M］.北京：中国大百科全书出版社，1992.

［13］教育部高教司，张岱年，方克立.中国文化概论［M］.北京：北京师范大学出版社，2004.

［14］唐日新，李湘舟，邓克谋.价值取向与价值导向［M］.长沙：中南工业大学出版社，1996.

［15］孙美堂.文化价值论［M］.昆明：云南人民出版社，2005.

［16］刘本旺.参政议政用语集［M］.北京：群言出版社，2014.

［17］赵洪恩，李宝席.中国传统文化通论［M］.北京：人民出版社，2009.

［18］罗荣渠.现代化新论：世界与中国的现代化进程［M］.北京：商务印书馆，2004.

［19］马克思，恩格斯.马克思恩格斯全集：第7卷［M］.中共中央马克思恩格斯列宁斯大林著作编译局，编译.北京：人民出版社，1959.

［20］列宁.列宁选集：第1卷［M］.中共中央马克思恩格斯列宁斯大林著作编译局，编译.北京：人民出版社，1995.

［21］费斯克.理解大众文化［M］.王晓珏，宋伟杰，译.北京：中央编译出版社，2001.

［22］菲斯克.电视文化［M］.祁阿红，张鲲，译.北京：商务印书馆，2005.

［23］陈荒煤，陈播.周恩来与电影［M］.北京：中央文献出版社，1995.

［24］黑格尔.美学：第1卷［M］.朱光潜，译.北京：商务印书馆，1979.

［25］郭镇之.中国电视史［M］.北京：中国人民大学出版社，1991.

［26］杨伟光.中央电视台发展史（1958—1998）［M］.北京：北京出版社，1998.

［27］甘惜分.新闻学大辞典［M］.郑州：河南人民出版社，1993.

［28］宣伟伯.传学概论：传媒·信息与人［M］.余也鲁，译.北京：中国展望出版社，1985.

［29］麦奎尔.受众分析［M］.刘燕南，李颖，杨振荣，译.北京：中国人民大学出版社，2006.

［30］曾文莉，谭秀湖.中国电视娱乐节目受众话语权力研究［M］.北京：

中国广播电视出版社，2012.

［31］赵静蓉.文化记忆与身份认同［M］.北京：生活·读书·新知三联书店，2015.

［32］王国维.宋元戏曲史［M］.上海：上海古籍出版社，1998.

［33］道尔.理解传媒经济学［M］.李颖，译.北京：清华大学出版社，2004.

［34］中国广播电影电视社会组织联合会.中国广播电视节目评估体系研究［M］.北京：中国国际广播出版社，2018.

［35］麦克卢汉.理解媒介：论人的延伸［M］.何道宽，译.北京：商务印书馆，2000.

［36］什克洛夫斯基，等.俄国形式主义文论选［M］.方珊，等译.北京：生活·读书·新知三联书店，1989.

［37］凯瑞.作为文化的传播［M］.丁未，译.北京：华夏出版社，2005.

［38］麦戈尼格尔.游戏改变世界［M］.闾佳，译.杭州：浙江人民出版社，2012.

报告：

［1］国家广播电视总局.2018年全国广播电视行业统计公报［R/OL］.（2019-04-23）.http://www.nrta.gov.cn/art/2019/4/23/art_2555_43207.html.

［2］中国互联网络信息中心.第43次中国互联网络发展状况统计报告［R/OL］.（2019-02）.http://www.cac.gov.cn/wxb_pdf/0228043.pdf.

［3］中国互联网络信息中心.第21次中国互联网络发展状况统计报告［R/OL］.（2008-01-17）.https://mat1.gtimg.com//tech/pdf/cnnic/CNNIC21.pdf.

［4］腾讯娱乐.2015腾讯娱乐白皮书综艺篇［R/OL］.（2015-12-22）.https://ent.qq.com/zt2015/guiquan/bpsshow.htm.

［5］腾讯娱乐.2016腾讯娱乐白皮书综艺篇［R/OL］.（2016-12-28）.https://ent.qq.com/zt2016/whitePaper/tv_pc.htm.

［6］赞意，艺恩，Fandom.新世代　新圈层：2020垂直圈层营销报告［R/OL］.（2020-05-14）.http://www.zeronepr.com/uploads/image/20200703/1593769192.pdf.

［7］企鹅智库.从竞技到时尚：中国篮球产业＆球迷喜好白皮书［R/OL］.（2018-11-07）. https://mp.weixin.qq.com/s/SOFMWvWkEDYiDJ9Evwsr5w.

［8］企鹅智库.2018中国在线综艺用户洞察报告［R/OL］.（2018-01-28）. http://www.199it.com/archives/683459.html.

［9］腾讯娱乐.2018腾讯娱乐白皮书：破立有道［R/OL］.（2019-01-17）. https://ent.qq.com/zt2019/18whitepaper/star.htm.

学位论文：

［1］戴颖洁.冲突与共谋：全球模式节目本土化生产的权力博弈［D］.杭州：浙江大学，2016.

［2］邢虹文.受众的社会分化与社会认同的重构［D］.上海：上海大学，2011.

专著中析出的文献：

［1］张岱年.论中国文化的基本精神［M］//傅永聚，韩钟文.二十世纪儒学研究大系.北京：中华书局，2003：代序言.

［2］KATZ E, BLUMLER J G, GUREVITCH M. Utilization of mass communication by the individuals［M］// BLUMLER J G, KATZ E. The use of mass communication: current persectives on gratifications research. Beverly Hills, CA: Sage Publications, 1975.

期刊中析出的文献：

［1］高丙中.主文化、亚文化、反文化与中国文化的变迁［J］.社会学研究，1997（1）：115-119.

［2］赵晨妹，葛晓宇.新型主流媒体舆论引导力提升的策略与路径：以中华传统文化综艺节目为例［J］.中国电视，2019（6）：98-101.

［3］于涛.当代亚文化的生成、特征及其发展趋向［J］.学术交流，2017（10）：89-94.

［4］李晓川.网络亚文化综艺的兴起及其对主流媒体的启示［J］.声屏世

界，2019（7）：91-92.

　　［5］常江.初创期中国电视文艺节目形态探析［J］.中国出版，2014（20）：34-37.

　　［6］艾知生部长谈广播电视［J］.中国广播电视学刊.1993（6）：4-9.

　　［7］高长力.聚力"小大正"，推出更多思想精深、艺术精湛、制作精良的优秀广播电视节目［J］.中国广播，2008（5）：4-6.

　　［8］冯哲辉.电视场景化传播的生态变革与文化变迁［J］.中国电视，2017（11）：78-79.

　　［9］陈旭光，郝玉鑫.电视综艺节目的现状与对策［J］.艺术广角，2001（2）：26-31.

　　［10］才婉茹.CCTV-4大动作大力度全新改版［J］.当代电视，2006（3）：80.

　　［11］刘俊.融合时代文化类综艺节目的发展纵览与养成之道［J］.电视研究，2018（2）：17-19.

　　［12］汤浩.寓教于乐的艺术表达：《国家宝藏》栏目历史题材戏剧的创意策划［J］.电视研究，2018（2）：64-66.

　　［13］王泽应.祛魅的意义与危机：马克斯·韦伯祛魅观及其影响探论［J］.湖南社会科学，2009（4）：1-8.

　　［14］张方敏.仪式传播场域论纲：对传播仪式观研究支点的探索［J］.当代传播，2015（5）：18-20，49.

　　［15］陶东风.世俗化时代文艺的消遣娱乐性［J］.文艺争鸣，1996（3）：13-16.

　　［16］陶紫东.网络综艺节目的社交化传播［J］.东南传播，2019（9）：106-107.

　　［17］吉平，李雪娇.情感观察类综艺节目的审美特征与发展路径［J］.当代电视，2019（5）：39-42.

　　［18］周爱光.对竞技运动概念的再认识［J］.中国体育科技，1999（6）：6-7，11.

报纸中析出的文献：

［1］梁启超.什么是文化［N］.学灯，1922-12-09.

［2］真人秀《走入香格里拉》强势出场［N］.羊城晚报，2001-08-04.

［3］谢廷玉，张瀚文.饭圈文化的哲学省思［N］.光明日报，2020-04-27.

电子资源：

［1］吴凡.IPTV用户媒介接触行为分析［Z/OL］.（2019-10-30）.https://mp.weixin.qq.com/s/YINOmImwBiyDu0t8e3ZiDA.

［2］LI F.视频网站用户画像与市场分析［Z/OL］.（2019-10-16）.https://mp.weixin.qq.com/s/wkS88yHxcI977fsupZV9tg.